白帝社アジア史選書
HAKUTEISHA's
Asian History Series
008

魏晋南北朝壁画墓の世界

絵に描かれた群雄割拠と民族移動の時代

蘇 哲

白帝社

はじめに

いわゆる壁画墓とは、横穴式《よこあなしき》墓室の壁画墓と指している。

古代中国の人々は、死後の世界でも、死者たちは生前と同じような生活を送っていると信じた。墓は死者たちの彼岸世界での家として構築されたので、墓室の内装も現世の住居の影響を受けた。秦《しん》時代以前すでに宮殿、貴族の豪邸に壁画を飾っていたことが考古学調査によって明らかになっていた。すなわち、一九七五年に河南省《かなんしょう》安陽市《あんようし》小屯《しょうとん》で殷代住居址から朱彩と黒い円文壁画が検出されたことから、[1]少なくとも、殷《いん》時代から室内の壁に壁画を飾る風習があったことがわかる。また、一九七九年、陝西省《せんせいしょう》咸陽市《かんようし》秦咸陽宮《かんようきゅう》三号宮殿遺跡から廊下の壁面に描かれた車馬出行図などの壁画が発見された[2]（図1）。秦代宮殿遺跡に描かれた車馬図は、後の漢時代では墓室壁画の重要な題材となっており、現世の建築装飾画から墓室壁画への展開を見て

図１　秦都咸陽第三号宮殿建築遺址車馬壁画

取ることができる。

ところで、横穴式墓室が成立する前に、黄河流域と長江流域では、竪穴式の木槨墓《もっかくぼ》が流行していた。それらの古墳の土壙と墓道の壁、または木質の棺槨に画を描いた例が、いくつか発見された。陝西省扶風《ふふう》楊家堡《ようかほ》西周《せいしゅう》時代の竪穴《たてあな》式木槨墓はその古い例の一つであり、土壙の壁に白彩で描いた菱形文が発見された[3]。

槨室《かくしつ》に描いた例としては、次のものが有名である。一九七八年、湖北省《こほくしょう》博物館が随州市《ずいしゅうし》郊外の擂鼓墩《らいことん》で、戦国晩期（紀元前四三三年頃）の曾国《そこく》君主である乙《いつ》の墓を調査した。竪穴式の木槨墓で、東・北・中・西の四つの墓室からなっており、各室の仕切り壁に方形の門洞を設けている。北室は車馬具武具の倉庫で、中室は楽器と青銅容器を収納し、西室は十三人の若い女性の殉葬者の棺を納めている。被葬者は、八人の妻妾および愛犬とともに、東室に葬られている。さながら戦国時代バージョンの地下宮殿である。その乙の墓の内棺と外棺の表に、窓、警備兵および鳥、龍、絡み合う蟠螭《ばんち》などの文様が施されている[4]。

図２　随州市曾侯乙墓内棺武士漆画

明らかに居室を象徴して造られたものである（図２）。

　秦時代に、中国初の皇帝陵、驪山《りざん》始皇帝陵が造営された。司馬遷《しばせん》『史記《しき》』秦始皇本紀《しんしこうほんぎ》には、「水銀を以て百川江河大海を為り、機をもて相灌輸す。上は天文を具へ、下は地理を具ぶ」と記している。この「天文」は天文図を指しており、この記述から、始皇帝陵には天文図が描かれていたことがわかる。

　一九七三年から一九七四年にかけて、湖南省《こなんしょう》長沙市《ちょうさし》東郊で調査された馬王堆《まおうたい》三号漢墓（紀元前一六八年）の槨室の西壁には、横二一二ミリメートル、上下九四ミリメートルの「車馬儀仗図《しゃばぎじょうず》」の帛画《はくが》が掛かって、その画面には三〇〇人を超える兵士、将校、属吏、二〇〇匹を超える馬、十数台の馬車が描かれており、車馬出行図に相当するものだと思われる（図３）。

　このような土壙の壁や槨室の仕切り板、そこに掛ける帛に描かれた図柄が、横穴式墓の成立後、墓室壁画に進化したと考えられる。

図３　長沙市馬王堆３号漢墓車馬帛画

およそ前漢の文帝時期から、大型の横穴墓が登場したが、調査された中でもっとも古い例が武帝の時期のものであった。

一九九〇年、一九九二年に、河南省文物考古研究所が永城《えいじょう》県で調査した柿園《しえん》漢墓は、梁孝《りょうこう》王《おう》（紀元前一四四年没）妃墓あるいはその長男梁共王《りょうきょうおう》墓（紀元前一三六年没）と推定されている。それは墓道とトンネル状の羨道を持ち、総面積が三八三平方メートルにおよぶ多室横穴墓で、中国では崖墓《がいぼ》という。その主室の天井に長さ七・五メートルの龍を中心に、東に朱雀、西に白虎と霊芝《れいし》を描き（図４）、南壁に仙山、豹、鳥、霊芝などが残っている（図５）。側室には樹木と鳥の画像石も発見された。[5]

文献記録によると、梁孝王の父親である前漢文帝の灞陵《はりょう》も崖墓であり、梁孝王妃または息

図４　河南省永城県柿園漢墓主室天井壁画

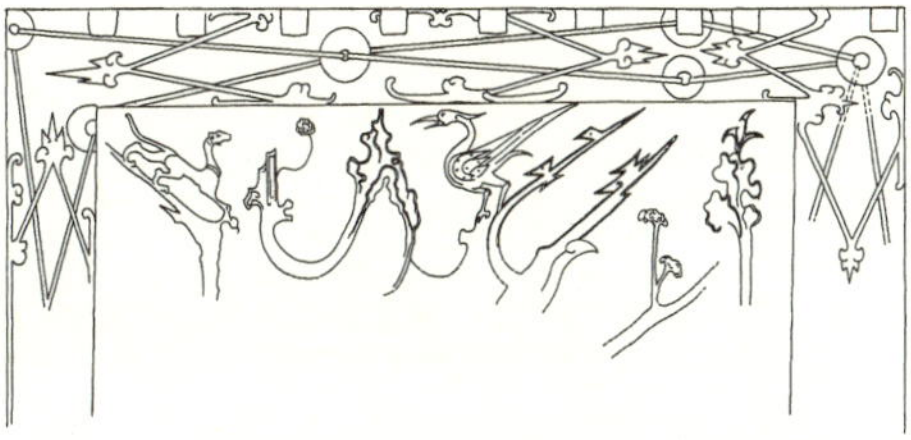

図５　河南省永城県柿園漢墓主室南壁壁画

子の墓はおそらく灞陵の影響を受けたのではないかと思われる。年代の近い横穴石室構造の広州《こうしゅう》南越《なんえつ》文帝《ぶんてい》趙眜《ちょうまい》（紀元前一二二年没）墓にも、雲気文のような壁画が発見されている。

　すると、西周時代の竪穴式木槨墓の土坑装飾から、戦国と前漢時代の木槨を装飾する漆絵や帛画の段階を経て、前漢の文帝と武帝の時期になって、横穴式墓室の壁画が成立したと考えられる。

　前漢末期から後漢末期にかけて、磚《せん》室《しつ》墓《ぼ》の普及に伴い、壁画墓が空前の繁栄を遂げた。後漢の後期に、土地兼併、党錮《とうこ》の禁、宦《かん》官《がん》・外戚《がいせき》独裁は、社会に深刻の問題を与えたが、その一方で、厚葬の風習が上流社会の一部の階層に流行し、首都洛陽《らくよう》を中心とした華北《かほく》平野に壁画墓・山東省《さんとうしょう》西南部・江蘇省《こうそしょう》北部・河南省南陽《なんよう》地域・四川省《しせんしょう》の成都《せいと》平野・陝西省北部に、画像石《がぞうせき》や画像磚《がぞうせん》墓が数多く造営されるようになった。

　ついには、内蒙古にまで豪華な壁画墓が造られるようになった。和林格爾《ホリンゴル》県の県城から東南四〇キロメートルほど、新店子《しんてんし》小板申《しょうはんしん》村の東にある護烏桓校尉《ごうかんこうい》墓は、墳丘を持つ多室磚墓で、内部施設は羨道、前室と南北耳室《じしつ》、中室と南耳室そして後室からなり、全長は約一三メートルになる。墓室壁面に彩色壁画と墨書の榜題が残っている。前室には車馬出行図が描かれ、被葬者が孝廉《こうれん》に挙げられてから、郎吏《ろうり》・西河長史《せいかちょうし》・繁陽県令《はんようけんれい》・護烏桓校尉へと昇進した履歴が表現されている（図6・7）。南北耳室には農・牧業生産、中室に孝子、刺客、列女などの説教図と繁陽県官署、後室には被葬者夫婦の肖像のほか、四神、荘園、武城図などが配されている。壁画の内容と

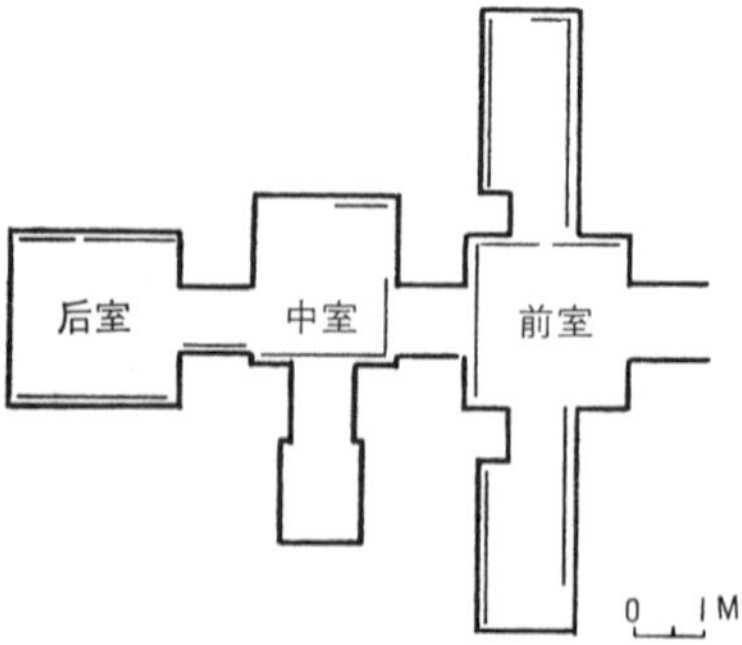

図6　内蒙古和林格爾県後漢護烏桓校尉墓平面図

図7　内蒙古和林格爾県後漢護烏桓校尉墓寧城幕府図

榜題から、被葬者が後漢末に烏桓などの北方遊牧民族の管理責任を負う護烏桓校尉であったことがわかる。

和林格爾壁画墓は、後漢時代準二千石クラスの官吏の代表的なお墓である。近年河南省滎陽《けいよう》県萇村《けんちょうそん》で発見された後漢時代の多室壁画墓に残っている壁画の面積は三〇〇平方メートルにもおよぶ。そこに出行図があり、郎中《ろうちゅう》時車・長水校尉《ちょうすいこうい》時車・巴郡太守《はぐんたいしゅ》時車・済陰太守《さいいんたいしゅ》時車・斉相《せいしょう》時車などの榜題が書かれ、被葬者がやはり郡太守・王国相のような二千石の官吏であることがわかる。そのほかに、すでに報告された河北省望都《ぼうと》一・二号墓・安平逯家村《あんぺいりょうかそん》「熹平《きへい》五年」紀年墓、河南省打虎亭《だこてい》一・二号墓など、精緻な壁画が描かれている多室墓の被葬者も、地方郡国の長官または次官である可能性が高いと指摘されている。

河南省の南陽地域、四川省の成都平野には、後漢時代の石闕《せっけつ》・柱《ちゅう》・天禄《てんろく》・麒麟・羊など墓に付属した石造物が数多く残っている。光武帝の原陵《げんりょう》以降、神道《しんどう》と石造物を設けるのが、制度化したらしい。それらの大型壁画墓は、広い墓苑と大きな墳丘を持ち、墳丘の前に長い神道を挟んで石闕と石獣を設けたと想定できる。

要するに、豪華な多室壁画墓を造営するのは、後漢時代では上流社会の一つの風習であり、これまで調査された二千石クラスの官僚墓には、壁画または画像石・画像磚のない例がまだ確認されていない。

注

〔1〕中国科学院考古研究所安陽発掘隊「一九七五年安陽殷墟的新発見」(『考古』一九七六年四期)。
〔2〕咸陽市文管会ほか「秦都咸陽第三号宮殿建築遺址発掘簡報」(『考古与文物』一九八〇年二期)。世田谷美術館ほか主催『秦の始皇帝とその時代展』(日本放送協会、一九九四年)。
〔3〕扶風県図博館羅西章「陝西扶風楊家堡西周墓清理簡報」(『考古与文物』一九八〇年二期)。
〔4〕湖北省博物館『曾侯乙墓』(文物出版社　一九八九年)。
〔5〕河南省商丘市文物管理員会『芒碭山西漢梁王墓地』(文物出版社　二〇〇一年)。

目次

魏晋南北朝壁画墓の世界

はじめに……3
第一章　三国西晋の壁画墓……15
一、中原壁画墓の衰微　16
二、河西回廊の壁画墓の繁栄　22
第二章　五胡十六国時代の壁画墓……35
一、酒泉丁家閘五号墓　36
二、安岳三号墓　46
第三章　北魏洛陽遷都前の壁画墓……69
一、平城郊外鮮卑墓地出土の木棺画　70
二、盛楽城郊外の壁画墓　75
三、雁北に葬られた東晋皇族の末裔　83
四、永固陵と万年堂　90

目　次

五、西部重鎮高平から出土の漆棺　105
第四章　北魏後期の石棺画像……121
第五章　東魏―北斉の壁画墓……140
一、壁画墓に現れる身分制度　142
二、壁画墓の被葬者諸相　163
三、崔芬墓の壁画に見られる南北朝文化交流　189
第六章　東晋―南朝の壁画墓と画像磚墓……225
一、雲南省昭通県霍承嗣墓　226
二、鄧県学荘南朝画像墓　233
第七章　ソグド系の石屛風、石槨画……242
一、北周同州薩宝・大都督安伽墓　244
二、北周涼州薩宝史君墓　251

三、中原王朝に仕えるソグド人たち 259
四、突厥とソグド 262
五、ソグドの埋葬風習と安伽・史君墓 264

年　表 269
魏晋南北朝時代主な壁画墓分布図 279
図版出典一覧 285
参考文献 288
あとがき……………………………………………………………………… 289

第一章　三国西晋の壁画墓

地方における豪族勢力の膨張と、中央での宦官・外戚の専横と党争で疲弊した後漢王朝は、ついに破綻した。

西暦一八四年、太平道《たいへいどう》の首領張角《ちょうかく》が、「蒼天すでに死し、黄天まさに立つべし」と、数十万の信者に造反の号令を発布して、黄巾《こうきん》の乱をおこした。黄巾軍を鎮圧する戦いの中で、各地の軍閥の勢力を増強させ、ついに大動乱時代の幕が切って落とされた。青州《せいしゅう》黄巾軍を傘下に組み入れて漢献帝《かんけんてい》を擁した曹操《そうそう》は、相次いで呂布《りょふ》・袁紹《えんしょう》などの北方の有力軍閥を撃破し、黄河流域をほぼ統一した。二〇八年に中国全土の統一を目指して南下した曹操の大軍は、湖北省嘉《か》魚《ぎょ》県の赤壁で孫権《そんけん》と劉備《りゅうび》の連合軍に破れた。これにより、孫権は江東地域に対する支配を確保し、劉備も巴蜀《はしょく》で建国する機会を得て、天下三分の局面が形成された。呉と蜀地域の墓には壁画がまだ発見されていないが、魏の領域内では、遼東地域および河西地域で壁画墓が造営されたものの、中原地域の例はまれであった。

一、中原壁画墓の衰微

後漢末の一時期、最強の軍事力を持っていた軍閥董卓《とうたく》は、将軍呂布《りょふ》らを使い、長安と洛陽にある漢代諸陵および貴族官僚墓を掘り、副葬の珍宝を集めた。漢成帝《せいてい》の延陵《えんりょう》を盗掘した際には、玉衣の金糸と口に入れた玉まで取ったといわれている。〔1〕このような激しい盗掘が、伝統な倫観だけでなく、社会上層の厚葬風習にも大きな衝撃を与えた。しかも、長い戦争の中で、国の財政は疲弊し、首都の洛陽を中心にした中原地域では、壁画墓の造営がほぼ停止した状態となった。

魏の文帝の終制

建安《けんあん》十年一月に、天下統一を志した曹操が厚葬を禁止する命令を発布し、六月、鄴城《ぎょうじょう》郊外にある瘠薄の地、西門豹祠《せいもんひょうし》西原上を寿陵《じゅりょう》の建設地に指定した。建安二十五年に曹操が死んだ時には平服で斂葬され、金玉など珍宝を副葬しなかったという。〔2〕

二二〇年、曹操の息子曹丕《そうひ》が禅譲《ぜんじょう》の形で後漢王朝を滅ぼし、黄河流域を支配した曹魏王朝の初代皇帝、魏の文帝となった。曹丕は、父親の遺志に従い、厳しく薄葬政策を採り続けた。黄初三年（二二二）に洛陽郊外首陽山《しゅようさん》の東を寿陵の建設地と決め、終制を作り、その中で次ぎのように述べた。

古代の帝王堯《ぎょう》が穀林に埋葬され、その墓は樹林に覆われた。禹《う》が会稽《かいけい》の農地に埋葬されても、その農地は廃止されなかった。山林に埋葬するのは山林の自然に合うためであり、高い墳丘と目立つ建造物を設けることは上古からの伝統ではなく、私も採用しない。私の寿陵は山を利用し、封土《ほうど》、寝殿《しんでん》などを建てず、陵園と陵邑《りょうゆう》を造らず、神道《しんどう》も設けない。葬というのは、人に見られないように遺体を隠すことである。私が、この不毛の地で山陵をつくるのは、王朝が交代したら、その場所を人に知られないためである。墓室に葦と木炭を入れず、金銀銅鉄も副葬しない。棺は漆で三遍塗り、副葬品は瓦器にする。口に玉を入れたり、玉衣を施すなどの贅沢な埋葬は愚人の行為であり、私はやらない。

漢文帝の覇陵《はりょう》が盗掘されなかったのは貴重な副葬品がなかったからであり、光武帝《こうぶてい》の原陵《げんりょう》が盗掘された原因はその目立つ封土と標識にある。

古代から滅びない国はなく、盗掘者の標的にならない墓もなかろう。（漢末の）争乱以来、漢王朝の諸陵は盗掘される運命から逃れず、金糸玉衣まで取られ、焚刑を受けるように骸骨が焼け尽くされて、その痛みはまだ重くないのか。

ついに、曹丕が皇族の追葬、合葬制度も廃止し、終制の原本を宗廟《そうびょう》に、副本を尚書《しょうしょ》、秘書、三府《さんぷ》に収蔵し、詔書を改竄したり、その趣旨に違反するものは、不忠不孝となり、地獄で罪が問われると誓った〔3〕。

確かに、漢時代の古墓と比べて、曹魏時代には贅沢な墓葬の例は殆どなかった。それは曹氏父子の提唱した薄葬の結果ではないかと思う。

壁画のない陳思王《ちんしおう》墓

これまで、発見された曹魏の墓では、山東省東阿県魚山の陳思王曹植《そうしょく》墓は最もランクが高い。

曹植（一九二—二三二）は、曹操の第四男で、後漢末建安時代の文豪として有名である。魏明帝太和《たいわ》六年（二三二）陳王に封じられ、死後、東阿《とうあ》境内の魚山《ぎょざん》の西麓に葬られた。墓の北側に、隋の開皇《かいこう》十三年（紀元五九三年）に建てられた『曹植墓神道碑《そうしょくぼしんどうひ》』が残っている。

一九五一年六月は曹植墓の発掘調査を行い、その構造が明らかになった。墓の内部構造は羨道、主室及び後室から構成されており、平面は「中」字形となる。主室は正方形で、四・三五平方メートル、後室は長方形で、長さ二・二〇メートル、幅一・七八メートルであった。墓室が磚築で、壁には壁画が描かれなかった。墓門の内側に、瑪瑙の珠、玉璜、銅質の門金具が数点散らばっていた。棺は墓室の中央に置かれ、その安置場所は三段階になっており、底層は木炭の灰を敷き、中間層には朱砂を、上層は日月星辰の形に切った雲母片を積み、その上に、遺骨が安置されていた。

棺の右側には炊事道具、左側には井戸・車・家畜・家禽類の模型と俑などの陶質明器が並んでいた。一三二点の出土品は、ほとんどが陶器と石器であった。

一九七七年三月に再度の発掘調査の際に、「曹植墓」の墓門の右上部に、三面に銘文が刻まれた一個のレンガが発見された。

「太和七年三月一日壬戌朔、十五日丙午、兗州《えんしゅう》刺史《しし》候祉《こうちょう》遣士朱周《しゅしゅう》等二百人、作畢陳王陵、各賜休二□日。別督郎中王納《べっとくろうちゅうおうのう》、主者司徒従掾位張順《しとじゅうえんいちょうじゅん》。」

すなわち、太和七年（二三三）三月一日、十五日に、兗州刺史候祉が朱姓と周姓などの二百名の人夫を派遣して、陳王陵の造営を完成させたため、工事の各参加者に二□日の休みを与える。工事の監督は郎中の王納、主事は、司徒従掾位の張順である、という意味である。

確かに、曹植は生前に兄の文帝に疑われ、不遇な人生を送った。しかも、臨終に薄葬でという遺言もあったので、墓の規模は当然小さくなると考えている人もいるが、しかし、曹植が亡くなった時はすでに甥の明帝治世の時代であり、明帝が特に叔父を迫害することはなかったようである。しかも、右の銘文によると、墓を造ったのは曹植の遺族ではなく、兗州刺史、つまり役所が国の制度に準じて造営したものである。後漢時代の準二〇〇〇石の官吏、和林格爾護烏桓校尉墓と比べると、魏の王墓はあまりにも質素なものであり、薄葬の政策という背景も考慮されるべきであろう。

地下北斗の信仰

二六五年に魏は権臣司馬氏に滅ぼされたが、薄葬の伝統は次の晋王朝にも受け継がれたようである。『晋書《しんじょ》』巻八十三江逌《こうゆう》伝によれば、東晋の康帝まで、山陵には瓦器しか副葬しなかったようで、康帝（三四四年没）の御陵に宝剣と金舄《きんくつ》を加えたが、穆帝の時に先祖代々の礼法に違反するという理由でやめになった。[4] これまでの考古学的調査で、東晋の御陵が江南地域の風習に従って、画像磚を使ったことがあることはとわかったが、洛陽周辺の西晋嬪妃および貴族墓に壁画を描いた例は発見されなかった。

一九八八年に西安東郊灞河《はか》の東岸で調査された四六二号墓は、傾斜する長い墓道を持つ前後室の土洞墓であり、前室の東に側室が付いている。その前室の天井の北部に隷書で「元康《げんこう》四年地下北斗」と北斗七星の画像を描き、西壁に月の画像と「月」という文字を書いている（図8）。元康四年は西晋恵帝《けいてい》の年号で、西暦二九四年である。とても単純な図柄で、色と顔料に関しては報告されなかった。

この落書きのような壁画は、後漢の豪華な壁画・画像石とは異質的なもので、被葬者の独特

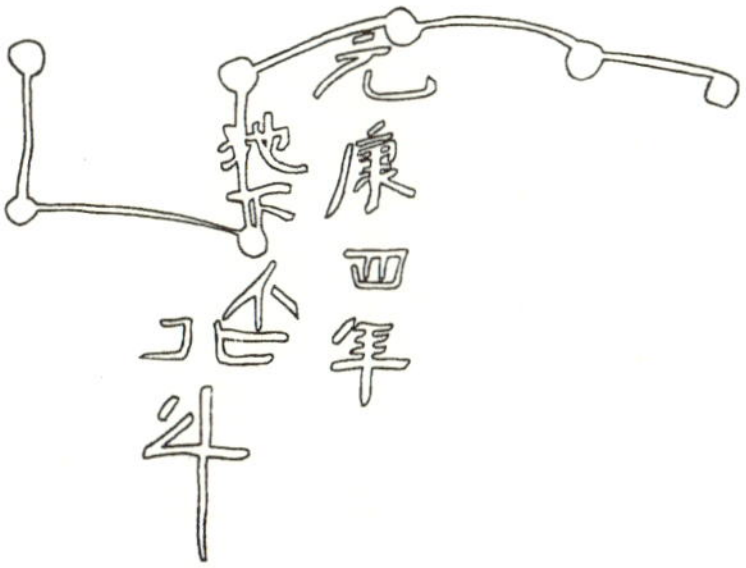

図８　西安東郊灞河462号墓壁画地下北斗図

な世界観を表現するものと見られる。

南朝の道士陶弘景《とうこうけい》（四五六―五三六年）の『真誥《しんこう》』によると、地下北斗は、鬼官北斗《きかんほくと》ともいい、鬼官北斗君は、道家の七辰《しちしん》北斗の考官《こうかん》である。人間が死ぬと、北方の癸地にある羅酆山《らほうざん》に行く。その山に六つの鬼神の宮殿があり、その第四宮を恬《てん》昭罪気《しょうざいき》天宮といい、禍福吉凶や、寿命継続か有罪として処刑されるかは、そこに任される。恬昭罪気天宮を治めている鬼官の北斗君は周の武王姫発《ぶおうきはつ》であり、魏《ぎ》の武帝《ぶてい》曹操はその太傅《たいふ》を務める。[5]曹操が北斗君太傅になった伝承が西晋時代にすでに成立していたか、どうかは、結論できないが、西安はかつての西周の首都で、武王姫発の信仰は古い時期からのものと考えられる。

すると、被葬者はおそらく道教の信者で、自然死ではなく、何らかの罪で処刑された可能性が高いと考えている。元康四年は、「八王《はちおう》の乱」の最中で、多くの官僚と貴族はこの内乱の犠牲になり、被葬者もその内の一人であろう。

二、河西回廊の壁画墓の繁栄

魏晋の薄葬風習の中で、中原と関中地域では壁画墓が衰退し、かつて陵墓の造営を管理する役所や工房に所属した工人たちは、戦乱で都から離れた地域へ避難した。それにより、遼東地域や河西地域では、壁画墓の造営が後漢より盛んになった。とくに河西地域は、豊富な壁画資料が保存されている。

河西は中国と西域を繋ぐ交通の要衝にあたり、多民族の集まり住んでいる地域で、その歴史と文化の伝統は中原と違っている。紀元前二世紀、漢の武帝は匈奴《きょうど》勢力の西域への浸透を防ぐために、驃騎《ひょうき》将軍霍去病《かくきょへい》を派遣し、匈奴の昆邪王《こんやおう》と休屠王《きゅうとおう》から河西地域を奪取した。さらに、内地から移民を送り、敦煌《とんこう》・武威《ぶい》・張掖《ちょうえき》・酒泉《しゅうせん》四郡を設置した。元封《げんぽう》五年（前一〇六）に全国を十三州にわけてから、後漢の建安《けんあん》十八年（二一三）まで、四郡が涼州《りょうしゅう》刺史の管轄下にあり、羌《きょう》・月氏《げっし》・漢など民族が雑居している地域であった。黄巾の乱以後、馬騰《ばとう》・馬超《ばちょう》・韓遂《かんすい》など地方勢力が涼州を割拠し、曹操と対立していた。建安十九年（二一四）、曹操が馬超を破り、さらに、その麾下の武将夏侯淵《かこうえん》が枹罕《ふかん》の地方勢力宗建《そうけん》を滅ぼして河西回廊を平定した。西晋滅亡後、漢民族の前涼《ぜんりょう》、氐《てい》族の後涼、河西鮮卑《せんぴ》の南涼《なんりょう》、漢民族の西涼《せいりょう》、盧水胡《ろすいこ》の北涼《ほくりょう》は相次いでこの地域を支配していた。

これまでの考古学資料によって、後漢時代の河西地域では、壁画墓が極めて少なかったが、画像磚墓を造営する伝統はあった。魏晋時代に入り、状況が一変し、甘粛省《かんしゅくしょう》嘉峪関市《かよくかんし》と酒泉《しゅせん》県《けん》の間にある新城郷《しんじょうきょう》・下清河《かせいか》・西溝村《せいこうそん》・敦煌市仏爺湾《ぶつやわん》・高台県《こうだいけん》駱駝城《らくだじょう》などで数多くの壁画墓が発見された。製作技法では、後漢画像磚墓との繋がりが否定できないが、中原地域からの影響も壁画墓繁栄の一つの要因と言える。なかでも新城郷で発見された壁画が最も多く、その内容も河西魏晋壁画墓を代表するものである。〔6〕

嘉峪関新城魏晋壁画墓群

甘粛省嘉峪関市の東約二〇キロメートル漢代長城の南のゴビに、一〇〇〇基以上の魏晋時代の古墳が分布している。この膨大な墓地は魏晋酒泉郡豪族の塋域であり、礫で築いた壁に囲まれている家族の塋域の中には、数基の古墳が横方向または斜めに並び、被葬者の間に血縁関係があることが想定できる。一九七二―七九年甘粛省文物隊・嘉峪関市文物管理所が墓地の北縁で八基を調査した。七・八号墓の墳丘は方錐体を呈し、ほかは円形である。羨門の上に彩画磚と浮き彫り磚で仿木造門楼の装飾壁を建てるのが、構造上の共通な特徴として注目されている。装飾壁に浮彫の門と双闕、そして陝西省北部の後漢画像石墓によく見られる鶏頭人身と牛頭人身の神獣を飾るのが一般的である（図9・10）。墓室は双室と三室に分かれ、いずれも日乾レンガで築き、そのうちの六基は彩色磚画を用い、一つの磚に一幅の絵を描く例が多い。一号墓と六号墓の墓室からは女媧・伏羲・日月の像を描いた棺の板が出土した。

一九七三年に調査された三号墓は、中軸線上に羨道と前・中・後室を置き、前室左右壁にそれぞれ二つの耳室と三つの辟龕を設ける構造であり、羨道と墓室の全長は一二・一二メートルに達している。

前室の耳室《じしつ》・壁龕《へきがん》の入り口に、「各（閣《かく》）内《ない》」・「臧内《ぞうない》」・「炊内《すいない》」・

図９　甘粛省嘉峪関市新城魏晋墓仿木造門楼磚彫り画

図10　陝西省北部後漢画像石墓牛頭・鶏頭神像

「牛馬《ぎゅうば》巻（圏《けん》）」・「車廡《しゃぶ》」などの墨書が見られ、閤内は寝室、臧内は倉庫、炊内は台所、牛馬巻と車廡は牛馬圏と車庫を表している。北壁の東と東壁の上段に騎兵隊からなる出行図を配し、被葬者と見られる人物が鍔広帽をかぶって馬に乗り、将校の姿をしている（図11）。その下に騎馬狩猟、牧畜、脱穀、台所などを描いている。西段に小さな城と餌を食べている豚（図12）、および交尾している馬などが見られる（図13）。このような城は塢壁《おへき》または塢堡《うほう》といい、要塞化した村である。南壁の東段に軍営図を描き、中心部に大きなテント（中軍帳《ちゅうぐんちょう》）を設け、被葬者が中に座り、外に二人の衛兵が立っている。まわりで三重のテントが中軍帳を囲み、戟と盾がテントとテントの間に現れてい

図11　嘉峪関市新城3号墓出行図

図12　嘉峪関市新城3号墓塢堡図

る。左側の牙門《がもん》を挟んで牙旗《がき》を六本立てている（図14）。西段に歩兵の隊列訓練の風景が描かれている。右肩で戟をかつぎ、左手で盾を持つ軍人たちが二列にならんで行進し、剣を持つ伝令官と馬に乗る指揮官が兵士の行列に挟まれている。隊列のそばに、髠髪する河西鮮卑らしい人物と丸い帽子をかぶる漢民族らしい人物が、牛を使って耕している（図15）。西壁に塢壁・

図13　嘉峪関市新城３号墓馬交配図

図14　嘉峪関市新城３号墓軍営図

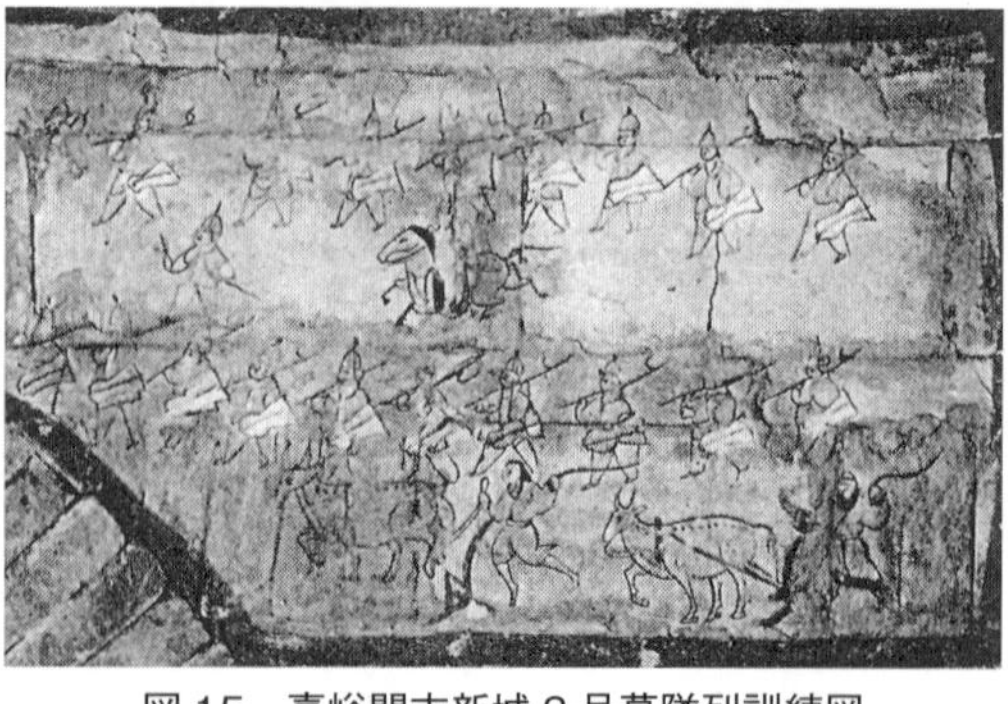

図15　嘉峪関市新城３号墓隊列訓練図

演奏・馬・鶏および羊をつぶす画面を配置する。中室に女性の主人公・侍女・牛車、後室に養蚕関係の道具を描く。

要するに、前室の壁画がおもに被葬者の生前の活動と地域の生産生活風景を描写するもので、中室と後室は、住居での生活を表している。

一号墓から曹魏「甘露《かんろ》二年」（二五七）と思われる紀年陶壷が出土し、三号墓の年代は一号墓よりやや新しく、西晋とされている。その壁画に軍事活動関係の内容が多く、被葬者が地元の有力軍人であると推定できる。

嘉峪関魏晋墓壁画に、被葬者を取り巻く身近な日常生活を描写するの画面が圧倒的に多いのは、印象的である。一号墓に見える「段清《だんせい》」の墨書題名は、後漢河西豪族段氏との関連をうかがわせる。

屯田《とんでん》と塢壁《おへき》

三号墓の隊列訓練図には武装兵士と耕作農民が同じ画面に描かれるが、それは漢代から西晋時代にかけて河西地域に盛んに行われた、屯田の風景を描写するものと思われる。

河西回廊はシルクロード貿易の要衝である。漢の武帝が西域を支配するために、家畜と農具を提供し、河西地域に農民・兵士と懲役中の罪人を送って屯田を興した。宣帝治世の時に河西地域の羌族が反乱し、後将軍趙充国《ちょうじゅうこく》が屯田の規模をさらに拡大し、屯田の兵士たちは耕しながら軍事訓練を受け、経済的に自給率の高い国境警備隊の機能を果たした。三国の時代では連年の旱魃と戦乱で河西地域の経済と屯田事業は大きなダメージを受けた。『晋書《しんじょ》』巻二十六・食貨志《しょくかし》によれば、魏の明帝期、涼州刺史徐邈《じょばく》が着任した時に雨があまり降らず、食糧が足りなくなった。徐邈は武威と酒泉の塩池を営み、原住民と食糧を交換した。また貧しい農民を国の小作人として募集し、水田を開墾した。それによって、百姓は不自由なく暮らすことができ、倉も食べ物に満ち溢れた。地方政府の運営費と軍費の余剰を用いて、金や錦、犬馬を購入し、中央政府に献上した。その後、敦煌太守に就任した皇甫隆《こうほりょう》は人々に耬犂《ろうり》の使い方と灌漑の知識を教え、そのため、農業生産の効率が倍増した。壁画に描かれた人々が落ち着いて暮らしている風景はおそらく徐邈が涼州刺史に就任した後のことであろう。

三号墓の壁画には少なくとも三つの小さな城が描かれ、一・五・六号墓にも似たような城の図が見出された。一号墓には「塢」という榜題も残っている。いわゆる塢は、城塢または塢壁ともいい、軍事施設である。食糧など物資を蓄積し、強敵が来たら、軍人および住民が塢壁の中に身を隠した。高句麗と日本の九州北部にある山城の機能に似ている。『後漢書』列伝第六十二・董卓伝によると、かつて董卓が長安の近くの郿《び》で塢を築き、壁の高さと厚さがともに七丈で、三十年分の穀物を蓄積し、「万歳塢《ばんざいう》」と称した。彼は、成功すれば、天下の雄になり、失敗すれば、老死までここを守るといった。しかし、董卓が暗殺されてから、皇甫嵩《こうほすう》が郿塢を攻め落として董氏一族を皆殺した。塢の倉から二、三万斤の金、八、九万斤の銀、山ほどの織物などを発見したという。

　後漢時代から南北朝時代にかけて、塢は中国各地で造られ、河西地域でも数多くの塢が存在していた。『後漢書《ごかんじょ》』列伝第七十七・西羌伝によると、和帝永元五年（九三）に護羌校尉《ごきょうこうい》貫友《かんゆう》が羌族の首領迷唐《まいとう》を撃退し、逢留《ほうりゅう》大河で城塢を構築した。順帝永和《えいわ》五年（一四〇）羌族が反乱を起して長安の近くまで侵攻した時に、征西《せいせい》将軍馬賢《ばけん》が扶風・漢陽《かんよう》・隴道《りゅうどう》で三〇〇ヶ所の塢壁を築いた。三国時代には魏の安西《あんせい》将軍・護東羌校尉《ごとうきょうこうい》鄧艾《とうがい》も河西地域で数々の城塢を造った。西晋の泰始《たいし》六年（二七〇）以降、河西鮮卑と羌族が相次いで反乱し、涼州への交通が遮断された。官吏と百姓たちは魏の将軍鄧艾の築いた塢壁に逃げ込み、身の安全を守った。[7]五胡十六国の前涼時代では、敦煌一帯に村塢が点在し、それらの村塢の中に仏教の寺院も建てられた。[8]三号墓に描かれた塢は、董卓の万歳塢よりずっと小さくて、明らかに村塢に属する。つまり要塞化した村である。

　嘉峪関魏晋墓壁画には戦場と戦争の傷跡の画面が見出せず、牧畜・農耕・脱穀・桑つみ・家禽図といった、豊かで平和な田園の雰囲気が溢れている。しかし、軍営・武装兵士および村塢などの軍事関係の題材が壁画の重要な部分を占めていることから、当時の情勢が極めて不安定だと想像できる。

河西地域の羌と胡

六号墓の農耕図で牛を御して土地をならす人物は、髪の毛が二股であり、羌族とされている（図16）。五号墓の牧畜図で馬を放牧する人は、鼻が高く、顎が大きくて、中央アジア人種の特徴を持っている（図17）。三号墓の穹窿図でテントの中で寝ている人物の髪型も漢民族とは違い、ご飯をつくっている人物の服には鳥の尾羽がついている（図18）。発掘者は、それらの人物が前述した隊列訓練図に描かれた耕作者と同じく、河西鮮卑だと推定した。

図16　嘉峪関市新城６号墓農耕図

図17　嘉峪関市新城５号墓牧畜図

河西回廊は民族雑居の地域であり、羌《きょう》・匈奴《きょうど》・月氏《げっし》・鮮卑《せんぴ》・盧水胡《ろすいこ》など

図18　嘉峪関市新城３号墓穹窿図

の民族は相次いで活躍した。
羌は中国北西部の原住民族の一つで、殷時代の甲骨文《こうこつぶん》によく出る「伐羌」の記事が当時民族衝突の激しさを物語るものである。周の武王に協力して殷を滅ぼした太公望《たいこうぼう》は、羌族の首領の一人であった。漢の武帝が護羌校尉を設置し、羌人の居住地域を漢の支配下に置いた。それ以来、羌族の反抗が繰り返された。後漢安帝永初《あんていえいしょ》二年（一〇八）に先零《せんれい》羌の首長の滇零《てんれい》が北地《ほくち》で天子と称し、東の関中地域を、南の四川地域を攻略して、漢の漢中《かんちゅう》太守董炳《とうへい》を殺した。[9] 永初五年（一一一）、羌人の反乱軍が一時河東郡《かとうぐん》（山西省）と河内郡（河南省）にまで侵入し、朝廷が禁衛軍を首都洛陽の孟津《もうつ》に駐屯させて防衛に当たり、皇帝が詔書を発布して魏郡《ぎぐん》、趙国《ちょうこく》、常山《じょうさん》、中山《ちゅうざん》で防御施設の塢侯を六百一十六所築かせた。[10]
羌人反乱の原因について、『漢書《かんじょ》』の作者の一人である班彪《はんぴょう》はかつて次ぎのように述べた。河西は漢民族と羌族が雑居している地域で、言葉の通じない羌の人々がよく下級官吏と狡猾な漢民族の住民に虐められ、窮地に追い込まれたために、反乱に至ったと。[11] そのたに、後漢王朝が匈奴や西域諸国に対して大規模の作戦を行う際にはしばしば羌族から徴兵した。明帝永平《えいへい》十五年（七二）に北匈奴征伐には、酒泉《しゅせん》・敦煌《とんこう》・張掖《ちょうえき》・武威《ぶい》の羌および盧水胡の騎兵を大量に徴発した。[12] 殤帝延平《しょうていえんぺい》元年（一〇六）に西域諸国が反乱すると、西域副校尉梁慬《りょうきん》は河西四郡の羌胡騎兵を五千人率いて鎮圧に行った。[13] 三国時代になって、蜀平定の際に、魏王朝は爵位と恩賞を約束して羌胡の健児を募集し、鄧艾軍に編入した。皆は一番の手柄を立てたが、西晋王朝になって、褒賞を与える時に爵位をもらう者は一人もいなかった。[14] 壁画に描かれた羌人の耕す姿は、西晋治下の羌人の生活様子を物語るものである。

五号墓壁画に見られる中央アジア系の牧人は月氏族である可能性が高い。『史記』巻一百二十三・大宛《フェルガーナ》伝によれば、もともと月氏が敦煌・祁連山《きれんざん》の辺りに居住していたが、紀元前一六〇年の少し前頃に匈奴に撃破され、匈奴の単于《ぜんう》は月氏王を殺して頭蓋骨を酒盃にした。月氏の部落は離散し、その主要な部落がアム河流域に西遷して、後に大月氏と呼ばれ、もう一部が南山に入って羌族と婚姻関係を結び、衣食習慣や言葉も同化し、小月氏と呼ばれた。張掖の周辺にも数百戸の月氏人が残留して漢民族と雑居し、いわゆる義従胡《ぎじゅうこ》となった。[15] 月氏は遊牧民族もしくは商業民族であり、馬を放牧するのが得意であった。

河西鮮卑は北魏の拓跋《たくばつ》氏と同じ先祖で、後漢の末に八代目の首領匹孤《ひっこ》が部族を率いて河西地域に移った。西晋咸寧《かんねい》五年（二七九）に首領禿髪樹機能《とくはつききのう》は涼州を陥落させ、シルクロードの交通を遮断した。窮地に落ち入った晋の武帝は貧寒出身の馬隆《ばりゅう》を武威太守に任命し、勇士を募集して反撃した。樹機能は殺されたが、禿髪部族は河西回廊に残って定住した。しかし、三号墓の穹窿図に見られるテントに住む人たちが本当に河西鮮卑なのか、またはある宗教の修道者なのか、現時点では結論できない。

注

〔1〕『後漢書』巻九・孝獻帝紀第九、同巻七十二・董卓列伝、『三国志』巻六・魏書・董卓伝を参照。
〔2〕『三国志』巻一・魏書・武帝操紀を参照。
〔3〕『三国志』巻二・魏書・文帝丕紀、『宋書』巻十五・志第五　を参照。
〔4〕『晋書』巻八十三・江逌伝を参照。
〔5〕『真誥』巻十一・闡幽微第一を参照。
〔6〕甘粛省文物隊ほか『嘉峪関壁画墓発掘報告』文物出版社、一九八五年を参照。
〔7〕『三国志』巻二十八・魏書・鄧艾伝を参照。
〔8〕『魏書』巻一百一十四・釈老志を参照。
〔9〕『後漢書』巻五・孝安帝紀第五を参照。
〔10〕『後漢書』巻八十七・列伝第七十七　西羌伝を参照。
〔11〕『後漢書』巻八十七・列伝第七十七　西羌伝を参照。

〔12〕『後漢書』巻二十三・列伝第十三・竇融列伝附弟子固伝を参照。
〔13〕『後漢書』巻四十七・列伝第三十七・班梁列伝・梁慬伝を参照。
〔14〕『晋書』巻四十八・段灼伝を参照。
〔15〕『後漢書』巻八十七・列伝第七十七 西羌伝・湟中月氏胡条を参照。

第二章　五胡十六国時代の壁画墓

二九〇年、三国の魏に取って替わり、中国全土を統一した晋武帝司馬炎《しばえん》が死去した。後継者の恵帝《けいてい》は政治局面をコントロール出来ず、外戚《がいせき》、皇族諸王の間の権力闘争が激しくなり、十五年（二九一―三〇六）にわたって戦争とクーデターが繰り返された。司馬氏の八人の王がこの内戦に参加したために、史上に「八王《はちおう》の乱」という。かつて晋王朝に臣服した匈奴・鮮卑・烏丸など北方民族も戦乱に巻きこまれ、三〇四年には匈奴五部大都督劉淵《きょうどごぶだいととくりゅうえん》が漢を建国し、これを契機として百三十数年におよぶ五胡十六国《ごこじゅうろくこく》時代の幕が開き、黄河流域で匈奴・羯《けつ》・氐・羌・鮮卑と漢民族の打建てた十六以上の政権が興亡した。三一六年、西晋が匈奴の前趙《ぜんちょう》に滅ぼされ、江南へ避難した漢民族貴族たちが建業《けんぎょう》（南京）で瑯琊王司馬叡《ろうやおうしばえい》を擁立し、江南地域で東晋《とうしん》政権を築き、胡族勢力の南進に抵抗し続けた。

五胡十六国時代、中原地域では壁画墓がまれであり、河西地域では魏晋の伝統を引き継いで壁画墓の造営を続けた。その代表作が、北涼または西涼と推定されている酒泉丁家閘五号墓である。一方遼東系の壁画墓の影響が、西は遼西に、東は鴨緑江を越えて、朝鮮半島の北部にまで及んだ。考古学の調査により、燕都和龍城《わりゅうじょう》（遼西の朝陽《ちょうよう》市）から朝鮮半島の北部に及ぶ広い範囲で、北票将軍山《ほくひょうしょうぐんざん》遼西公・車騎大将軍馮素弗《しゃきたいしょうぐんふうそふつ》墓・朝陽袁台子《えんだいし》墓・朝鮮半島北部黄海南《こうかいなん》道安岳郡《どうあんがくぐん》五菊里安岳《あんがく》三号墓など、重要な慕容鮮卑系の壁画墓が発見された。

一、酒泉丁家閘《ちょうかこう》五号墓

丁家閘五涼《ごりょう》時期の墓地は、酒泉市の西、約三キロのゴビ灘にある。そこに一一〇基以上の古墓が分布しており、日本の古墳時代の群集墳《ぐんしゅうふん》のように、七つの家族塋域《えいいき》から構成されている。一九七七年に調査された五号墓は、河西回廊で最初に発見された五胡十六国時代の大型壁画墓であり、年代は西涼または北涼と推定されている。磚築の前後墓室の平面がほぼ方形となっており、羨道から玄室奥壁までの中軸ラインの長さは、八・六四メートルである。前室の天井がいわゆる「覆斗《ふくと》」式構造で、後室の天井がアーチ状となっている。壁画は前室の全壁面と後室の奥壁に描かれている（図19[1]）。

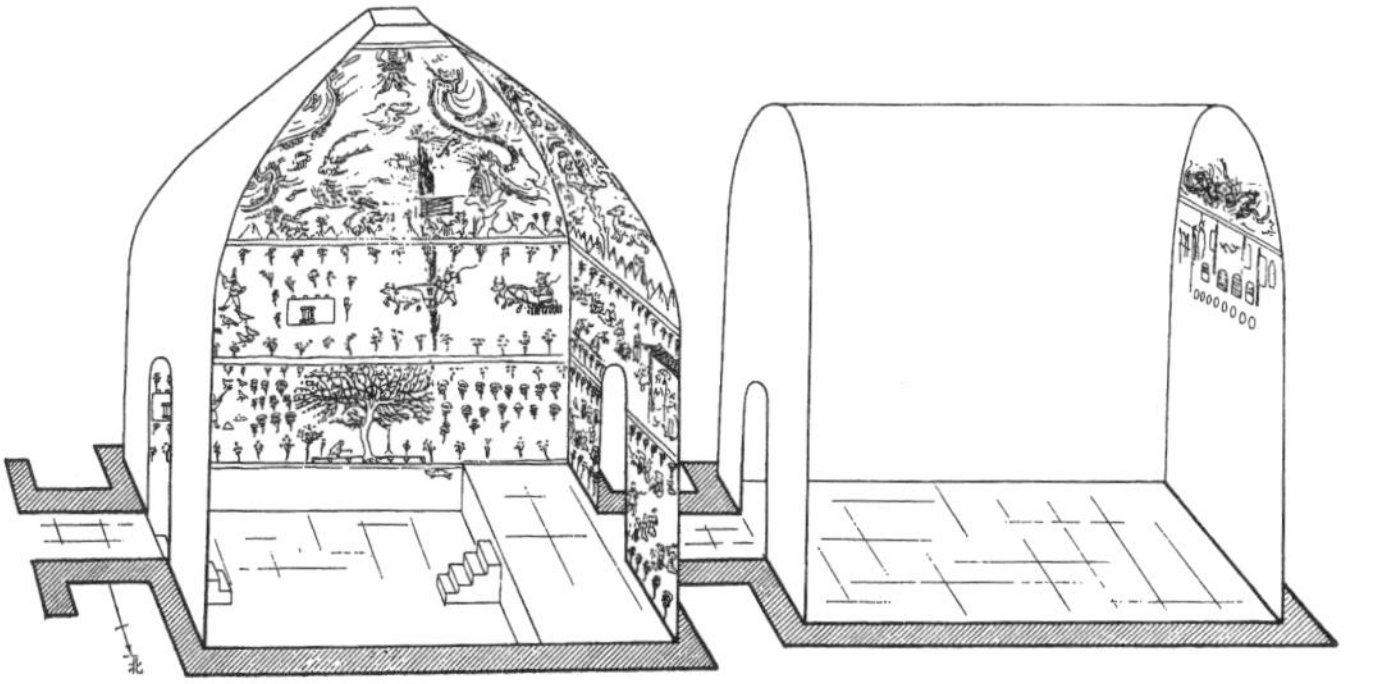

図19　酒泉丁家閘５号墓の墓室構造図

墓室壁画の配置

前室の壁画は天井と四壁の二つの部分に分かれていて、天井に神仙界、四壁に人間世界を描く。

天井にある神仙界の画面は、西王母《せいおうぼ》と東王父《とうおうふ》を中心に展開している。地平線には延々と続く山々および動物たち、天上の四面にはそれぞれ逆さまの龍頭と雲気紋を描いている。東壁に東荒山《とうこうざん》の上に据わる東王父と烏入りの太陽（図20）、西壁に崑崙山《こんろんざん》に据わる西王母および傘持ちの玉女《ぎょくじょ》・三足烏《さんぞくう》・九尾狐《きゅうびこ》・月を配している（図21）。南壁に鹿と女性の飛天《ひてん》が画面の中心におり、その下に丸いテントに住む仙人が網で鳥を捕っている場面が描かれ（図22）、北壁に雲を踏んで走っている天馬《てんば》の姿が見られる（図23）。

人間界の壁画は三段に配置され、被葬者を中心に、河西の荘園でさまざまな生業を営む人間の姿が生き生きとした筆致で描かれている。

下から一段目の東壁の南北隅および南北壁にそれぞれ亀

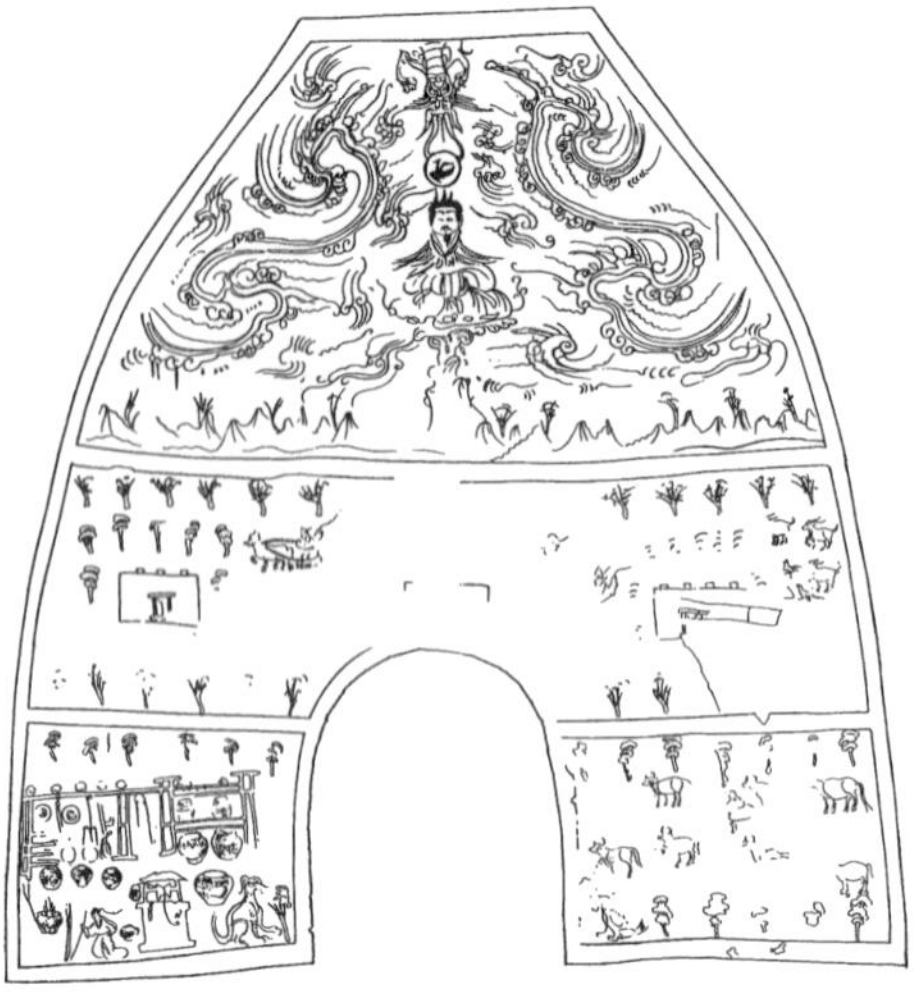

図 20　酒泉丁家閘５号墓前室東壁の壁画

図 21　酒泉丁家閘５号墓前室西壁の壁画

を描き出している。敦煌仏爺湾の魏晋墓では数多くの「河図《かと》」・「洛書《らくしょ》」など神亀の図像が発見されたことから、祥瑞《しょうずい》図の一種として河西地域でかなり流行していたとわかる。

二段目の上下に並木を描き、東壁の北側に台所の風景、南側に牛の群れ、通路の両側に犬が見える。西壁に牛車と一輪車の列、南北壁に村塢・脱穀・園圃《えんぽ》・鶏の群れ・家畜の解体・桑つみなどの場面を描いている。注目されるのは、南壁の中央に一本の大きな木があり、木の上に

図22　酒泉丁家閘5号墓前室南壁の壁画

図23　酒泉丁家閘5号墓前室北壁の壁画

猿・鳥などの動物が遊んでいる。木の下のテラスに一人の裸体の女性が箒を持って掃除している。裸女を描くのは中国の壁画では極めて異例である。

三段目の西壁に屋根の下に座って縄渡りや舞踊を見る被葬者の姿が描き出され、南・北・東壁に村塢・耕作・脱穀・牛車図が配されている。

丁家閘五号墓の人間界の画題と一部の粉本は、嘉峪関新城魏晋墓を引き継いだものと見られる。

西王母・東王父の信仰

　天井に描かれている東王父、西王母は中国古代民間信仰の神であり、特に、西王母の信仰は先秦《せんしん》時代に既に始まった。戦国《せんごく》から秦漢《しんかん》時代の文献『山海経《せんがいきょう》』には、虎歯《こし》で豹尾《ひょうび》、勝《しょう》（髪飾り）を戴き、洞穴に住むなどの西王母の記述がある。[2] すでに散逸した『神異経《しんいきょう》』によると、東王父は東荒山の石室に住み、背丈は一丈あり、髪は真っ白、人の体に鳥の顔、虎の尾を持っている。[3] いずれも人間と野獣の二重の性格を持つ神であった。前漢時代の文献『淮南子《えなんし》』の中では、西王母は崑崙山《こんろんざん》に住み、不死不老の薬を持つ神とされ、後にその信仰は民間に広がった。道教《どうきょう》が成立すると、民間信仰が経典に取り入れられ、西王母は女性の仙人の支配者とされ、東王父はそれと対を成す男性の仙人の支配者となった。

　後漢時代の画像石墓に西王母像がよく刻まれた。髪に「勝」を戴き、龍虎座に据わる女神の姿であり、身の回りに召使となる青鳥《せいちょう》・三足烏・九尾狐・蟾蜍《せんじょ》・玉兎《ぎょくと》なども描かれている（図24）。東王父は、西王母ほど目立たず、山形冠をかぶり、正座する姿である。漢代の画像で日月を司るのは、伏羲《ふっき》・女媧《じょか》であり、西王母・東王父と日月との関係がとくに強調されることはなかった。前漢晩期の洛陽卜千秋《ぼくせんしゅう》墓において、天井東部には蛇身人面《じゃしんじんめん》の女媧と月、西部には

図24　後漢時代の画像石墓に西王母像

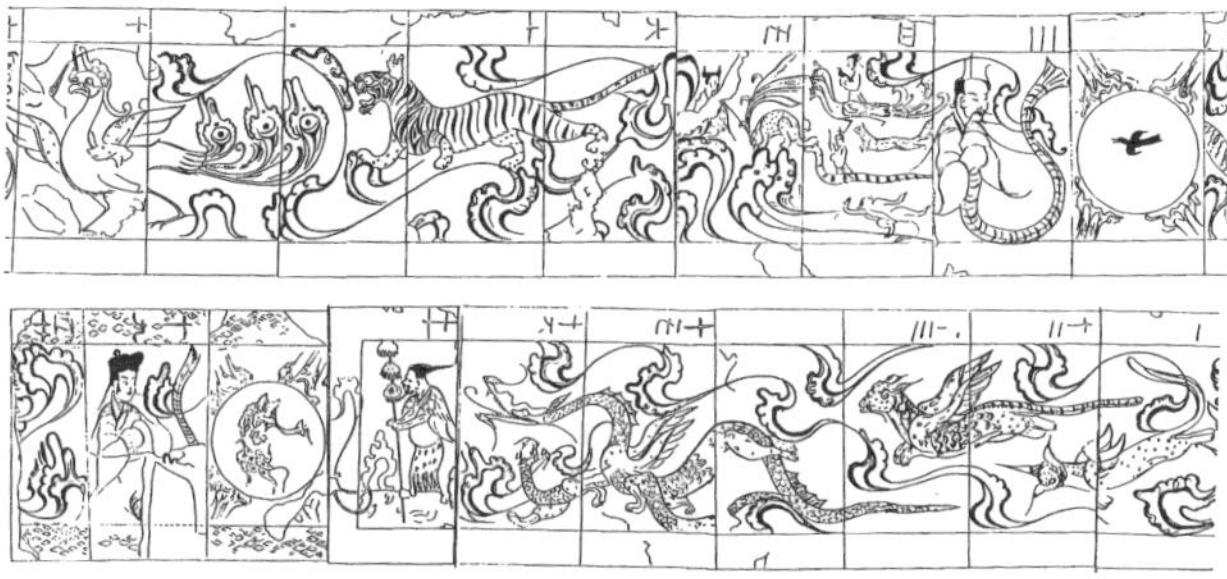

図25　洛陽卜千秋墓女媧・伏羲像

蛇身人面の伏羲と太陽を配し、両者の間には雲気《うんき》、龍、虎、飛廉《ひれん》、羽人《うじん》を置いている（図25）。後漢時代の画像石墓では日を托す伏羲と月を托す女媧を対称に表現する画像が、たいへん流行っていた。古代易学《えきがく》によると、万物は陰陽から生まれる。当時の人々は、太陽星・太陰星およびそれらを司る神を墓室に描くことによって、四季、昼夜、方位など死後世界の枠組みを再構築し、被葬者の霊が安らかに地下で暮らせるようになると信じていた。

　魏晋南北朝に入って、陰陽思想《いんようしそう》をあらわす画像が河西地域の墓にも流行し、女媧・伏羲のほかに、日月の像とセットされた西王母・東王父も登場した。両者が民間の信者たちによって混同されたというわけではなく、はっきりと格差があったらしい。丁家閘に近接する嘉峪関新城一号魏晋墓から出土した男性と女性の漆棺蓋内面では、頭側に伏羲が日を捧げ、足側に女媧が月を捧げる図柄が見られる（図26）。ところが、丁家閘五号墓の東王父・西王母は、それらの女媧・伏羲とは違い、手で日月を托す役ではなく、日月の下に座って東と西の世界に君臨する姿であり、すなわち、日月に照らされる世界の支配者として描かれたのである。

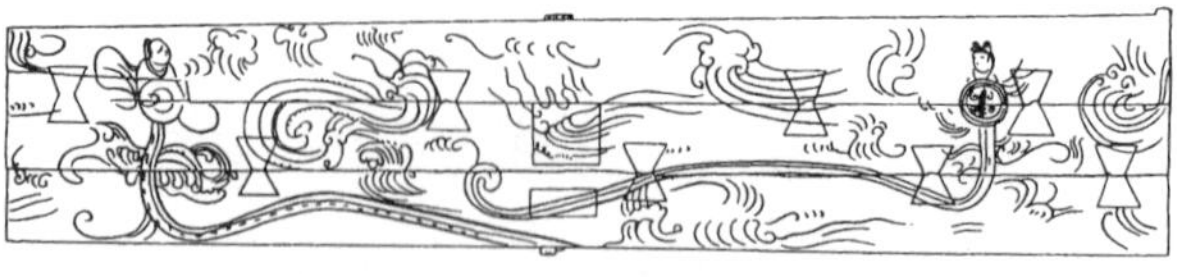
図26　嘉峪関市新城１号墓漆棺蓋女媧・伏羲像

　このような傾向は少なくても北朝時代まで続いた。地理的に河西地域に近い寧夏《ねいか》回族《かいぞく》自治区《じちく》固原県《こげんけん》雷祖廟《らいそびょう》北魏前期墓からは、出土した漆棺の蓋の中軸に波状の銀河を描き、その左に一軒の建物があり、屋根の上に太陽、その下に正座する「東王父」、右の建物の屋根の下には西王母、上に月を描いている。東王父と西王母の下方に、パルメットと天上世界を象徴する龍・虎・鳳凰・人面鳥《じんめんちょう》など神獣仙禽が配されている（図43を参照）。洛陽博物館に収蔵されている北魏晩期の陰線刻《いんせんこく》女媧・伏羲石棺蓋の残片の場合、中軸に同じような波状の銀河を彫り、その左側に女媧が左手で月を支え、月の中に、蟾蜍、桂樹と搗薬する玉兎の姿が見える。右側に小冠をかぶっている伏羲が右手で太陽を支え、太陽の中に三足の烏を置く。余白には線で繋がっている星座が埋め

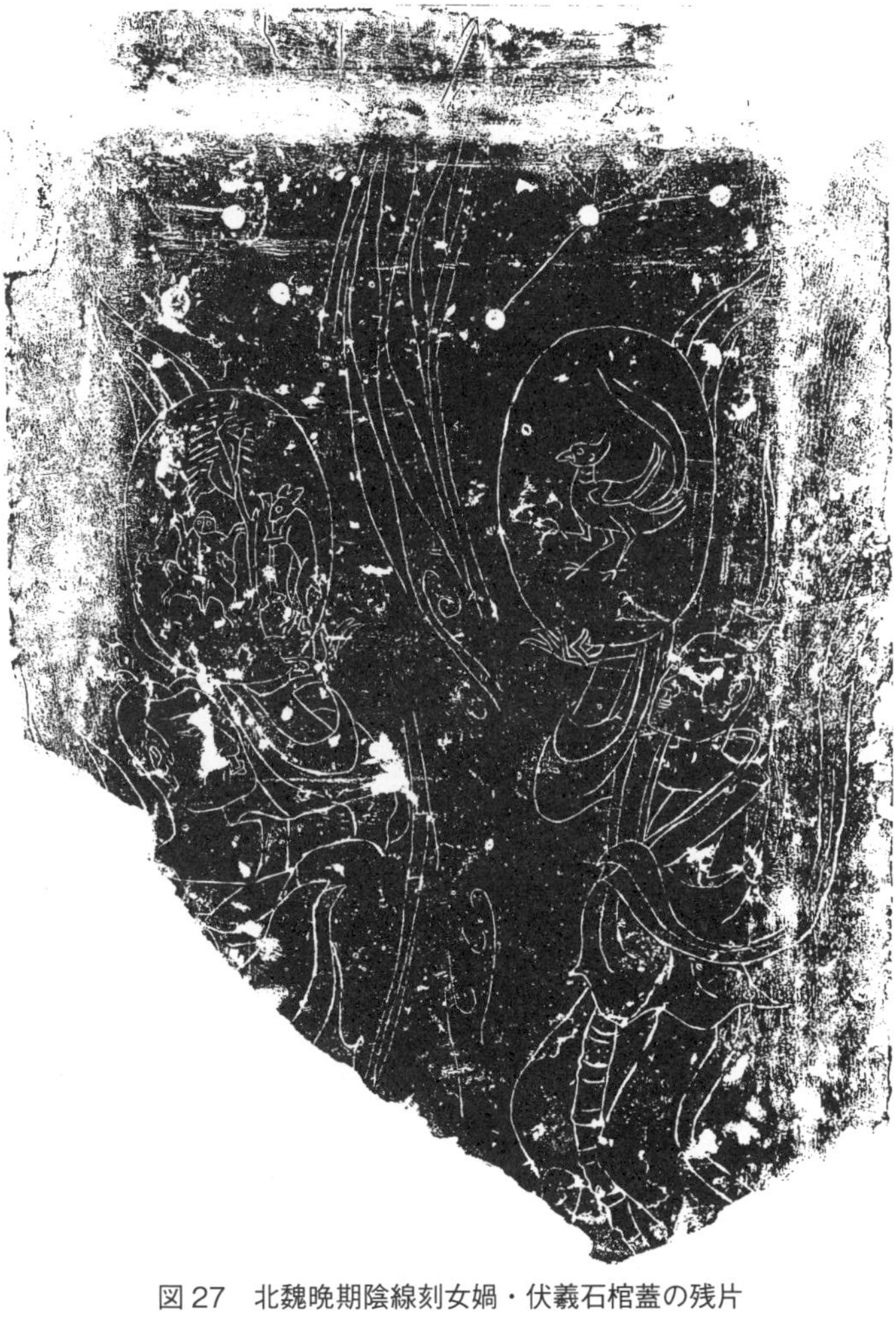

図 27　北魏晩期陰線刻女媧・伏羲石棺蓋の残片

図28　北周建徳元年 (572) 匹婁観石棺蓋女媧・伏羲像

られている（図27）。また画像配置の近い例は、洛陽文物工作隊に収蔵の北魏晩期の飛仙石棺蓋、西安碑《ひ》林《りん》収蔵の北周建徳《けんとく》元年（五七二）匹婁歓《ひつろうかん》石棺蓋石（図28）と陝西省三原《さんげん》県隋開皇《かいこう》二年（五九二）李和《りわ》墓石棺蓋が挙げられる。

つまり、五胡十六国と北朝時代の壁画と漆棺・石棺画では、東王父・西王母は世界の支配者として、女媧、伏羲は日月を司る神として描写され、二者の格差は歴然である。おそらく、道教の影響で東王父・西王母の信仰が盛んになってから、上古伝説の三皇《さんこう》のうちの二人である伏羲・女媧の神格は、下がったようである。

前漢時代から、河西地域は西王母信仰流行の中心地の一つとなった。その原因の一つは、おそらく西王母の住む場所に近いことであろう。『漢書』巻二十八下・地理志《ちりし》・金城郡臨羌県《きんじょうぐんりんきょうけん》条によれば、金城郡臨羌県から西北へ行って塞外に至ると、西王母石室《せいおうぼせきしつ》がある。金城郡は河西回廊の東口に位置し、西王母石室はちょうど酒泉郡にある。『晋書』巻八十六・張軌《ちょうき》伝付張《ちょう》駿《しゅん》伝に、酒泉の南山は崑崙の支脈で、かつて西周《せいしゅう》の穆王《ぼくおう》はそこで西王母に会見した。山に石《せき》室玉堂《しつぎょくどう》があり、珠玉と彫刻で飾られ、神の宮殿のように見える。前涼の君主張駿が国の繁栄を祈るために、そこに西王母祠を建てたと記している。五胡十六国時代では、漢民族の人だけでなく、河西の胡族も西王母を信仰していた。『晋書』巻一百二十九・沮渠蒙遜《そきょもうそん》載記によると、北涼君主沮渠蒙遜はかつて海（湖）に沿って西へ行き、塩池《えんち》に至って西王母寺《せいおうぼじ》を祀った。寺の中に玄石の神図があった。蒙遜が中書侍郎《ちゅうしょじろう》の張穆《ちょうぼく》に命じ、賦を作成して寺の前に刻んだと記している。沮渠蒙遜は河西盧水胡の出身で、彼の西王母寺参拝は個人行為でなく、盧水胡民族が西王母を信仰していることを裏付けている。ちなみに、『晋書』に記録されている西王母寺の玄石の神図がおそらく西王母の像であり、丁家閘五号墓の西王母像と似たようなものと考えてよいであろう。

五胡十六国時代の河西地域は、宗教文化伝達の十字路であった。仏教・ゾロアスターなどの外来宗教の伝道師・信者達が、河西回廊を通って中原に入り、その一方で、後漢末に各地で反乱を起こした道教の信者にも河西に亡命したものが少なくなかった。しかし、東王父・西王母像は道教思想と関連性が認められるが、老子《ろうし》・天尊《てんそん》像などとは違い、道教特有な図柄ではなかった。厳密な宗教経典でなく、民間伝承に基づいて描かれた陰陽《いんよう》両《りょう》極《きょく》世界《せかい》の支配者像である。

二、安岳三号墓

遼寧省と朝鮮半島の北部で発見された五胡十六国時代の壁画墓は、主に鮮卑慕容氏《ぼようし》の前燕《ぜんえん》（三五二―三七〇）・後燕《こうえん》（三八四―四〇九）・北燕《ほくえん》（四〇九―四三六）によるものである。慕容氏の壁画造営伝統に関する文献記録も残っている。『晋書』巻一百二十四・慕容熙載記《ぼようきさいき》によると、後燕の皇后苻《ふ》氏《し》が亡くなった際に、皇帝慕容熙が国庫を傾け、公卿以下兵民へ至るまで動員して墓を造った。完成した陵墓は周囲数里、墓室内に議政大臣《ぎせいだいじん》の尚書八座《しょうしょはちざ》の像も描かれた。慕容鮮卑に関係している壁画古墳の中で、保存状態が最もよくて、被葬者の身分と埋葬年代も考証できるのは、朝鮮半島北部黄海南道安岳郡五菊里に位置する安岳三号墓である。

内部の構造と壁画の配置

安岳三号墓は、朝鮮半島におけるもっとも古い紀年銘を持つ壁画墓である。一九四九年に調査され、出土した遺物は、朝鮮戦争の中で散逸した。その内部施設は、石板で構築され、羨道・羨室・前後室・東西側室・東回廊からなる。墓室に残っている墨書墓誌銘と内容の豊かな壁画が学界の注目を集めている。

　現存する墳丘は一辺三三メートル、高さ六メートルの方墳（方台形墳丘《ほうだいけいふんきゅう》）であり、埋葬施設は、南から羨道、羨室、前室、後室が直線的に並んでいる。西側室の西壁に幔幕中に座っている被葬者、即ち冬寿《とうじゅ》と思われる男子像、側室南壁には夫人像が描かれている。前室に鼓笛男子像・舞踊女子像・角抵《かくてい》（相撲）をする人物像、東側室には車・小屋・厨房・井戸・召使達の調理風景が描かれている。また、東側回廊から北側回廊にかけて出行図があり、後室と西側室には蓮花文が配されている。こうした安岳三号墳の壁画部分の面積は八一平方メートルにもなり、朝鮮半島の壁画古墳の中で最大級である（図29）。

図29　安岳３号墓の墓室構造図

　西側室入り口南側の壁面の上方に書かれている墨書墓誌によると、被葬者の名前は冬寿、肩書きは「□□使持節都《しじせつと》督諸軍事《とくしょぐんじ》、平東将軍護撫夷校尉《へいとうしょうぐんごぶいこうい》、楽浪相《らくろうしょう》・昌黎《しょうれい》・玄菟《げんと》・帯方太守《たいほうたいしゅ》・都郷侯《ときょうこう》」、東晋永和《えいわ》十三年（三五七）に亡くなったことがわかる。その冬寿は、すなわち『資治通鑑《しじつがん》』晋《しん》紀《き》咸康《かんこう》二年（三三六）正月乙未年条に記されている、慕容鮮卑の前燕の内乱により高句麗《こうくり》に亡命した、慕容皝《ぼようこう》の司馬の佟寿《とうじゅ》である。〔4〕被葬者は幽州遼東《ゆうしゅうりょうとう》郡平郭県《ぐんへいかくけん》（現遼寧省蓋平県《りょうねいしょうがいへいけん》）の出身で、高句麗へ亡命してから中国の正史から名前が消えてしまったが、墨書墓誌に書かれた肩書きは東晋王朝からもらったものと見られる。〔5〕

冬寿出行図の編成

安岳三号墓のL字形を呈す東回廊には、長さ一〇メートルにおよぶ出行図が描かれ（図30）、前室南の壁面にこの出行図に対応して、曲華蓋《きょくかがい》・幡《ばん》・幢《どう》・旗・椎斧《ついふ》を持つ送迎行列も配されている（図31）。出行の行列は導騎《どうき》・具装《ぐそう》騎兵・鼓吹《こすい》・戟楯《げきじゅん》・刀楯《とうじゅん》・牛車などからなる。現存出行図の先導の部分は損傷が甚だしく、行列の内容を判明するのは

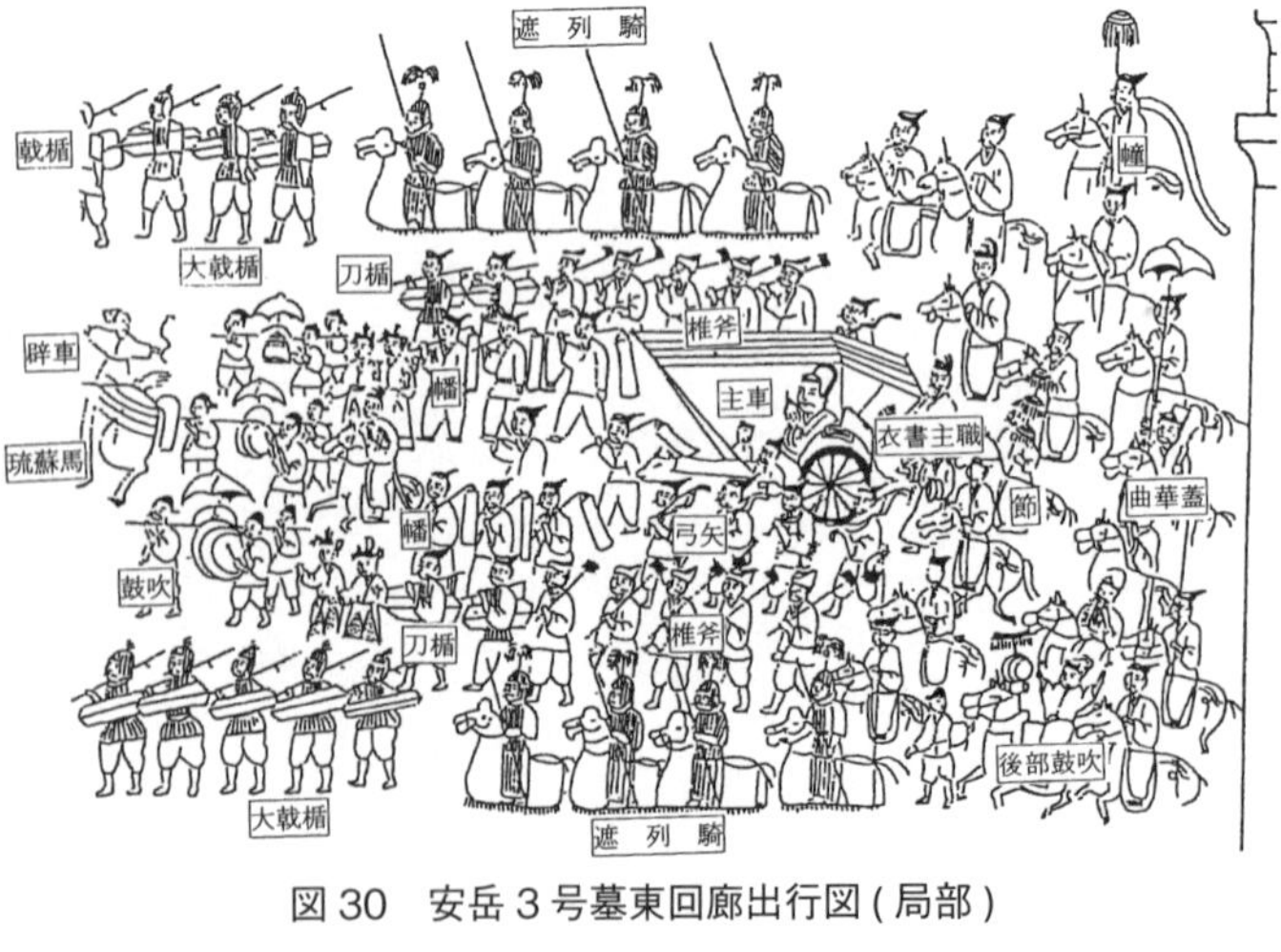

図30　安岳3号墓東回廊出行図(局部)

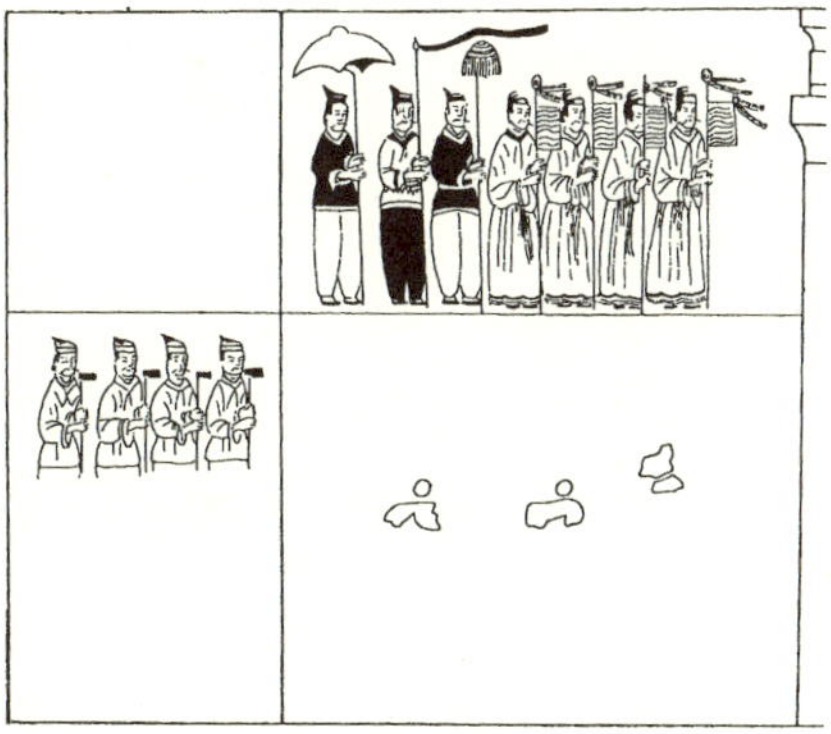

図31　安岳3号墓前室南壁送迎行列図

困難である。鹵簿《ろぼ》の中心部分の残り状態は良好なので、公表された模写図により、鹵簿編成を考察できる。

　鹵簿先頭の両側に各一人、中道には逆方向に立つ進賢冠《しんけんかん》をかぶる騎吏《きり》一人が見え、ほかの内容はもう読めない。十八人の先導騎吏が三つの縦列になり、中道を進行する六人のそれぞれの後ろに二人の歩行侍従が付いている。左列騎吏の第三番目と中道騎吏の第四・六番目は進賢冠をかぶり、ほかの人物は冠の形式および手持物が確認できない状態で、右列の六人の騎吏は進賢冠をかぶり、さらに第一・三番目は赤色の便面《べんめん》〔6〕を持っている。十八人の騎吏は皆白い交領の外套をまとっていて、服装と冠の形式が統一されているようである。その次は、両翼に両端がくぼんでいる楕円形の赤い楯と戟を持ち、冑《かぶと》と甲《よろい》で身を固めた兵士が四人、赤い縁を付けた白色の長楯《ながたて》と戟《げき》を持った甲冑兵士が三人、後に継ぐのは長矟《ながさく》を持つ四人の具装騎兵《ぐそうきへい》〔7〕である。中道では、旗と鞍馬を中心に、左右に右手で環頭太刀《かんとうたち》を持ち、左手で鞭《むち》を持つ僻車《へきしゃ》を配した。次は前部鼓吹《ぜんぶこすい》の行列で、太鼓《たいこ》が二面、鐘《かね》が一つ並列している。一つの太鼓又は鐘《しょう》にそれぞれ三人が付き、二人は担ぎ、一人は叩く。太鼓と鐘の後に、女性の踊り子が右左に各二人いる。さらに、笏《しゃく》を持つ騎吏が一人、右の手を挙げる、指揮している人物が一人、幡を担いでいる六人が左右二列に並び、墓主の牛車の前を進んでいる。牛車の輪には朱黒の漆を塗り、上には通幰《つうけん》をつけている。車体の構造は司馬《しば》金龍《きんりゅう》墓彩漆屏風に描かれた漢成帝《かんせいてい》の輦《てぐるま》によく似ている。下の部分では、車本体の両脇のバッフル板は前が低く、後ろが高い曲線になり、後ろのバッフル板が一番高く、全体の形はソファに近い。墓主は右手で麈尾《しゅび》を持ち、車の中に座っている。この牛車は『晋書』巻二十五・輿服志《よふくし》に記された「通幰車」に違いない。[8] 牛の左右に御者が二人、牛の前で幡を担ぐ人は一人、牛車の後には二人の女性と一人の属吏が歩行している。牛車の左側に、弓と矢を持つ兵士が三人一列で進行している。右側にも同じ行列があるはずであるが、牛車に隠され、見えない。弓矢の列の外側には、先頭に刀と楯を持ち、短甲《たんこう》を纏い、平上幘《へいじょうさく》をかぶる兵士が二人、斧を担ぐ兵士五人が左右各一列並んでいる。行列の最後に排簫・角・小鼓で演奏する四人の騎馬楽隊があり、文献の中に記された「後部鼓吹《こうぶこすい》」に当たる。[9] 後部鼓吹と混在しているのは、進賢冠をかぶる文吏一人と曲華蓋・節《せつ》・幡を持つ八人の騎従である。行列中で笏を持つ騎吏・刀楯・椎斧・弓矢・騎馬鼓吹などは、皆平上幘《へいじょうさく》（小冠《しょうかん》）をかぶっていて、前部の鼓吹・旗持ち役・騎馬鼓吹の馬方は皆リボン付きの丸い帽子であった。

この行列には一二一人の存在が確認できる。その内で騎馬するのは四十人、歩行者八十人、牛車に乗るのは一人である。

出行図に表れる鹵簿制度

墨書墓誌銘に記されている冬寿の平東将軍の官号は東晋の第三品の武将に相当し、使持節都督は二品になる。[10]文献には西晋と東晋の官僚の鹵簿制度について記録が残らなかったが、当時の大駕鹵簿《たいかろぼ》は皇帝専用の儀仗と諸公卿の鹵簿からなるので、西晋皇帝の大駕鹵簿資料を参考にし、冬寿墓出行図の内容を解釈してみたい。

『晋書』巻二十五・輿服志・中朝《ちゅうちょう》大駕鹵簿条に、官僚のトップである「三公《さんこう》」の馬車に継ぐ行列について次のように記している。

中護軍《ちゅうごぐん》の駟馬《しば》車の両翼に、各二列の鹵簿が進行し、外側は戟楯、内側は弓矢の列であり、七人の一部の鼓吹が挟まれている。その次、左には歩兵校尉《ほへいこうい》、左には長水校尉《ちょうすいこうい》の一匹の馬を付ける馬車が並んで走り、両翼に鹵簿が各二列、外側は戟楯、内側は刀楯である。鹵簿の中核部分では、左右司馬使《しばし》が引導し、左右に各六列が並び、外側に大戟楯が二列、内側へ順番に九尺楯・刀楯・弓矢・弩《ど》の列である。次の五時副車《ごじふくしゃ》を挟んで、遮列騎《しゃれっき》と呼ぶ騎兵の列を配した。

言うまでもなく、安岳三号墓の鹵簿は中朝大駕鹵簿と比べれば、格差が著しい。ところが、鹵簿構成の要素には共通点が見出せる。安岳三号墓鹵簿行列の外側の先頭に立つ赤い楯と戟を持つ兵士は「戟楯」、赤い縁を付けた白色の長楯と戟を持つ兵士は「大戟楯」に比定でき、後ろ続く鎧馬の騎兵は、間違いなく「遮列騎」に当たる。内側に進行する刀と楯を持つ兵隊は「刀楯」、牛車を挟んで弓矢を持つ兵隊の列は「弓矢」である。斧を担ぐ兵隊の行列は同文献に記録される「椎斧」かも知れない。[11] 牛車の前後に前後部鼓吹を配し、前部鼓吹は歩行し、後部鼓吹は騎馬である。牛車の後に徒歩・騎馬文吏と節・華蓋を持つ騎従がつくのは、『晋書』輿服志に「車の後に衣書主職《いしょしゅしょく》が歩行し……次は曲華蓋である」との記録と合致している。すると、その鹵簿編成の概念図は次ぎのようになる。

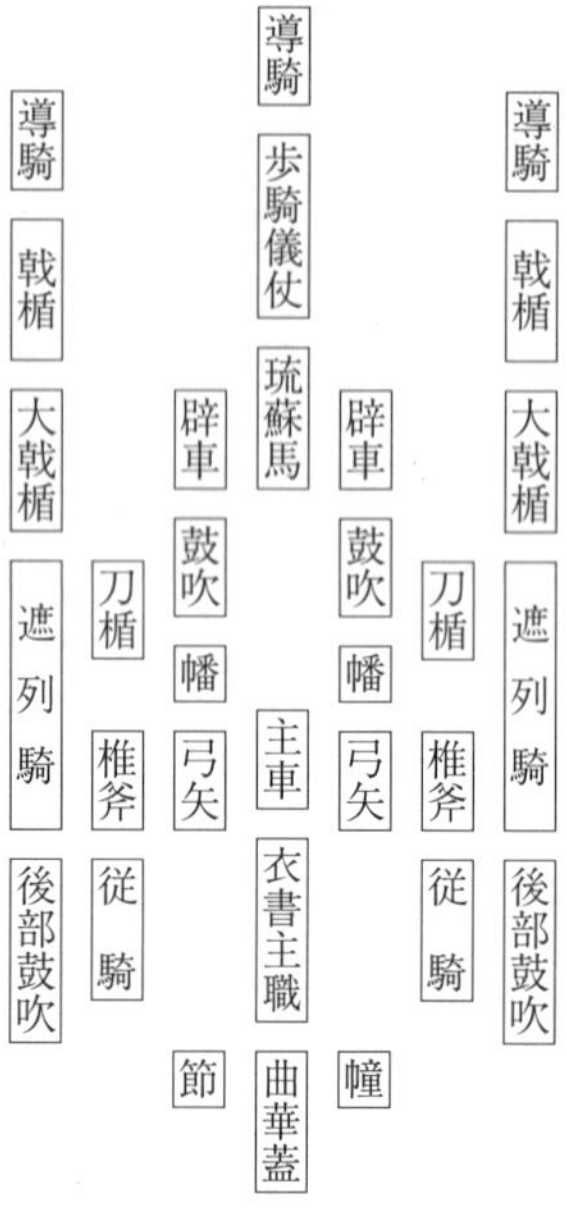

行列の編成だけでなく、町田章氏が指摘したように、「安岳三号墓に示される習俗や服飾は、中国甘粛省嘉峪関・酒泉市付近で発見されている北朝のそれと極めて類似しており、中国の制度が基本になっていることがわかる」のである。[12] 安岳三号墓の先導騎吏たちがかぶっているの

図32　進賢冠の構造図

図33　トゥルファン・アスターナ13号墓壁画粉本（局部）

は、進賢冠らしい〔13〕。進賢冠は髪の毛をおさめる介幘《かいさく》とその上に立つ展筩《てんとう》からなる（図32）。安岳三号墓の進賢冠は展筩が低く、介幘の二つの耳が高くて前に向いている。この種の介幘は、河西地域の魏晋十六国墓、新疆アスターナ墓の紙画像資料にも見られ（図33）、西晋の形式と考えられる。笏を持つ騎吏・刀楯・椎斧・騎馬鼓吹などがかぶっている平上幘（小冠）は、嘉峪関新城魏晋墓・酒泉十六国墓壁画・南京富貴山《なんきんふきさん》東晋墓の俑《よう》に表れているそれに類似している（図34）。『晋書』輿服志・『宋書《そうじょ》』礼志《れいし》の記録により、介幘は文吏、平上幘は武官のかぶりものだとわかる〔14〕。安岳三号墓鹵簿の先導騎馬文吏は武器を持たずに進賢冠をかぶり、刀楯・椎斧・弓

図 34　南京富貴山東晋墓陶俑

図 35　遼寧袁台子慕容鮮卑墓壁画

矢などを持つ武人は平上幘をかぶっていることは、文献記録と合致している。『宋書』巻十八・礼志に「また赤幘があり、騎吏、武吏・乗輿鼓吹が着用」と記するが、安岳三号墓の場合は椎斧だけが赤い平上幘である。前部鼓吹・旗持ち役・騎馬鼓吹の馬方のリボン付き丸い帽子は遼西朝陽の袁台子十六国墓にも見られ、鮮卑慕容氏のものと見てよい（図35）。被葬者冠は武冠《ぶかん》（籠冠《りゅうかん》ともいう）といい（図36）、西晋・東晋時代では、将軍クラスの武人がかぶっているものである。[15]

図36　安岳3号墓西側室西壁墓主肖像

東晋・前燕と高句麗の関係

前燕の慕容氏は、鮮卑族の出身でありながら、中原王朝の典章制度と儒学伝統を重視していた。慕容廆《ぼようかい》、慕容皝親子は東晋朝廷の冊命を受け、中原からの避難者を招き、四つの郡を設置した。[16] 自ら名儒に師事し、河東聞喜裴氏《かとうぶんきはいし》・渤《ぼっ》海封氏《かいふうし》などの名門大族の人物及び前の西晋の官僚を任用し、遼東地域で東晋王朝の勢力を支える役割を果たした。とくに、慕容廆の長史裴嶷《はいぎ》は名門の河東聞喜裴氏の出身、西晋の中書次郎《ちゅうしょじろう》・滎陽太守《けいようたいしゅ》・昌黎《しょうれい》太守を歴任した人物で、父親裴袛《はいちょう》は西晋の三輔《さんぽ》・三河《さんか》・弘農《こうのう》畿内七郡の長官である司隷校《しれいこう》尉《い》を勤めた。当時西晋王朝が北方に残した政治的遺産が前燕に相続されたと言っても過言ではない。三三六年以前に冬寿が慕容氏前燕の軍事要職を勤めており、間違いなく前燕の鹵簿制度に知識を持っていた。慕容廆・慕容皝時代の前燕は東晋の付属国であり、鹵簿は東晋と同じく西晋の制度を援用したものと見られ、冬寿の鹵簿に西晋—前燕ルートからの影響が強かったと考えられる。

冬寿が高句麗に亡命し、高句麗の臣になったのだが、王とはどのような関係を持っていたのか。文献には記録が残っていない。その時代の高句麗には鹵簿制度がまだできていなかったのは事実である。冬寿が死ぬまで、東晋の正朔《せいさく》を奉じ、東晋の官号を持っていたことから考えると、その鹵簿も晋の制度によるものに違いないであろう。時代が遅れる徳興里《とくこうり》・薬水里《やくすいり》壁画古墳の出行図には、まだ晋の鹵簿制度の影響が見られるが、朝鮮半島固有の風俗も混ざっているようである。

ここで、根本的な問題に触れなくてはいけない。安岳三号墓が一部の研究者に高句麗古墳と位置づけられているが、筆者は高句麗説に同意できないと考えている。

安岳三号墓は平壌つまり前漢以来の楽浪郡の南にあり、被葬者は、この地域を支配した有力な人物と見られている。西晋建興《けんこう》元年（三一三）高句麗が一応楽浪郡を占領したが、当時の各国の領域は決して安定したものではなかった。慕容鮮卑の前燕との命がけの闘争の中に、高句麗は楽浪地域の支配権をずっと確保できたか、どうかについては、文献にはっきりとした記録がなかった。『資治通鑑《しじつがん》』晋紀により、建興元年以後、楽浪地方の有力豪族は、慕容廆の前燕勢力に従って抵抗を続け、咸康《かんこう》五年（三三九）から咸康七年（三四一）にかけては、前燕の高句麗に対する軍事行動も絶えなかった。[17]とくに、咸康七年、四万の前燕軍が高句麗を侵攻し、都の丸都《がんと》と宮室を破壊した。戦争の結果、高句麗が完全に前燕に制圧され、[18]その朝鮮半島北部の経営も大きなダメージを受けたと思われる。このような厳しい情勢の中で、何百年も漢文化の伝統を持つ楽浪地域に対する高句麗の支配は、極めて困難な状態に陥ったに違いない。冬寿はかつて、慕容廆の息子征虜《せいりょ》将軍慕容仁《ぼようじん》の司馬、さらに世子慕容皝の司馬など軍事的な要職を務め、咸和《かんわ》八年（三三三）、慕容皝・慕容仁兄弟の間に権力をめぐって戦争が起こった際に、もとの上司の慕容仁に投降し、咸康二年（三三六）、慕容仁勢力が慕容皝に滅ぼされると、高句麗へ亡命した。慕容仁は遼東方面の高句麗軍を防御する最高軍事指揮官であり、前燕に従った楽浪の豪族はおそらく彼の指揮下に置かれたと思われる。冬寿は、慕容仁の残部、すなわち楽浪遺民を含めた武装集団を率いて高句麗に亡命したが、咸康七年以後、安岳、さらに平壌地域は前燕と高句麗の闘争の中で一時的な勢力真空地域になった可能性が十分考えられる。すると、冬寿勢力は文化的な面においても、軍事的な面においても、弱体化した高句麗に依存する必要はなかったと推測できる。

　前燕軍が丸都からひきあげる際に、故国原王《ここくげんおう》の父親美川王《びせんおう》の御陵を掘り、遺体まで奪い、王の母親周氏を人質として連行した。故国原王は、父親の遺体と母親の身柄の高句麗への返還を求めるために、前燕の冊封《さくほう》体制に組み込まれるまで、十四年間も交渉を続けた。建元《けんげん》元年（三四二）、故国原王は弟を派遣し、珍宝で前燕から美川王の遺体を取り戻し、永和《えいわ》五年（三四九）には、咸康四年（三三八）に高句麗へ亡命した前東夷護軍宋晃《とういごぐんそうこう》を前燕に送還した。[19] 永和《えいわ》八年

（三五二）、慕容儁《ぼようしゅん》が東晋の藩臣をやめ、大燕皇帝と称した。三年後の永和十一年（三五五）、前燕が周氏を高句麗に送り返した際に、故国原王を営州諸軍事《えいしゅうしょぐんじ》・征東大将軍《せいとうたいしょうぐん》・営州刺史《えいしゅうしし》・楽浪公《らくろうこう》に封じた。[20]高句麗の王族および貴族の子弟は前燕滅亡まで人質として前燕に滞在させられ、東晋太和《たいわ》五年（三七〇）前秦苻堅《ぜんしんふけん》の軍隊が前燕の都の鄴を攻略した時に、扶余《ふよ》・高句麗諸部の質子《ちし》五百人が城門を開け、前秦軍に入城させた事件も記録されている。[21]

　このような高句麗の内政と外交の状況を考えて、冬寿がもし亡命後ずっと高句麗に従っていたら、前燕が冬寿の身柄に引き渡しを強く要求するのは当然であろう。統治者の面子からも、国家の安全保障の面からも、彼は許されない存在である。しかし、三四九年、故国原王が母親の身柄の解放を求め、前燕に叛臣《はんしん》宋晃を送還した際には、同じ叛臣である冬寿の送還に関しては議論もされなかった。さらに、三五五年、高句麗が前燕の冊封を受け、王族の子弟を質子として前燕に送り、叛臣を庇護する理由も力もなくなってしまった。以上のことから、冬寿は当時に高句麗の保護下にはなかったことがわかる。

　前に述べたように、前燕が永和元年（三四五）から東晋の年号の使用を停止し、[22]永和十一年、高句麗は前燕の冊封体制に入った。もし、安岳三号墓は高句麗関係の古墳ならば、高句麗または前燕の年号を使うはずである。安岳三号墓および平壌永和九年三月十日遼東韓玄菟《りょうとうかんげんと》太守佟《とう》利《り》墓など、東晋年号を使っている古墳の存在は、楽浪地域がその時期に高句麗の支配下になかったことを意味している。すなわち、咸康二年、冬寿は確かに高句麗に亡命したが、その本拠の丸都方面ではなく、遼東から鴨緑江《おうりょくこう》を渡って高句麗支配下の楽浪故地であり、その後高句麗の一時的な衰退を利用し、東晋から官号をもらい、楽浪地域を支配したと推定できる。

冬寿の墨書墓誌銘にある「楽浪相」という官号は、高句麗故国原王が三五五年に前燕の皇帝慕容儁から冊封されて、与えられた「楽浪公」にかかわり、冬寿は楽浪公である高句麗王の臣下であるという意見もあるが、年号のことを考えると、それは成立しがたいと思う。古今中外に例外なく、君主の年号を使うのは臣下の義務であり、当時の楽浪地域では、墓誌銘だけでなく、役所の運営、所轄住民の戸籍、公私書簡など全部同じ年号システムに従わなくてはいけない。冬寿が亡命した時は、前燕は東晋の藩属で、冬寿自身も東晋の官僚であるという意識が強かった。彼の墓誌銘に記された永和十三年は東晋の年号で、故国原王二十七年、前燕の光寿《こうじゅ》元年にあたる。冬寿が永和の年号だけを使うということは、明らかに前燕—高句麗の冊封関係と関わりがなく、東晋の正朔を奉じていたのであり、彼は東晋の藩属として活動し、前燕—高句麗の冊封体制に対抗する存在であったと思われる。

牛車に乗る魏晋の貴族達

『晋書』輿服志に記録されている中朝大駕鹵簿には、戟楯・刀楯・遮列騎など漢代鹵簿に見られない内容が登場したが、馬車を中心として鹵簿を編成する原則は変わらなかった。しかし、壁画に反映された出行鹵簿の編成は、すでに馬車の行列から、鞍馬と牛車を中心とした行列に転換している。大駕鹵簿はいわゆる「古礼《これい》」に従い、現実の上流社会生活から離れた、王朝礼儀制度の最も保守な部分であり、使用頻度の極めて低い鹵簿制度でもある。前漢の武帝以後は、甘泉宮《かんせんきゅう》で祭天《さいてん》する時にだけ、後漢では、光武帝の原陵へ謁陵《えつりょう》する時と皇帝の葬儀のみに使われたらしい。鹵簿制度の変化は、まず官僚と貴族階層の日常生活にかかわり深い部分から始まり、最後に大駕鹵簿にまでおよぶと考えている。文献により、牛車が始めて大駕鹵簿に編入されたのは西晋時代であり[23]、大駕鹵簿の属車が全部牛車に変わたのは隋の大業《たいぎょう》年間のことであった[24]。それでも、大業年間の皇帝の専用車「輅《ろ》」は相変わらず馬車であった。ここで注目したいのは、変化の少ない大駕鹵簿ではなく、官僚と貴族が日常的に身分を示す手段とした鹵簿である。

後漢時代では、ランクのもっとも低い三百石の県長の出行鹵簿でも、導騎《どうき》・三台の導車《どうしゃ》・伍《ご》佰《はく》または辟車《へきしゃ》・主車《しゅしゃ》・二台の従車《じゅうしゃ》からなり[25]、身分が高ければ、高いほど、車馬・騎従の数及び種類が増える。その編成概念図は次ぎのようになる。

導騎 ― 導車 ― 辟車（五佰）― 主車 ― 従車 ― 従騎

後漢の画像石墓・壁画墓には数多くの出行鹵簿図が残っている。河北省安平県逯家荘にある後漢熹平《きへい》五年（一七六）紀年の多室壁画墓の中室に、八十二台の馬車と辟車・伍佰・騎吏から編成された四幅の出行図が残っている。牛車が一台も見出せない。[26]熹平五年は、後漢霊帝《れいてい》の年号で、その後八年後に黄巾の乱が起こり、後漢王朝の最期を迎えた。

後漢時代の終わり頃に、鹵簿俑群の副葬も始まった。甘粛省武威雷台《らいだい》「左騎千人張掖長《さきせんにんちょうえきちょう》」張君《ちょうくん》夫婦墓から出土した銅製儀仗行列には、武装騎従俑十七点、馬三十九点、牛車一点、馬車十三点があった。馬車の中には斧車《ふしゃ》一、軺車《ようしゃ》四、小車《しょうしゃ》二、輂車《きょくしゃ》三、大車《だいしゃ》三が含まれるが、典型的な後漢時代の出行鹵簿であり、画像石と壁画の出行図の内容とがほぼ一致している。この古墳から、後漢中平《ちゅうへい》三年（一八六）に発行された「四出五銖《ししゅつごしゅ》」の銅銭が七枚も出土したので、その実年代は一八六年以後になり、後漢の末代皇帝漢献帝《けんてい》の時代に入る可能性も十分に考えられる。注目されるのは、後漢の中期以前の車馬行列にはあまり見られない鞍馬と牛車が雷台漢墓に登場したことである。鞍馬は綺麗に飾られ、鞍など馬具が揃い、障泥《あおり》に天馬図が見える。牛車は被葬者の乗り物ではなく、貨物車であった。その鹵簿編成は、基本的に後漢前・中期と変わらなかった。

『晋書』輿服志によると、古代では身分の高い者は牛車に乗らなかった。漢武帝が推恩令《すいおんれい》を実施して諸侯勢力を弱体化させると、没落した貴族が牛車に乗るようになった。その後、牛車のランクが徐々に上がり、後漢末期の霊帝と献帝の時期以降、ついに、天子から士人階層までの日常の乗り物となった。曹操の「与楊太尉書論刑楊修《ようたいいしょろんけいようしゅう》」に、「貴公に四望通幰七香車《しぼうつうけんしちこうしゃ》一台、青牸牛《めうし》二頭を贈る」と書いてあり、〔27〕貴重な贈り物だとわかる。後漢末期以降、牛車は確かに上流社会に重視された。ところが、右に挙げた安平壁画墓と雷台漢墓はいずれも、霊帝・献帝時代のものだが、安平墓には牛車はなく、雷台墓の場合は、鞍馬と牛車が登場したものの、主役となるのは相変わらず馬車の行列であった。したがって、馬車を主役とする鹵簿が牛車と鞍馬を中心とする鹵簿に転換する時期は、魏と西晋しか考えられない。

河西地域において、雷台漢墓より年代の下がる鹵簿関係の資料が嘉峪関新城郷三号・五号・六号・七号魏晋画像磚墓で発見された。この四基の古墳は、いずれも西晋墓で、年代のやや古い三号・五号墓の出行図には、騎兵隊の行列しか描写されなかった。牛車が描かれた六号・七号墓の年代はやや新しく、下限は三世紀の始め頃といわれている。〔28〕

嘉峪関西晋墓の資料から、牛車と鞍馬を中心とした鹵簿が西晋時代に成立した可能性がきわめて高い。その最大要因は都洛陽の貴族たちの生活風習だと考える。西晋の洛陽では、足の速い牛が宝物として貴族階層に珍重された。南朝劉宋の皇族である臨川王劉義慶《りんせんおうりゅうぎけい》により、晋時代の貴族の風雅逸事を記す『世説新語《せせつしんご》』下巻下・汰侈に、次の三つの物語を載せた。

説話の一は西晋洛陽のトップの富豪である石崇《せきすう》と晋武帝の叔父王愷《おうがい》が贅沢を争う話である。

石崇の牛は体型も力も王愷の牛に及ばないが、ある日に王愷と出遊して、帰ったのがとても遅くなったので、争って洛陽城にかけこんだ。最初、石崇の牛は数十歩遅れたが、急に飛禽《ひきん》のように走り出して、王愷の牛が一生懸命走ってもついて行けなかった。王愷はそのことを忘れられず、石崇の御者に賄賂を送り、その訳を調べた。御者は殿様の牛が本来遅くなく、ただ御者の技が足りなかっただけである。急いでいる時に轅《ながえ》を偏らせると、牛が速く走ると教えた。王愷が御者の教えに従い、ついに遂石崇に勝った。後に石崇がその原因を知り、自分の御者を殺したという物語では、足の速い牛を持つのは当時の上流社会において羨望の的となるような一種の贅沢であることがわかる。

説話の二は王愷の八百里の牛についての話である。

王愷は「八百里駮《はっぴゃくりのはく》」という名牛を持ち、よくその蹄と角を磨き、艶出しをしていた。ある日、王済《おうさい》と弓術の腕比べをした。王済は自分が千万の金、王愷が「八百里駮」を賭けて勝負しようと提案した。王愷は弓術が自慢なので、王済にさきに弓を射させた。王済が一発で的に命中すると、すぐに「八百里駮」を殺して牛心を焼き、一口に食べて去ったという。このような贅沢な行動は、当時の上流社会では、風流逸事として伝わった。古くから中国では「千里馬《せんりのうま》」の呼び名があったが、これと並んで、西晋時代では、八百里の牛の言い方もあった。

説話の三は彭城王《ほうじょうおう》の「快牛」の説話である。

彭城王は足の速い牛を持ち、とても大切にしていたが、弓術の賭博で王太尉《おうたいい》にとられた。彭城王は、もし貴公が自分で乗るなら話は別だが、もし喰うなら、二十頭の肥牛で交換したいと頼んだが、王太尉はその話を聞くと、すぐにその牛を殺して喰ってしまった。

彭城王は晋宣帝《しんせんてい》の弟司馬馗《しばき》の子孫が代々に受けついた封号で、王太尉は瑯邪《ろうや》王氏出身の王衍《おうえん》であり、いずれもトップクラスの士族である。西晋時代に、肉食用の「肥牛」と違う特殊な「快牛」がすでに育てられ、しかも、一頭快牛の価値は二十頭の肥牛よりも高いことがわかる。この物語と王済が「八百里駮」を喰う説話によく似ており、宝物の牛を喰った王済・王衍はともに贅沢で有名な人物として歴史に名前が残っている。西晋が滅びてからも、足の速い牛を好む風習は東晋・南朝、さらに北朝にまで広がった。東晋の宰相王導《おうどう》は恐妻家であり、秘密の場所に妾を置いたが、妻に発見されたので、彼は慌てて麈尾《しゅび》で牛を走らせ、妾のところへ知らせに行った記事が『晋書』巻六十五・王導伝に残っている。[29] 寒門《かんもん》武人出身の南斉の征南大将軍陳顕《ちんけん》達《たつ》は、彼の生活は質素であるが、息子たちが贅沢で、牛車と麗服に夢中し、当時の有名な快牛「陳世子青《ちんせいしせい》」・「王三郎烏《おうさんろうう》」・「呂文顕折角《りょぶんけんせつかく》」・「江瞿曇白鼻《こうくどんはくび》」などがよく陳顕達の家に集まった。顕達がそれに不快感を持ち、息子の休尚《きゅうしょう》が地方の官僚に赴任した時に、顕達が息子の麈尾蝿払を焼いて、それはお前達に必要なものではなく、瑯邪王氏、陳郡謝氏《ちんぐんしゃし》のような名門士族の贅沢品だと諭した。[30] 麈尾・快牛は士族門閥のシンボルであることを陳顕達はいいたかった。南朝

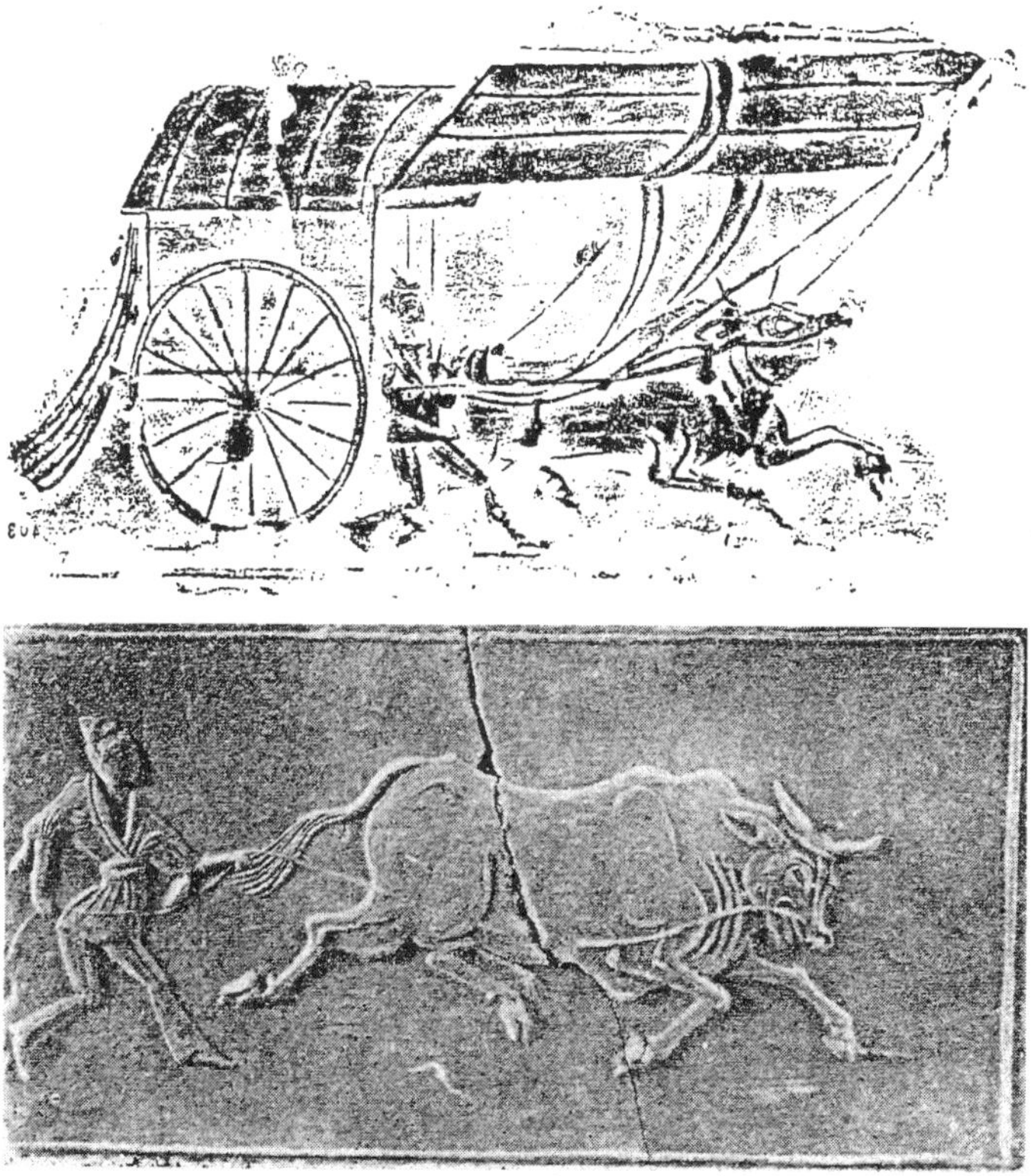

図37　鄧県画像磚墓の牛車画像磚

の梁《りょう》では、伝斉侯大夫甯《さいこうたいふねい》戚《せき》の『相牛経《そうぎゅうきょう》』が上流社会に流布し、良種牛の選択がとても重視され、鄧県《とうけん》画像磚墓の牛車図に描かれた雄健な牛は、当時の理想的な牛の姿である（図37）。

　上流社会の文化の流れを左右する力を持っていた魏晋の士族は、良種の牛と牛車を愛用し、その結果は快牛・犢車は士族の身分のシンボルになった。身分の格差を表現するのが鹵簿制度の本質であり、前漢時代から後漢時代の始めでは、牛車は貧弱者の乗りものであったので、鹵簿に入る資格がなかった。ところが、西晋時代では、良種な牛を使って高級な牛車に乗るのが上流社会の流行になった。鹵簿に取り入れ、主役を演じるようになったのは当然であろう。

牛車の流行が中原の故地を占領した胡族の騎馬風俗を蔑視しようとする風気を生じた、と考える学者もいたが、実際に右に述べたように、牛車は胡族が中原進出する前の西晋時代にすでに盛んになっており、その後、東晋南朝だけでなく、十六国と北朝の領域にも大変流行した。つまり、農耕民族と遊牧民族の文化衝突とは関係なく、中国社会内部から生じた士族門閥《しぞくもんばつ》文化なのである。魏晋南北朝時代に、匈奴・羯・氐・羌及び鮮卑族は、軍事勢力により三百年近く北中国を支配した。これに対して、軍事勢力の弱い漢民族の士族門閥は、文化の面において圧倒的に優位な立場に立っていた。北魏の孝文帝が自民族の言語・名前・服装を禁断し、漢化に反対する懐朔鎮《かいさくちん》出身の北斉皇族の高氏でさえ、自ら家柄を名門の渤海高氏《ぼっかいこうし》に付けるなどからも、士族門閥の社会と文化的な勢力の強さが察知できる。前燕慕容鮮卑出身の冬寿が、麈尾を持ち、牛車に座り、漢民族の士族の姿をするのは、自分も士族集団の一員を示すためなのである。

注

〔1〕甘粛省文物考古研究所『酒泉十六国墓壁画』（文物出版社　一九八九年）。

〔2〕『山海経』第十六・大荒西経、同第二、西山経を参照。
〔3〕『芸文類聚』巻第十七・人部を参照。
〔4〕宿白「朝鮮安岳所発見的冬寿墓」（『文物参考資料』一九五二年一期）。
〔5〕洪晴玉「関于冬寿墓的発見和研究」（『考古』一九五九年一期）。
〔6〕便面は一種の扇子であり、漢晋時代鹵簿の先導騎吏あるいは伍佰持つものである。
〔7〕具装騎兵は鎧馬騎兵のことを指す。『晋書』巻八十一・桓宣伝附桓伊伝に「謹奉輸馬具装百具、歩鎧五百領」とあり、宋朱翌猗『覚寮雑記』に「馬甲全装、謂之馬具装」とある。
〔8〕『晋書』巻二十五・輿服志に「通幰車、駕牛猶如今犢車之制、但挙其通覆車上也。諸王三公並乗之」とあり、冬寿は諸王三公の身分より低いが、制度に僭越したかも知れない。
〔9〕『晋書』巻二十五・輿服志に「自豹尾車後鹵簿尽矣。但以神弩二十張夾道、至後部鼓吹。」とある。
〔10〕冬寿の肩書きは「口口使持節都督諸軍事、平東将軍護撫夷校尉、楽浪相・昌黎・玄菟帯方太守・都郷侯」である。『宋書』巻三十九・百官志によって「諸使持節都督」は無定員の第二品官職であり、都郷侯はおそらく県侯で、三品の爵位にあたる。『晋書』巻二十四・職官志に「四征・鎮・安・平加大将軍不開府、使持節都督者、品秩第二」とあり、冬寿の平東将軍は、四平（平東・平西・平北・平南）大将軍より一つ格段下、三品に相当すると思う。
〔11〕『晋書』巻二十五・輿服志を参照。
〔12〕町田章『古代東アジアの装飾墓』（同朋舎　一九八七年）。
〔13〕壁画には保存状態の悪い部分があり、進賢冠か、介幘かはっきり区別できないところが多かった。二者は基本的には同じ構造で、介幘の上に展筩という屋根状のものを加えると、進賢冠になる。
〔14〕『晋書』巻二十五・輿服志を参照。
〔15〕武冠・進賢冠・平上幘の形式について、孫機「進賢冠与武弁大冠」（『中国歴史博物館館刊』総一三・一四期一九八九年、のちに『中国古輿服論叢』文物出版社、二〇〇一所収）参照
〔16〕『晋書』巻一百八・慕容廆載記を参照。

〔17〕咸康五年、慕容皝が高句麗を征伐し、高句麗王釗と盟約を結んだ。翌年、釗が世子を派遣し、前燕に朝貢した。『晋書』巻一百九・慕容皝載記に「其年、皝伐高句麗、王釗乞盟而還。明年、釗遣其世子朝於皝。」とある。
〔18〕『晋書』巻一百九・慕容皝載記を参照。
〔19〕『資治通鑑』巻九十六・晋紀・成帝咸康四年（三三八）に「（石）虎遣使四出、招誘民夷、燕成周内史崔燾・居就令游泓・武原令常覇・東夷校尉封抽・護軍宋晃等皆応之、凡得三十六城……皝分兵討諸叛城、皆下之。拓境至凡城、崔燾・常覇奔鄴、封抽・宋晃・游泓奔高句麗」とあり、同永和五年（三四九）十二月条に「高句麗王釗送前東夷護軍宋晃于燕、燕王儁赦之、更名曰活、拝為中尉」と記す。宋晃らは高句麗に十一年間亡命し、永和五年に宋晃が引き渡された際に、封抽・游泓はすでに客死したと思う。
〔20〕『晋書』巻一百十・慕容儁載記を参照。
〔21〕『資治通鑑』巻一百二・晋紀・海西公太和五年（三七〇）十一月条を参照。
〔22〕『資治通鑑』巻九十七・晋紀・穆帝永和元年十二月条を参照。
〔23〕『晋書』巻二十五・輿服志を参照。
〔24〕『隋書』巻十・礼儀五を参照。
〔25〕『続漢書』志第二十九・輿服上を参照。
〔26〕河北省文物研究所編『安平東漢壁画墓』（文物出版社　一九九〇年）。
〔27〕『古文苑』巻十を参照。上海商務印書館排印本『叢書集成初編』（商務印書館　一九三五―一九三八年）。
〔28〕甘粛省文物工作隊ほか『嘉峪関壁画墓発掘報告』（文物出版社　一九八五年）。
〔29〕『晋書』巻六十五・王導伝を参照。
〔30〕『南史』巻四十五・陳顕達伝を参照。

第三章　北魏洛陽遷都前の壁画墓

北魏は鮮卑族の拓跋部《たくばつぶ》によって建てられた王朝である。拓跋部は、もともと中国東北部大興《だいこう》安嶺《あんれい》地域に遊牧する部族で、後漢の初め、内蒙古の陰山《いんざん》山脈東部およびその南の土黙川《トゥムせん》平野の匈奴故地に移住した。西晋末の戦乱時に晋王朝に軍事協力した見返りに、三一〇年、君長の拓跋猗盧《いろ》（在位三〇七—三一六）は晋懐帝《かいてい》から大単于《だいぜんう》・代公《だいこう》に封ぜられ、定襄郡盛楽県《ていじょうぐんせいらくけん》城（現在の内蒙古和林格爾県土城子《どじょうし》遺跡）を中心に代国《だいこく》を建国した。[1]四世紀の後半に前秦《ぜんしん》の圧迫を受けたが、三八三年の淝水《ひすい》の戦いの後、前秦の衰退に乗じて勢力を盛り返した。三八六年に君長の拓跋珪《たくばつけい》（道武帝《どうぶてい》、在位三八六—四〇九）は国号を魏と改め、三九八年に皇帝位につき、平城《へいじょう》（現在の山西省大同市《さんせいしょうだいどうし》）を都とした。三代目の太武帝《たいぶてい》（拓跋燾《とう》、在位四二三—四五二）は、黄河流域の五胡諸国を次々に撃滅し、四三九年に中国北部を統一し、五胡十六国時代を終わらせた。さらに六代目の孝文帝（拓跋宏《こう》、在位四七一—四九九）が漢民族化の改革を進め、四九三年に洛陽に遷都した。建国から洛陽遷都までの時期は北魏前期と言われる。

北魏の故都盛楽の周辺と平城郊外、および河西回廊を抑える軍事上の要地高平《こうへい》故城の郊外（今の寧夏回族自治区固原《こげん》県）などの地域では、この時期の墳墓が数多く発見されたものの、壁画および棺槨に描かれた装飾画の資料は、それほど多くない。題材は、鮮卑族の生活様式を反映する狩猟図、漢民族の先賢《せんけん》・孝子《こうし》・列女《れつじょ》説話図、神仙世界への往生《おうじょう》図などである。

一、平城郊外鮮卑墓地出土の木棺画

一九八八年八月—十一月、山西省考古研究所と大同市博物館は北魏前期（三九八年—四九三年）の首都平城《へいじょう》の城南三キロに位置する張女墳《ちょうじょふん》墓地で、一六七基の北魏前期の墳墓を調査した。美しい彩絵が描かれている木棺の残片が四点出土したが、その内の写真資料が一点しか公表されなかった。[2] それは残欠した木棺蓋の中心部に描かれた狩猟図である。

棺の蓋に描かれた狩猟図

その残棺蓋は、長さ一五〇センチ幅四五センチの二枚の板からできている。表面は黄色い地に黒い墨線で輪郭をとり、赤、緑、黒三色で描かれ、辺縁部に波状の半パルメット紋を飾る、

図38　山西省大同市南郊張女墳墓地彩絵木棺蓋の狩猟図

帯状の藤蔓の曲がっている部分は前後に重り、立体感が強く表現されている。蓋の中心部には山石、林を背景として羊、虎などの動物と狩猟の騎馬人物が描かれる。山は仙人掌のように頂上が丸く、樹木は二重線で樹幹と枝を画き、細い線と緑彩で樹冠を描く。残存する画面には五人の騎馬狩猟者が見られ、皆裾が膝まで及ぶ鮮卑式の長い上着を着、長いズボンをはいて、バンドをしめ、腰に胡簶《ころく》（矢を入れて携帯する容器、やなぐい）をつけている。画面右側の二人は弓を引き、馬に乗って羊を追いかけている。一人は丸いえりの上着を着て、頭に風帽をかぶっているが、もう一人は肩から上の部分がはっきり見えない。うなじに矢が刺さった二頭の羊はうろたえて逃げる方向がわからなくなった様子である。画面の中央では、一人の騎士がヤリで一頭の虎の頭部に刺している。左側では一人の狩猟者が馬を木に繋ぎ、歩きながら弓で木に登った熊のような野獣を狙っている。その上着はいわゆる「夾領《きょうれい》小袖」式である。画面には躍動感が溢れており、緊張した狩猟の雰囲気を再現している（図38）。

文献に見られる虎圏《こけん》

張女墳の木棺画には虎狩りの場面が描かれている。北魏の前期では、畿内の周辺地域に野生の虎が多量に棲息し、『魏書《ぎしょ》』には太宗明元帝《たいそうめいげんてい》・世祖太武帝《せいそたいぶてい》・高宗文成帝《こうそうぶんせいてい》・顕祖献文帝《けんそけんぶんてい》による虎狩りの記録が数多く残っている。[3] 虎狩りは拓跋鮮卑の皇室と貴族が重視した狩猟活動で、そのために都の平城の北苑《ほくえん》にも虎圏が設けられていた。『水経注《すいけいちゅう》』巻十三・漯水《るいすい》条は次のように記している。

漯水は又南へ虎圏の東を流れる。虎圏は魏太平真君《たいへいしんくん》五年（四四四）に虎を囲うために設けたところで、晩秋の月に、聖上《せいじょう》は圏に御し、「虎士《こし》」たちはそこで効力させ、戦闘中のように生きる猛獣をたおす。すなわち『詩』に歌われたように「胸をはだけて素手で虎に打ち勝ち、君長の所に献上する」。魏には捍虎図《かんこず》がある。

『魏書』巻三・太宗紀によると、四一二年に虎圏がすでに存在するが、[4]『水経注』では太平真君五年（四四四）に設置されたものとしており、虎圏設置の年代にくい違いがある。虎狩りは命の危険に伴うものであり、また地方政府には虎を朝廷に献上するために多大な財政的負担がかかった。太和《たいわ》二年（四七八）、孝文帝《こうぶんてい》と文明太后《ぶんめいたいごう》が朝臣たちを連れて虎圏に赴いた際に、虎が閣道《かくどう》を登り、御座に近づくという事件が起っている。[5] その後、孝文帝は自らの狩猟を止め、ついに太和六年（四八二）三月には、詔書を発布して虎狩りを禁止した。[6]

虎圏の廃止時期については文献記録がないが、虎の進貢を止めてから十数年のうちに、虎の自然死亡により、虎圏もなくなったと考えられる。

張女墳墓地は虎圏の近くにあり、古墳が造営された際に虎圏はまだ廃止されていないので、その装飾画に描かれた風景が虎圏である可能性が高い。

張女墳木棺画の年代

北朝では棺蓋の表面あるいは裏の面には女媧伏羲または東王父、西王母など神人霊獣、日月星宿、銀河を配置するのが一般的であり、張女墳のような狩猟図を棺の蓋に描くのは前例がない。狩猟図で棺蓋を装飾するのは、中原文化を十分に受容していないこの時期の北魏独特のものと見てよいと思う。張女墳墓地の調査概報によると、彩色棺蓋の出土した古墳は、傾斜する長い墓道を持つ台形平面の土洞墓である。

張女墳墓地は、北魏平城郊外にある五世紀頃の拓跋鮮卑族の墓地であり、出土した遺物の中には北魏の灰胎暗紋土器のほかに、ペルシアのガラス器・銀器も含まれている。中小規模の墓から貴重なペルシア金銀ガラス器が出土するのは、太和改革《たいわかいかく》以前にしか考えられない。というのは、太武帝が西秦《せいしん》、赫連大夏《かくれんたいか》、北涼等西北諸国を滅ぼした時に獲得した珍宝を多量に将士たちに賞賜したという。[7] これらの政権は西域との交流が頻繁であったので、数多くのササン朝ペルシア、ビザンチンから産出した宝物が軍功の奨励品として北魏軍人の手に入ったに違いない。太和十年（四八六）以前、北魏は、中原王朝のような厳しい喪葬等級制度を実行していなかったので、都に住む鮮卑部族の人々は、金陵《きんりょう》に陪葬する貴戚と功臣以外、皆平城郊外の氏族墓地に埋葬され、その格差はいちじるしくなかった。それでも、彩絵棺蓋の出土した傾斜する墓道を持つ土洞墓は、竪穴式墓道土洞墓、竪穴式土坑墓よりランクが高いと考えられる。

この墓の年代について、山西省考古研究所の王克林《おうこくりん》氏は北魏の太武帝《たいぶてい》時代、つまり五世紀前半に位置づけた。しかし、張女墳墓地の埋葬風習は、文献に記されている太武帝とその息子文《ぶん》成帝《せいてい》までの鮮卑族拓跋部の埋葬風習はとはだいぶ違う。『宋書《そうじょ》』巻九十五・索虜伝《さくりょでん》が拓跋部の在来埋葬風習について次のように記録している。

死者を地中に埋葬して、塚が無い。葬送する際にひつぎを設け、大きな外棺を建て、前に使用した車馬器具をすべて焼き、これによって死者を送る。

これはおそらく南朝の使者の見聞に基づいて書いたものであるが、その内容は北朝の文献記事からも確認できる。『魏書』巻四十八・高允伝《こういんでん》に文成帝朝の婚娶喪葬が漢民族の礼制によらず、鮮卑族の風俗に従っている記事が見られる。また『魏書』巻十三・皇后列伝《こうごうれつでん》にも、文成帝が崩御した三日後、鮮卑の旧俗に従い、御服器物を焼く際に、皇后馮氏が火の中に飛び込んだ事件を記録している。すると、四六五年文成帝が崩ずるまで、生前の日用品を焼くという鮮卑族の旧来の埋葬風習が続いたことがわかる。しかしながら、張女墳墓地から出土した豊富な副葬品は、主に生活用品、つまり生前に使ったものであり、明らかに焼葬ではなかった。

張女墳墓地は孝文帝の改革の舞台である平城の郊外に位置し、画面の中の人物がみな鮮卑族の服を着ている。太和十八年以降この種の服が禁じられたことから考えると、年代の下限が太和十八年の服制の改革以後には下げられない。狩猟図画面の全体はバランスよくとられ、人物・馬・獲物・樹木の輪郭をとる墨線も流麗で、作者の手法は熟達している。そして、傾斜する墓道を持つ土洞墓は、中原の墓制の影響を受けて造ったものと見られることから、年代は比較的新しく、その上限は孝文帝以前にさかのぼれないと思う。

二、盛楽城郊外の壁画墓

孝文帝以前の北魏皇帝は、いずれも金陵という陵墓群に埋葬された。文献記録によると、この金陵は故都盛楽の近くにある。しかし、歴史地理学と考古学の研究者たちが、二十年以上の時間をかけて探し続けたものの、いまだに具体的な位置は不明である。

一九九三年八月から九月にかけて、内蒙古北魏金陵考古学隊が盛楽城遺跡の南、和林格爾県三道営郷《さんどうえいきょう》楡樹梁村《ゆじゅりょうそん》で一基の北魏磚室壁画墓を調査した。該当壁画墓は、墓道を含めた埋葬施設の全長が二二・六メートルで、磚造りの前後室の構造であった。前室の平面が正方形に近く、毎辺の長さが四・六メートル、面積が約二〇平方メートルであり、四壁の基線が外側に突き出ている。後室構造があまりはっきり報じられなかったが、面積が五平方メートルであるという。墓室から遺品が出土しなかったようだが、羨道と前室の壁に貴重な壁画が発見された。南壁と北壁の目立つところに青龍、白虎、朱雀、玄武図を配置し、出行、宴会、遊楽、狩猟、昇仙図も描かれている。これらのメイン画面の間に、蓮華、牧羊、鹿、虎牛闘争図などが埋められている。〔8〕

楡樹梁村壁画墓の野馬狩り図

楡樹梁村壁画墓に描かれた馬狩図は長さ約一六三センチ、幅一一三センチという。画面の中心部に、一人の朱色の長衣を着た鮮卑貴族が赤い馬に乗り、弓で野馬を狙っている。いうまでもなく、この人物が主人公、つまり墓の被葬者に違いない。右前方には、三叉戟を持っている騎士、左後方に曲柄華蓋をかかげている騎馬の侍従が付き、侍従の頭に短いおさげが二本の角のように立っている。隋唐時代では、これは少女の髪型とされるかも知れないが、北魏では、若い男性にも二本のおさげを結ぶ習慣があった。〔9〕さらに、一匹の犬、一台の偏幰《へんけん》式馬車と弓を引いている一人の騎士が主人公の右後方を走っている。〔10〕馭者の髪型は、華蓋を挙げる侍従と同じである。画面の下方に川、三角形の山、樹木などの狩猟場の自然風景も描写されている。川には、一尾の魚と二羽の水鳥が泳いでいて、魚は水鳥より大きく見える。川岸に城があり、城壁の下に一匹の虎と二匹の正体不明の動物が歩き、虎の体の後半が城壁に隠されている。画面の構成は稚拙で、視覚的なバランスがうまくとれていない（図39[11]）。

雲中《うんちゅう》の野馬苑《やばえん》

楡樹梁村古墳の所在地は、正光《せいこう》五年（五二四）八月以前は朔州《さくしゅう》に属した。北魏は朔州に雲中鎮《うんちゅうちん》を置き、常に雲中鎮将《ちんしょう》で朔州刺史を兼ねた。そのため、この地域は雲中ともいわれる。『魏書』巻三十四・燕鳳《えんほう》伝に

雲中川《うんちゅうせん》は、東川から西山に至ること、二百里であり、北山から南山に至ること、百里余りである。

毎年の初秋に馬の大群が集まり、平野に満ちる。

とある。雲中川は雲中平野を指し、東山は現在の土默川平野東縁にある陰山の余脈のことで、西河はトクト県内の黄河にあたり、北山は陰山、南山は山西省と内蒙古の境にある左雲《さうん》・右《う》

図39　内蒙古和林格爾県楡樹梁村壁画墓の狩猟図

玉《ぎょく》周辺の山地に相当する。北魏の金陵、祖廟《そびょう》、故都盛楽城はこの地域にある〔12〕。

平城時代、北魏の皇室、貴族たちはよく雲中で野生の馬を狩り、太武帝の時には馬苑が置かれた。『魏書』巻三・太宗紀《たいそうき》泰常《たいじょう》四年（四一九）条に

冬十二月癸寅の日に、皇帝が西へ巡幸し、雲中に至って、北へ白道《はくどう》を越え、辱孤山《じょくこざん》で野馬狩りをした〔13〕。

とあり、同巻四・世祖紀《せいそき》太延《たいえん》二年（四三六）条に

冬十一月己酉の日に、梱楊《こよう》に行幸し、雲中で野馬を駆り、野馬苑を置く。

とある。『魏書』に記される白道は、北魏の故都盛楽城の北四六キロにある「白道南谷口」から陰山を通り抜ける道であり、漢代から隋唐時代にかけて陰山の南北を結ぶ要路であった。白道の南谷口に白道城《はくどうじょう》があるが、陰山の北にある武川鎮《ぶせんちん》を支援し、南にある故都盛楽および金陵祖廟を守る役割を果たした軍事上の要塞であった。辱孤山は白道と陰山の北にある山で、梱楊も白道の北西に位置し、北魏懐朔鎮《かいさくちん》のあったところである。北魏皇帝の野馬狩りに関する記録から、陰山北部、現在の武川県から固陽《こよう》県におよぶ地域には、北魏時代に野馬が多数生存していたことがわかる。北魏は雲中郡つまり陰山白道嶺《はくどうれい》の南に野馬苑を設置したが、楡樹梁村古墳が雲中野馬苑の近くに位置していたことからすると、その狩猟図はおそらく野馬苑の狩猟風景を描写したものであろう。

楡樹梁村壁画墓の年代

楡樹梁村壁画墓の年代は、発掘者によって孝文帝太和十年以後、太和十九年洛陽遷都の前とされた。ところが、注意すべきこと、楡樹梁村墓の壁画に登場した人物は鮮卑族の伝統服装を着ているものが一人もいないことである。北魏では道武帝の天興《てんこう》六年（四〇三）に一度冠服制度を制定したが、礼制に合わない部分が多いといわれている。[14] 太武帝は、武力に熱中し、漢民族の冠服に魅了されなかった。その時代から、孝文帝太和十年（四八六）までの間、拓跋鮮卑の人たちは基本的には張女墳木棺画に描かれたような風帽《ふうぼう》と「夾領小袖」の上着を特徴とする鮮卑族の服装を着用していた。

太和十年の服装改革により、五等品爵以上の貴族と官僚は朝廷から新制定の朝服《ちょうふく》をもらったが、鮮卑族の服装は禁止されなかった。とくに、狩猟のような伝統的な活動では、便利な民族服装を着るのは常識であった。ところが、太和十八年（四九四）に鮮卑服装を全面的禁断する改革が行われ、改革以後、東陽王丕《とうようおうひ》などの何人かの年配の長老重臣を除き、一般の朝臣が鮮卑族の服を着ることが許されなくなった。[15] もし、楡樹梁村壁画墓の年代が太和十九年（四九五）の洛陽遷都の前なら、少なくとも狩猟図には鮮卑風の服装の人物が見られるであろう。鮮卑の服装が完全に見られないというのは、その壁画墓の年代が太和十八年以前に遡れないことを裏つけている。

ところが、楡樹梁村墓壁画の人物服装は、北魏後期の洛陽北魏石棺（槨）の線刻画に見られるような人物の服装とも異なる。『魏書』巻一百八之四・礼志四によると、孝文帝太和年間に改革では、そのモデルになる漢晋時代の服制に関する知識が足らず、冠服制度が十分に定められなかったようである。孝明帝《こうめいてい》の正光《せいこう》二年（五二一）に大臣崔光《さいこう》、安豊王延明《あんほうおうえんめい》などが学者を集め、服制を再び議定した[16]。このことから、楡樹梁村墓壁画の人物の服装は孝文帝服装改革直後のもので、洛陽北魏石棺（槨）の線刻画の人物の服装は孝明帝の時に再改定して以後のものと考えられる。

北魏の獵曹と獵郎

楡樹梁村古墳および前述した張女墳墓の狩猟図は、被葬者生前の事跡を記録するものと考えられる。狩猟活動は、当時の鮮卑族拓跋部にとって、単なる娯楽でなく、軍事技術を磨き、鮮卑民族本来の文化を維持する意味を持つ重要な活動である。五胡十六国時代に、晋王朝がよく鮮卑の騎兵を借りて匈奴に対抗し、「鮮卑鉄騎には天下無敵」という噂は、五胡諸国に広がっていた。北魏の皇帝も自ら狩猟活動に参加するので、道武《どうぶ》・明元《めいげん》朝では中央官僚機構に、皇帝狩猟の侍従官として獵郎《りょうろう》のポストを置き、献文朝以降では狩猟を管理する羽獵《うりょう》諸曹《しょそう》が設置された。

北魏の猟郎は、建国して八年目の四〇五年正月に地方州県の刺史・令長制度の整備とともに設置された官職である。

『魏書』巻一百一十三・官氏志《かんしし》天賜《てんし》二年〔四〇五〕正月条に

散騎郎《さんきろう》、猟郎、諸省令史《しょしょうれいし》、省事《せいじ》、典籤《てんせん》等を置く。

とある。その基本な任務は、狩猟中に皇帝の身の安全を守ることである。猟郎の格付けに関する記録は残っていないが、『魏書』には猟郎を勤めた長孫翰《ちょうそんかん》、古弼《こひつ》、叔孫俊《しゅくそんしゅん》、安原《あんげん》、周幾《しゅうき》五人の人物伝記が残っている。そのうちの四人は皆トップクラスの貴族の出身である。長孫翰は、道武朝の重臣、藍田侯《らんでんこう》長孫肥《ちょうそんひ》の子である。叔孫俊の祖父叔孫骨《しゅくそんこつ》は、昭成帝《しょうせいてい》の母親王太后に育てられ、父親叔孫建《しゅくそんけん》は魏初の名将であり、丹陽王《たんようおう》の爵位を得、征南《せいなん》大将軍、都督冀青徐済《きせいじょさい》四州諸軍事《しょぐんじ》など要職を勤めた。安原の先祖は、後漢桓帝《かんてい》の時に洛陽に来た安息国《パルティア》の王子安世高《あんせいこう》と言われ、父親の安同《あんどう》は太宗明元帝を擁立した重臣である。周幾の父親は賜死されたが、道武朝の順陽侯《じゅんようこう》であった。[17]古弼の家柄についてははっきりしないが、『魏書』巻一百一十三・官氏志《かんしし》によれば、神元皇帝《しんげんこうてい》の時に帰属した吐奚氏《とけいし》の子孫と推定される。[18]このことから、猟郎は貴族の子弟に限られた職と考えられる。

北魏前期では、危険度の高い狩猟活動の中で皇帝の身の安全を守る職種から、政治闘争の中で皇帝を守る職種に転換するのは容易である。官僚制度がまだ確立していない段階において、皇帝の側近である猟郎は、軍事・外交の重要な使命を担い、さらに宮廷政治でも大きな発言力を持つこととなった。長孫翰は、のちに対柔然《じゅうぜん》と対赫連氏の夏国で戦功を挙げ、平陽王《へいようおう》・安《あん》集将軍《しゅうしょうぐん》に封じられた。神麚《しんか》三年（四三〇）に死去した時には太武帝が葬儀に参列し、金陵に陪葬されるという栄誉をえた。叔孫俊は、明元帝の心腹の重臣で、群臣の奏折はすべて叔孫俊の校閲をへて皇帝に提出されたといわれる。泰常《たいじょう》元年（四一六）に二十八歳の若さで亡くなると、「贈侍中《ぞうじちゅう》・司空《しくう》・安城王《あんじょうおう》」が贈られ、温明秘器《おんめいひき》が下賜され、金陵に陪葬された。『魏書』巻二十九・叔孫俊伝によると、北魏の功臣・恩倖の葬儀で叔孫俊を超えるものはなかったという。古弼は太武朝に仕え、夏国・氐族楊氏《ていぞくようし》の仇池《きゅうち》を征伐した際に殊勲を建て、太延《たいえん》二年（四三六）の北燕《ほくえん》征伐では北魏軍の副統帥に任じられた。内政面においても業績が多大で、「社稷之臣」と呼ばれるほどである。また、安原も河間公《かかんこう》・侍中・征南大将軍まで出世している。

なお、猟郎の職に関する記事は道武と明元二朝に限られており、その後廃止されたと思われる。献文帝以後、狩猟が農耕民族の王朝の籍田《せきでん》のように国のあり方を示す儀式に変質すると、羽猟諸曹《うりょうしょそう》などの官庁が設置されていた。孝文帝時代以降、拓跋貴族の生活様式が大きく転換し、皇帝狩猟に関する記録が少なくなって来る。孝文帝が少年時代には鮮卑族伝統的な射猟の訓練を受けたが、十五歳からは狩猟活動を止めた。孝文帝が十五歳になった年は太和五年であり、この頃から北魏では漢民族化の改革が進み、これを反映して皇帝を中心とする大規模な狩猟活動も停止したと考えられる。[19] しかし、北部の国境地域では、鮮卑民族の根強い狩猟風習が太和十七年（四九三）洛陽遷都以後も変わらなかった。

これまで取り上げた張女墳と楡樹梁村両古墳には、墓誌など文字資料が残っていないから、被葬者の身分が特定できない。張女墳の被葬者は、生前に狩猟活動に関わった職を務めた可能性が否定できない。楡樹梁村古墳の被葬者は、おそらく壁画に描かれた城、すなわち古墳の近くにある雲中城または白道城を守る鎮将の一人で、彼らは洛陽遷都以後にも狩猟活動を続けた。

三、雁北《がんほく》に葬られた東晋皇族の後裔

一九六五年末から一九六六年にかけて、山西省大同市東南の郊外で一基の大型古墳が調査された。出土した墓誌と墓表によって、被葬者が東晋皇族の後裔司馬金龍《しばきんりゅう》と夫人姫辰《きしん》であり、姫辰は延興《えんこう》四年（四七四）十一月二十七日に、司馬金龍は太和八年（四八四）十一月十六日に亡くなったことがわかった。司馬金龍夫婦墓から出土した木製の彩画漆屏風は、発掘当時すでにばらばらになっており、残された部分の高さ〇・八メートル、幅約〇・二メートルの五枚の板と若干の断片を完全に復元することは不可能であった。残存状態のよい板の画面は上から四段に分けられ、朱地に黒漆で孫叔敖《そんしゅくごう》、孝子舜《しゅん》など古聖・先賢・列女・孝子の画像が彩色で描かれている。[20]

漆屏風に描かれる儒教説話図

現存する五枚の板には孫叔敖、孝子舜、孝子李充《りじゅう》、衛霊公夫人《えいれいこうふじん》、晋公子重耳《しんこうしちょうじ》などの十九種の説話図が確認されている。

そのうち、舜と孫叔敖説話図に残存する画面が多いので、これを例として説明する。

舜の説話図　三つの画面が残存している。舜は中国古代の伝説の中の賢君で、幼い時に母親がなくなり、父親の瞽叟《こそう》が再婚した。瞽叟・継母およびその息子の象《しょう》がよく舜を虐待したが、舜は徳をもって怨みに報い、親に孝行をした。屏風左の画面は、半分が欠落するが、一人の女性が何かを仰ぎ見ており、そこには「舜後母焼廩」という榜題が付いている（図40）。これは、継母が舜に藁葺きの屋根の修繕をさせながら、放火し、舜の殺害を図ったことを描写する画面である。[21] 中央の場面では、屋根の付いた立派な井戸の脇で、年配の男と若者の二人が大きな石を井戸に投げ入れようとしている姿が描かれる。若者の髪形は南北朝時代に流行っていた双環式で、「舜父瞽叟与象傲塡井時」という榜題が付けられている。『史記』巻一・五帝本紀《ごていほんぎ》には、放火事件の後に瞽叟がまた舜に

図40　司馬金龍夫婦墓漆屏風孝子舜図

井戸掘りの仕事をさせた。舜が井戸に入ってから、瞽叟と象が共に石と土の塊を投下し、舜が横へ穴を掘り、隣家の井戸から逃げ出したという記事があり、これに相当すると思われる。いうまでもなく、年配の男は舜の父親瞽叟で、若者は舜の異母弟の象であり、二人が計画的に井戸の底で作業をしている舜を殺そうとしているところが表現されている。

右の場面には「虞《ぐ》帝舜、帝舜二妃娥皇女英《がこうじょえい》」という榜題の左に、高髻の女性二人と、その右に農具（耒《らい》）を持つ、帝王の姿をした舜が描かれていた。

「焚廩」の場面から始まり帝王になる場面で閉幕するのが舜の説話の一般的なプロットであることから、司馬金龍墓出土のこの洗練された屏風に描かれた孝子舜説話図は、もともとこの三つの場面しか描かれなかったのではないかと思われる。

孫叔敖説話図　三つの画面が二枚の板に残っている。孫叔敖は春秋時代五覇《ごは》の一人楚《そ》の荘王《そうおう》に仕える賢宰相である。『太平広記《たいへいこうき》』巻一一七に引く『賈子《かし》』に、孫叔敖が子供の頃山に遊びに行き、偶然双頭の蛇に出あった。古くから両頭の蛇を見たら必ず死ぬとの言い伝えがあり、ほかの人が害される事のないように孫叔敖がこれを殺して埋めた。家に帰り、母親に泣きながら、双頭の蛇との恐ろしい遭遇を訴えた。母親は「陰徳のある人には必ず酬いがあると聞いていま す。あなたは死ぬ事はありませんよ」と答えた。母親のいったとおり、孫叔敖は元気に成長し、後に宰相となったという。第一画面には、宰相孫叔敖の立像を描き、左側にその事跡を述べる銘文が五行書いてある。第二画面では、少年孫叔敖が刀を振りまわし、双頭蛇を切っている。第三画面に孫叔敖が母親に向いて跪き、双頭蛇を見たことを報告している場面を描き、二人の人物の横にそれぞれ「孫叔敖」と「孫叔敖母」の題名を付けている（図41）。

図41　司馬金龍夫婦墓漆屏風孫叔敖図

彩絵屏風の製作地

屏風に描かれた孝子・先賢・列女図は南朝、北朝の双方で流行した。現存する遺品のうち、古いものは司馬金龍夫婦墓屏風や後述する固原漆棺のように北朝の領域から出土しており、いずれも北魏太和時期の作品である。しかし、後者が完全に北方系鮮卑族的な絵であるとされるのに対して、前者は東晋＝南朝的な作風を備える作品であるとされることが多い。司馬金龍墓は紀年墓であるにもかかわらず、そこより出土した漆画屏風の製作地およびその作られた目的が何であったか、またどこまで南朝美術との間に繋がりが認められるかなど異論が多く、いまだ結論になっていない。

司馬金龍墓の屏風漆画の画風は、伝顧愷之《こがいし》筆「女史箴図巻《じょししんずかん》」・「列女仁智図巻《れつじょじんちずかん》」に近いといわれている。顧愷之は東晋を代表する文人画家であり、その作品は南朝の画壇にも大きな影響を与えた。司馬金龍は特殊な身分であり、北魏に投降した東晋の宗室司馬楚之《しばそし》と北魏王女河内《かない》公主《こうしゅ》の息子である。このような状況から、その屏風については①司馬楚之自身が東晋から持ってきたもの、②司馬楚之が東晋から連れてきた工人によって造られたもの、③南朝から贈られたもの、④平城で製作されたもの、という四つの可能性が考えられる。

司馬楚之は太元《たいげん》十四年（三八九）に生まれ[22]、父親の司馬栄期《しばえいき》が義熙《ぎき》二年（四〇六）に益州《えきしゅう》刺史に就任した際、楚之は十七歳で、父親とともに今の四川省に暮らしていたらしい。その年父親が殺されてから、泰常《たいじょう》四年（四一九）に北魏に身を寄せるまでに、楚之は沙門に姿を変え、長江を渡って歴陽《れきよう》から義陽《ぎよう》・竟陵《けいりょう》の蛮族領を通って汝潁《じょえい》地域へと亡命し、十三年におよぶ流民とともに生活していた。このような窮地に陥った司馬楚之が屏風のような大きな荷物を持ち運ぶ余裕はなく、工人を連れてくる可能性も少ないと思われる[23]。

晋宋禅譲《ぜんじょう》の際に宋の武帝劉裕《りゅうゆう》は東晋の皇族を虐殺したため、司馬氏と（南朝）劉宋とは敵対関係にあった。司馬金龍は先祖に対して「孝」を尽くす義務があり、東晋に対して叛臣《はんしん》であった劉宋から、忠臣孝子などの内容の屏風をもらうことも考えられない。そうであるならば、南朝から屏風を贈られた可能性があるのは、太和三年（四七九）に劉宋が滅びた後になる。太和五年（四八一）九月に南斉《なんせい》の使者が初めて北魏を訪問した。しかしその時、北魏に滞留する劉宋朝の使者が、孝文帝の宴会場で席の順次を争い、南斉の使者を殺すという事件を起した[24]。この事件の影響で、太和七年の冬まで南朝の使者が北魏に来ることはなかった。したがって、劉宋滅亡（太和三年）から司馬金龍の亡くなる太和八年までの五年間に、司馬氏が南朝から屏風を手に入れた可能性は極めて少ないと考えられる。

北朝では、高級貴族の墓室内に棺台を囲む屏風を置くことが一般的であった。この屏風も棺台屏風、つまり葬具の一部であった可能性が高い。北魏後期に、孝子説話図、貴族風俗絵を刻んだ石屏風は、石製の装飾棺台とセットで用いられることが流行し、北斉《ほくせい》時代まで墓室の奥と左右壁に屏風絵を描く習慣が残った[25]。司馬金龍夫婦墓の後室に置かれた石棺台の外側面には、力士、獣面、パルメットなどの美しい浮き彫りがあり、典型的な北朝装飾棺台であるとはいえる。しかも、それと組み合わせたはずの石屏風は発見されなかった。

一方後室の南部と前後室をつなぐ甬道では、散乱している木製の屏風板五枚と若干の残片および屏風の礎石三点、棺台に礎石一点が発見された。盗掘の穴が前後室をつなぐ甬道《ようどう》の天井にあけられていることから、盗掘者が副葬品を甬道とその付近に集め、その穴を通して外へ持ち出したと考えられる。漆屏風とその礎石がもともと棺台に置かれたが、盗掘者によって棺台の東に移され、そして壊れた屛風が金になれないと判断され、墓室に残された可能性が高いと思われる。

屛風は人間の身を隔て隠すものであり、墓室に入れられたものも同じ機能を果たすとされたに違いない。[26]司馬金龍墓屛風の枠の文様は、雲岡石窟太和様式の装飾文様と類似することから、この屛風の製作年代は司馬金龍夫婦墓が造営された年代に近く、また製作地点も北魏の首都平城付近であることはと推定できる。

「平斉戸《へいせいこ》」出身の画家について

北魏の太和五年（四八一）、司馬金龍墓が造られる前後に、北魏の文明皇太后が平城郊外の方山《ほうざん》で永固陵《えいこりょう》を造営し始めた。その墳丘前に築かれた祠堂《しどう》の内外に青石屛風を置き、忠臣・孝子・貞女順婦《ていじょじゅんぷ》などの題材の説話図が浮き彫りされたことが知られる。また平城宮内の皇信《こうしん》堂《どう》の四周にも、題名つきの古聖・忠臣・烈士図が描かれていた。作者は辨章郎《べんしょうろう》である彭城《ほうじょう》の張僧達《ちょうそうたつ》と楽安《らくあん》の蔣少游《しょうしょうゆう》とされている。[27]

張僧達、蔣少游はいずれも南朝の青斉徐州《せいせいじょしゅう》地域の出身であった。そして天安《てんあん》元年（四六六年）、北魏美術の発展に影響を与えた事件が発生した。この年、南朝劉宋の彭城守将薛安都《せつあんと》が北魏に身を寄せ、北魏の将軍慕容白曜《ぼようはくよう》・尉元《いげん》が劉宋の青斉徐三州の地を攻略し、衣冠士人、工匠を

「平斉戸《へいせいこ》」として都平城に移住させたのである。『魏書』巻九十一・蔣少游伝によると、蔣少游は平斉戸の出身で、太和年間の服制の改革に参与し、平城の太廟《たいびょう》、太極殿《だいごくでん》、洛陽の金墉門《きんようもん》、華林殿《かりんでん》の造営を指揮し、官位は将作大匠《しょうさくたいしょう》にまで至ったという。文献には張僧達の伝はないが、本籍が彭城なので、恐らく「平斉戸」の出身であろう。

漢民族文化を好む孝文帝の宮室に、南朝出身の士人によって描かれた漢民族の「古聖・忠臣・烈士」図は、後述する固原漆棺孝子伝図のような鮮卑風のものであったとは考えにくい。おそらくそれは、司馬金龍屛風聖賢列女図に近かったであろうと推測される。そうであるならば、北魏の平城には、水準の高い画家がすでにいたと考えられ、東晋・南朝からの粉本があれば、十分製作できたに違いない。すなわち、司馬金龍屛風および文献以に記されている文明太后永固陵の忠孝題材石屛風、孝文帝の皇信堂壁画など作品の誕生については、太和年間における「平斉戸」出身の芸術家の活躍と深い関係を持っていると考えられる。

四、永固陵と万年堂《まんねんどう》
陪塚《ばいちょう》になった皇帝陵

山西省大同市北の西寺児梁《にしじじりょう》（古方山《ほうざん》）の頂上に北魏文明皇太后馮氏《ぶんめいこうたいごうふうし》の永固陵がある。太和五年（四八一）に造営を始め、八年に完成し、十四年（四九〇）に馮氏が葬られた。一九七六年、大同市博物館が調査した。墳丘の直径は一一七―一二一メートル、高さは二二・八七メートルで、基部が方形に見えるが、長年の耕作によって形成された地形だと思われ、円墳である可能性が高い。埋葬施設が墓道および磚積みの羨道・墓室からなる。玄室の平面が方形に近く、南北六・四メートル、東西六・八三メートル、高さ七・三メートルである。繰り返し盗掘されたので、石製武人俑《よう》の胴体・銅馬の足・鉄製の矛・鏃など遺物が数点しか出土しなかった。墓室の西・東壁に金代正隆《きんだいせいりゅう》と大定《だいてい》年間の題記が残っている。墳丘の南に寺跡があり、「思遠霊図《しえんれいと》」という御陵の付属寺院である。その仏塔と齋堂の基壇跡から仏教関係の塑像が出土した。

永固陵は狭義の壁画墓ではないが、その羨道石門のアーチ状の門額に蓮の蕾《つぼみ》を捧げる童子像、孔雀、および座布団など太和様式の浮き彫りを刻んでいる。文献によれば、墳丘前に築かれた永固石室の内外に青石屏風を置き、忠臣・孝子・貞女順婦など題材の説話図が浮き彫りされた。造営の当時に司馬金龍墓より装飾画が多かったと想定できる。

永固陵の東北約五〇〇mのところに直径約六〇メートル、高さ一三メートルの一基の円墳が存在し、それは馮氏が亡くなる十ヶ月後、太和十五年に孝文帝が祖母に対する「孝行」を示すために造営した寿陵《じゅりょう》「万年堂」である。[28] 万年堂の石門柱に剣を帯びた武士の線刻画が刻まれているると報告された（図42[29]）。

馮氏が文成帝の皇后として、死後金陵にある夫の塋域に埋葬すべきはずが、文成帝の息子である献文帝を毒殺したために、拓跋氏一族の墓地に入るのを恐れ、自ら方山の墓地を選んだ〔30〕。文明太后山陵の規模は制度の規定より倍であり、孝文帝の寿陵万年堂をはるかに上回っている。両古墳の関係を考え、万年堂は永固陵の陪塚であることが否定できない。この二基の古墳の奇妙な関係の裏にはどんな歴史の謎が隠れているのか。

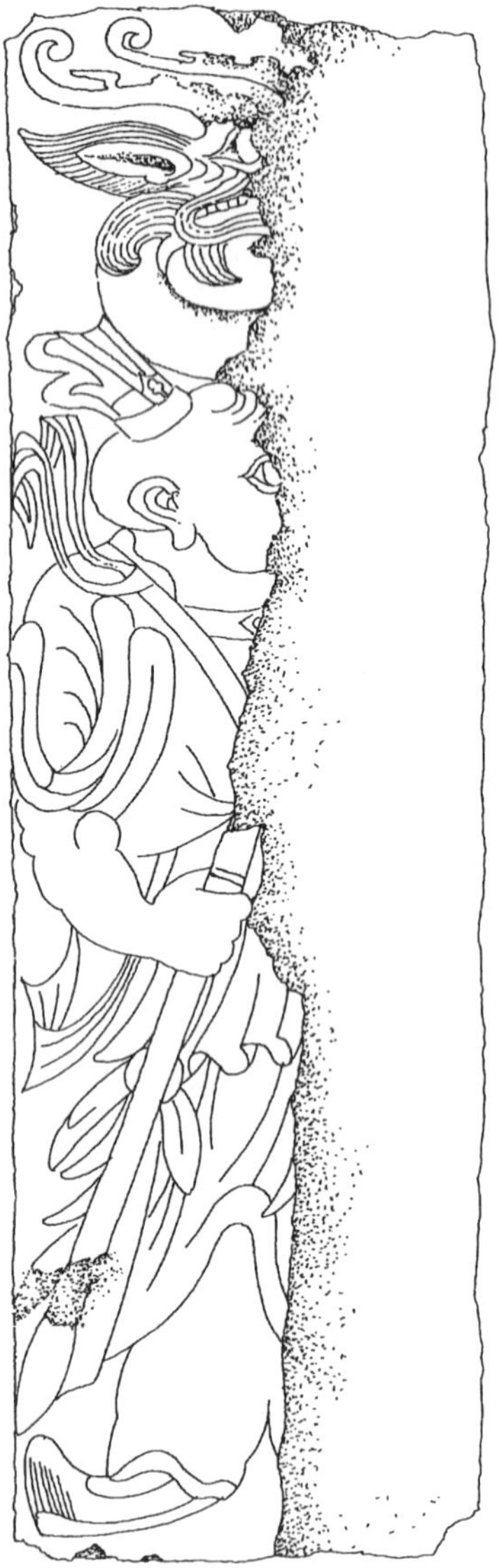

図42　孝文帝虚宮万年堂石門柱線刻武士図

拓跋氏と馮氏の歴史上の葛藤

『北史《ほくし》』巻十三・魏文成文明皇后《ぎぶんせいぶんめいこうごう》馮氏伝によると、文明太后馮氏が長楽信都《ちょうらくしんと》の出身で、北燕の末世皇帝馮弘《ふうこう》の孫であった。〔31〕延和《えんわ》元年（四三二）十二月、北魏の太武帝が北燕を滅ぼす前に、父の馮朗《ふうろう》が北魏に降伏し、秦《しん》・雍《よう》二州の刺史に任じられたが、罪を犯して殺された。それをきっかけとして、馮氏が宮女として宮廷に没収された。文成帝拓跋濬《たくばつしゅん》が即位すると、馮氏は貴《き》人《じん》となり、太安《たいあん》二年（四五六）正月、皇后に冊立された。五胡十六国時代においては、政治結婚が流行し、北魏にも、敵国である後燕《こうえん》・後秦《こうしん》・夏《か》・北燕《ほくえん》の皇族出身の皇后は少なくなかった。馮氏の叔母も太武帝の妃であった。言い換えれば、皇族の拓跋氏と后妃の氏族の間に怨恨の関係があるのは珍しくない。したがって、馮氏が罪人の家族という身分で后妃になるのは何の支障もなかった。

和平六年（四六五）五月、文成帝が亡くなり、太子拓跋弘《たくばつこう》がわずか十二歳で即位した。拓跋鮮卑が建国以来、初めて年少の孤児皇帝が即位するという局面に直面したのである。中央官僚制度の整備されていない北魏前期の朝廷はすぐに混乱に陥った。

権臣乙渾《いっこん》は文成帝没後の権力の真空状態を利用し、宮廷で陸麗《りくれい》のような文成帝を擁立した重臣を殺し、宰相となって権力を握った。皇太后になったばかりの馮氏と十二歳の献文帝にとって重大な脅威であった。〔32〕

天安《てんあん》元年（四六六）二月、馮氏が宗室の大臣拓跋丕《ひ》などと密かに計って乙渾《いっこん》を殺し、皇太后として朝政を執ったが（第一次臨朝）、皇興《こうこう》元年（四六七）八月皇子拓跋宏《たくばつこう》が（孝文帝）生まれると、政事をやめてその養育に専念したという[33]。

孝文帝と馮太后の血縁関係について

これまで、歴史家たちが権力欲の強い馮太后がなぜ孝文帝が生まれた時に朝政を放棄したか、についてさまざまな研究を行い、なかでも、呂思勉《りょしべん》氏は孝文帝が馮太后の私生児であると推定した[34]。

確かに馮氏が孝文帝に祖母と尊されたが、文献の記録によれば、血縁関係はなかった。北魏王朝は創立時に、外戚の勢力を治めるため、漢の武帝《ぶてい》と鉤弋夫人《こうよくふじん》の故事をまね[35]、皇子が太子となると、その生母を自殺させるという制度を定めた。

北魏前期ではこのような皇太子の生母殺し制度を維持しながら、儒教の孝道を提唱していた。この矛盾した制度から生まれた奇妙な現象は、実母のいない皇帝が乳母または実の扶養者に孝行を尽くすことである。

『南斉書《なんせいしょ》』巻五十七・魏虜伝《ぎりょでん》に「仏狸《ぶり》（太武帝拓跋燾）の母は漢人であり、木末《ムモ》（明元帝拓跋嗣《し》）に殺され、仏狸が乳母を太后にした。それ以来、太子が冊立されると、その母が殺される。」とある。そのため、孝文帝の生母の李氏も慣例に従って自殺させた。

太武帝の乳母竇氏《とうし》、文成帝の乳母常氏《じょうし》が太后と尊崇されたのは、ほかの王朝で考えられないことである。文成帝は馮氏の夫であり、その乳母常氏が太后として尊崇されたことは[36]、息子のいなかった馮氏に大きな刺激を与えたであろう。つまり、当時の北魏皇室では、血縁がなくても、養育の恩さえあれば、血縁関係と同格な義理関係が認められていた。したがって、馮氏が献文帝の長男を養育することは、一種の政治的な投資に過ぎない。しかし、北魏前期の皇太子生母を殺す制度は、婦人の「朝政干与《ちょうせいかんよ》」を認めない原則に基づいたものである。権臣乙渾を誅殺した特殊な事情で、皇太后の一時の「臨朝聴政《りんちょうちょうせい》」が朝臣に容認されても、政局が安定してから皇帝に大政奉還しないと、朝野の批判を招くことが想定できる。

馮太后が利害得失を計り比べた上で、孝文帝が生まれた際に、北魏王朝の伝統に従って、権力を皇帝に奉還し、政治の表舞台から引退したと考えるのが妥当であろう。

孝文帝の即位をめぐる宮廷闘争

皇興元年（四六七）八月、十四歳の献文帝が親政すると、遊牧征服王朝の各地に生じた腐敗現象を克服するため、清廉官吏を抜擢して、横領官吏を処断していた[37]。献文帝は皇権を強化するために、四六八―四七〇年の間に四人の皇叔と一人の皇弟を王に封じ、さらに皇后李氏《りし》（孝文帝の実母）の父親李恵《りけい》、李恵夫人の父親韓頽《かんたい》にも王爵を与えた。馮太后が献文帝の行動にどの程度干渉したのか、記録に残っていない。その時、太后は品行不正で、寵臣の李弈《りえき》と不倫関係があった。皇興四年（四七〇）年十月、献文帝は李弈とその兄である高平王李敷《りふ》を誅殺し、儒教の倫理観を利用して母后の名分を持つ馮氏を打撃した。献文帝の行動は馮太后の忍耐の限度を越えるものであった。皇興五年（四七一）年八月に、献文帝が突然群臣を集め、叔父の京《けい》兆王《ちょうおう》拓跋子推《しすい》に譲位する意志を表明した。しかし、諸臣合議の結果、皇位をわずか五歳の太子孝文帝に譲る代わり、献文帝が「太上皇帝《たいじょうこうてい》」という新しい身分で政権を握り続けることとなった。若い皇帝の突然の譲位は馮太后からの圧力によるものに違いない[38]。しかし、献文帝が馮太后の圧力に完全に屈従したわけではなく、孝文帝の即位と献文帝の譲位とは馮太后への対抗策の一つに過ぎないと考えてよい。

　文献記事によれば、御前会議の前に、献文帝が皇室の重要人物および軍政権力を握っている大臣たちと密謀したとある。

『魏書』巻十九・任城王雲伝《にんじょうおううん》には

　献文帝が群臣を集め、叔父の京兆王子推に譲位しようという意思を告げた。王公卿士たちは驚き、皆沈黙した。任城王拓跋雲は、陛下は繁栄太平の天下を君臨しているのに、何で宗廟の諸先祖の意志に反して、億兆の臣民を捨てるのか。親子相続は皇位継承の原則であり、もし譲位すれば、皇太子こそ正統的な後継者であり、皇統の移行は戦禍の元であると進言した。その次に太尉源賀《げんか》が、陛下が諸王から皇叔を後継者として選ぶのは、昭穆制《しょうぼくせい》度《ど》を乱し、後世の誹りを免れないであろうと拓跋雲の意見に賛成した。

不思議なことに、指名された皇位の継承人である京兆王子推がこの朝会に参加しなかったようで、子推の弟である雲《うん》が「父子相伝」の皇位継承原則を強調し、激しく皇帝の意志に反対した。太尉源賀も拓跋雲の意見を支持し、朝議の流れが完全にこの二人に左右された模様であった。

源賀は太武帝、文成帝、献文帝三朝の長老で、四五二年太武帝と南安王余《なんあんおうよ》が宮廷政変の中に宦官宗愛《そうあい》に相次いで殺された時、源賀が禁兵を率いて反乱を平定し、南部《なんぶ》尚書《しょうしょ》陸麗と一緒に文成帝を擁立した。彼は北魏の皇室にとってもっとも信用できる軍人であり、当時、北鎮諸軍の最高司令官として、柔然《じゅうぜん》の侵入を防御するために、帝国の精鋭騎馬軍団を率いて漠南《ばくなん》すなわち陰山地域に駐屯していた。献文帝は譲位する直前の七月に陰山を巡幸し、その翌月の八月都に帰ってすぐに譲位劇を演じた。陰山で献文帝がすでに譲位のことについて源賀と密談し、その支持を得た上で、譲位行動を取ったと思われる。朝議の際に源賀が緊急用の専用馬車で都の平城に戻り、任城王雲と互いに口裏を合わせたこともこれを裏付けている[39]。

献文帝が太子に伝位する目的を実現するために、名儒《めいじゅ》・宦官にも支持を求めた。

渤海高氏という名門出身の名儒高允は、北魏に奉職する漢民族官僚集団でもっとも人望の高い人物である。彼が、西周王朝の初代の宰相周公《しゅうこう》が幼少の天子成王《せいおう》を輔佐した儒教的な故事を引用し、太子を擁立する決心を表したために、献文帝が錦千匹を下賜し、その「忠亮《ちゅうりょう》」を奨励した。すなわち、太子を擁立する行動が「忠亮」であり、ほかの人を擁立すれば「忠亮」とは言えないであろう〔40〕。

北魏宮廷内では宦官が絶大な勢力を持っていた。かつて三代目の太武帝が宦官の手によって命を落とした、この譲位革命には宦官の支持が得られるかどうかも重要である。結局、献文帝が宦官のリーダーの趙黒《ちょうこく》から「死をして、太子に仕える」という誓いを得て、孝文帝に譲位することを決意した。

古代中国の儒教社会では若い皇帝が太后と直接に対抗するのは極めて困難であった。皇帝が太后を廃する権力は基本的に認められておらず、皇太后は生きている限り、皇帝の行動に干渉できる。馮太后との正面衝突を避けるために、皇位を太子に譲り、自分が太上皇帝として朝政を操って、政治的緩衝地帯を作るのが献文帝の目的であった。だが十八歳の皇帝が五歳の皇太子に譲位するのは、歴史上に例のないことであり、朝臣たちの賛成を得ないとこの計画は実行できない。策略として献文帝がまず叔父の子推に譲位する意志を群臣に告げ、皆を驚かせ、拓跋雲と源賀がすぐ太子に譲位することを提案する。すると、群臣が皇室に忠節を表明することで精一杯となり、皇帝退位の妥当性についての判断が出来なくなり、議題は皇位継承の合法性の問題に変わってしまった。したがって、京兆王子推に譲位するのは人の目を欺くために過ぎない。

献文帝は退位して崇光宮《すうこうきゅう》に転居しただけで、権力を馮太后に渡さずに、太上皇帝として「万機大政《まんきたいせい》」を扱っていた。[41] 延興《えんこう》六年（四七六）六月崩御するまで北の柔然族と南朝に対して一連の軍事行動を行った。譲位以後、献文太上皇帝は馮太后の存在を意識しながら、一方で自ら積極的に勢力の拡大、特に軍事面における実権の掌握に努めた。[42] これだけでなく、太上皇帝は内政面においても太后の勢力を排除しようという動きに出た。

これまでの北魏朝廷では、それぞれの役所で決められないことは皇帝に上奏し、その際に皇帝からの詔を口から伝えていたが、誤伝されたり、改ざんされたりすることがよくあったようである。献文帝がこの「口詔《こうしょう》」を廃止し、法律に基づく「墨詔《ぼくしょう》」制度を確立したことは、法制国家を目指して改革を進めると同時に、太后の政治関与を防ぐ面においても機能していたと考えられる。特に刑罰に慎重で、再審制度を導入し、特別な対象に対する赦令の乱用も止めた。文献に延興年間の馮太后の政治活動に関する記録が殆どなかったのは、太后の政治関与が制限されたことを示している。[43] 献文帝の治の成功が皇帝親子の地位を固めたが、その結果、馮太后の更なる激しい反撃を招いた、延興六年（四七六）六月辛未に二十三歳の太上皇帝が毒殺され、馮太后は再び朝政へと登場したのである〔44〕。

孝文帝朝前期の「二聖《にせい》」政治

献文帝が毒殺された翌日すぐ改元し、七日後、馮氏が太皇太后の身分で臨朝称制した（第二次臨朝）。皇帝と太后が「二聖」と呼ばれ、太和十四年（四九〇）、馮太后が死ぬまで、いわゆる二聖共治の時代であった。残酷な宮廷闘争の中に即位した孝文帝は名実ともに政治的孤児となり、孤立した。

献文帝死後、馮太后により太上皇帝の政治的影響の排除と関係者の粛清が行われた。献文帝の霊位を太廟に安置する時に、王朝の慣例により太廟に関係した官僚は皆爵位をもらうはずであり、これは亡くなった皇帝が臣下に対する最後の恩恵である。しかし、『資治通鑑』巻一百三十四・蒼梧王元徽《そうごおうげんき》四年（四七六）の記事によれば、献文帝の影を徹底的に消すために、馮太后とその側近はいわゆる古礼にのっとり、王朝の慣例を否定し、爵位を下賜しなかった。

これに対して、献文帝の諸子は反抗した。彭城王元勰《ほうじょうおうげんきょう》は孝文帝の弟で、献文帝を哀悼するために喪服を着ることを文明太后に懇請したが、許可が出なかったために、三年間王朝の慶事に出席することを拒否した。孝文帝も心中元勰の行動を支持したらしい〔45〕。

太上皇帝の徒党に対する太后の復讐は残酷であった。承明《しょうめい》元年（四七六）十月、献文帝に親しい太尉安楽王《あんらくおう》長楽《ちょうらく》は定州《ていしゅう》刺史、京兆王子推は青州刺史、司空李訢《りきん》は徐州刺史に左遷させられた。子推が赴任の途上で死亡し、太和元年（四七七）年二月に、李訢が無実罪で殺され、太和二年十二月に、孝文帝の実母の父親である南郡王《なんぐんおう》李恵とその一族が誅殺され、太和三年九月、安楽王長楽が賜死され、その主簿である李恵の従弟の李鳳《りほう》も殺され、太和四年正月、李恵夫人の父の韓頽も王爵が剝奪され、国境地域に追放された。献文帝死後四年も経たない内に、馮氏と対立した勢力は消滅された。

いうまでもなく、馮太后にとってもっとも頭が痛いのは政治的孤児の孝文帝の処分である。馮太后は孝文帝の才能と献文帝との経緯から、孝文帝を強く警戒し、帝が大きくなったら馮氏に不利になると心配していた。かつて、三日間食事をさせずに、帝を廃し、献文帝の次男である咸陽王《かんようおう》元禧《げんき》を擁立することまでもくろんだ。しかし、元禧は品行と才能が遥かに孝文帝に劣り、元丕、穆泰《ぼくたい》、李沖《りちゅう》など馮太后の政権を支えている官僚と貴族の反対によって、実行できなかった。だが、馮太后が相変わらず孝文帝に不信感を持ち続け、太和の初期は馮太后対孝文帝の冷戦時代であった。[46]

『魏書』巻五十八・楊播《ようは》伝附楊椿《ようちん》伝によると、太和の始め、馮太后の親戚である楊氏三兄弟の楊播が孝文帝に仕え、楊椿・楊津《ようしん》が文明太后に仕えていた。当時近侍たちは太后の口頭命令を奉じ、十日ごとに孝文帝の行動について密告していた。一度も密告しなかった楊氏兄弟は太后から嫌われた。馮太后死後七年の太和二十一年（四九七）、楊椿が済州から上京して洛陽宮清徽堂《せいきどう》の宴会に参加した。宴会場で孝文帝が諸王・諸権貴に「昔北京（平城）で、太后が厳格で、私はよく棒で殴られ、近侍たちもデマを飛ばしたが、朕母子の関係を睦まじくしてくれたのは楊椿兄弟だけだ」といいながら、楊播・楊椿に酒を勧めた。太和の始め頃、馮太后が孝文帝を監視し、虐待した実状はこの資料からわかる。

馮太后は拓跋氏の勢力を攻撃すると同時に、馮氏の勢力を強化することも試みた。長安で父親の馮朗のために文宣王廟《ぶんせんおうびょう》を建て、北燕の都の和竜城で「思燕仏図《しえんふと》」を造営した。[47]

馮太后は北魏に滅ぼされた故国に対する思いを隠さず、北燕の復活を望んでいた。だが馮氏の一族は亡国の打撃ですでに衰えてしまい、馮太后の近親には兄の馮熙《ふうき》しかいなかった。馮熙は好色、横領などの悪習に染まり、仏教を篤信していたが、民衆に厳しい。功労も才能もなく、文明太后の関係だけで高官となり、朝臣に非難され、本人も不安があったようである。[48]文明太后のような聡明な婦人ならば、馮熙が一族の利益を守れる人物ではないとわかるであろう。馮熙の諸子の馮誕《ふうたん》・馮脩《ふうしゅう》の事跡が文献にも具体的に記されている。『魏書』巻八十三・馮熙伝附馮誕・馮脩伝によれば、馮氏兄弟の年は孝文帝とほぼ同じで、文明太后が禁中で孝文帝と一緒に勉強させたが、容儀と礼儀だけはよくて、才能も学問もなかった。[49]このようなことから、馮氏の一族には有能な政治人材が欠けていたために、太后専制から外戚《がいせき》専制に移行し、さらに馮氏王朝を打ち建てるのは実現不可能であった。

馮太后の「臨朝専制」に対して、孝文帝は献文帝と違い、慎重に譲歩、我慢の政策をとった。朝政の参議を回避し、すべてのことを太后に報告させ、生殺賞罰は馮氏に決めさせていた。[50] 献文帝は太后の不倫相手の李弈を誅殺したが、孝文帝は太后の不倫相手である李沖を礼遇したので、李沖などの太后の側近も力を尽くして孝文帝を保護した。

太和初期の「二聖政治」は馮太后の専制であり、孝文帝は政治的な傀儡に過ぎなかったが、このような時期は長くなかった。譲歩と忍耐策をとった孝文帝は、太后との対立を緩和し、馮氏の腹心である貴族・官僚集団の同情を得た。太后側も馮氏一族の人材の欠如を悟り、政策の転換を図ったため、いよいよ転機が見えて来た。太和四年（四八〇）の正月に、孝文帝は文明太后の徳にむくいるために、狩猟用の鷹を飼う役所である「鷹師曹《ようしそう》」を廃し、その地で報徳仏《ほうとくぶつ》寺《じ》建てた。馮太后も「勧戒歌《かんかいか》」三百余章、「皇誥《こうこう》」十八篇を作り、孝文帝を教訓した。[51] さらに兄馮熙の三人の娘を相次いで孝文帝の后宮に入れ、婚姻関係で拓跋氏と馮氏の関係を強化した。[52] 太和四年以後の「二聖政治」が馮氏の独裁から拓跋氏と馮氏の連合統治の方向に転換し、太和十年（四八六）、孝文帝が十九歳の時に親政し、馮太后は政治の表舞台から徐々に引退した。

洛陽遷都と万年堂の廃棄

ところが、文明太后の死後三年経った太和十七年（四九三）十月には、孝文帝は洛京の建設工事を始め、翌年の三月、平城で群臣に遷都の方針を示した。その年の十月には先祖の神牌を平城の太廟《たいびょう》から洛陽に移し、ついに太和十八年（四九四）十月、文明太后の死後の四年、皇帝の六宮后妃および文武群臣は皆洛陽に引っ越した。翌太和十九年六月に、孝文帝が次の詔書を発布した。「丙辰、遷洛の民に告げて、河南に墓を営み、北への帰葬を禁ずる。[53]」とある。その結果、南遷した北族の者は、すべて河南洛陽人となった。これについては『魏書』巻二十・広川王略《こうせんおうりゃく》伝がもっと具体的に記している。つまり、洛陽に移住した婦人が旧都の夫の墓域に合葬すること、亡父母を遷葬することは認められたが、子孫が旧都にある先祖代々の墓地に埋葬することは禁断された。もちろん、「洛陽に移住した人」は皇帝・皇族も含んでいた。太和二十三年（四九九）四月、孝文帝は南伐の途中で病死した。五月に洛陽城北西の邙山《ぼうざん》の長陵《ちょうりょう》に埋葬され、結局永固陵に帰らず、旧都平城郊外の方山に文明太后一人が残った。拓跋鮮卑王朝の第二次建国を遂げた北魏の高祖孝文帝の長陵は今でも子孫の墳墓に囲まれ、邙山に屹立している。

従来の研究では、孝文帝による洛陽遷都の政治的な動機に注目し、さまざまな視点から検討して来たが、方山の廃陵がいったい何を意味しているのかについては論じてこなかった。皇陵の造営は王朝の権威を示す手段として歴代重視され、いわゆる「山陵万世所仰」である。孝文帝の方山寿陵は歴史上では極めて異例的な存在であり、よほどのことない限り、寿陵を廃止することはないであろう。いま考えられる原因は、献文帝の毒殺事件と孝文帝の立場の問題だけである。献文帝が毒殺された時、孝文帝がわずか九歳で、馮太后はいろいろの情報を遮断したに違いない。例え『魏書』巻十三・文成文明皇后伝には「太后が崩御まで、高祖が生母を知らなかった」とある。自分の生母も知らなかった孝文帝はもちろん父親の死因も知るはずがない。しかし、文明太后死後、孝文帝は内情を知っている側近から真実を教えてもらったと思われる。ショックを受けた孝文帝が皇室の名誉と儒教の倫理観に縛られつつ、沈黙以外に唯一にできるのは、永遠に恐ろしい祖母から離れることだけだったであろう。

五、西部重鎮高平《こうへい》から出土の漆棺

寧夏回族自治区の固原という町は海抜およそ一六〇〇メートルの高原にあり、北朝と隋唐時代では、長安と河西回廊をつなぐ要地であった。五胡十六国時代、匈奴族《きょうどぞく》劉氏の前趙《ぜんちょう》、羯族《けつぞく》の後趙《こうちょう》、氐族《ていぞく》の前秦《ぜんしん》、羌族《きょうぞく》の後秦《こうしん》、匈奴族赫連氏《かくれんし》の夏国《かこく》は、相次いでこの地域を支配し、平涼郡《へいりょうぐん》・高平城《こうへいじょう》を置いた。北魏太武帝は太延《たいえん》二年（四三六）に赫連氏の勢力を駆逐し、シルクロード経営の拠点高平鎮を設置した。高平鎮の南東に、北魏前期の古墳から古代高車族《こうしゃぞく》とみられる騎兵・歩兵俑が出土しており、その兵士達は中央アジア人種の顔つきであった。県城の南にある北周の古墳から、ビザンチン風の鍍金銀瓶・ササン朝ペルシアの切子ガラス碗が発見され、南西には隋唐時代にソグド系貴族史氏《しし》の墓地が分布している。数々の遺品が当地の繁栄ぶりを物語っている。

県城西二・五キロの雷祖《らいそ》廟《びょう》村《そん》東岳《とうがく》山麓に清水河《せいすいが》が流れているが、これは北朝時代、文献にしばしば登場する高平川《こうへいせん》である。一九七三年鉄道施工部門が河の東岸にボーリング探査をした際に北魏時代の磚築墓室と彩色漆棺の破片が発見され、一九八一年水渠工事のために固原文物工作站の緊急調査によって発掘がおこなわれた。

この彩色漆棺墓は穹窿《きゅうりゅう》頂磚室墓で、墓道、羨道、墓室からできており、墓室の平面は三・八メートル四方、高さは三・九メートルである。墓室内からは二つの棺跡が発見された。右側の女性用の木棺には漆が塗られておらず、金銅製の環などしか残っていなかった。また左側の男性の漆棺も木胎が腐っており、床には棺の前檔《ぜんとう》、蓋、側板の彩色漆の破片が散乱していた。しかも、後檔《こうとう》と蓋、側板の後部はボーリング・マシーンに当たって、破壊していた。復原された漆棺は、前部が後部より背が高く幅広であるという北魏時代に流行した形式を備えている。固原漆棺墓の造営年代は太和十年頃と推定されているが、描かれた人物の服装から見て、その年代下限は太和十八年（四九四）の服装改革以降を下らないであろう。

漆棺画の配置

棺蓋の天文図　棺蓋は頭部が珪の形をしており、中軸ラインが屋根のように凸起し、表面を彩色画で飾った。頭部側の画面を展開すると、幅一〇五センチ、中部の幅が約八七センチ、厚さ約八センチであり、画像の三分の二以上が保存された。赤地に、黒、青、緑、黄色で蓋全体に漆絵を描く。

周縁の立面に輪繋ぎ唐草文を施し、それぞれの輪の中に、背合わせの半パルメットや禽獣を置き、そのモチーフは司馬金龍墓の屏風縁飾に近い。外回りの文飾帯の幅が七・五センチで、複合形の波状半パルメットで飾った。波状になっている主軸の茎は黄色で描かれ、分岐部に蕾みを持つ。支軸の茎は大きく反転し、その先端に赤と青の二色の五葉文が背合わせになって並び、更に、白い線で描かれた三葉の半パルメットが赤色の五葉文の先端から生えている。パルメットの間には長尾の鳥、黄色の外郭と青の芯の珠文を配した。

棺蓋の中軸に沿って、波状の金色の銀河が描かれ、黒い渦巻き文で雲水を表現し、鶴、魚、花形の星宿が雲水の中に見え隠れしている。銀河を堺に、画面が左右二区に分けられている。左側の前部には柱で支えられた白い屋根があり、その下に、男子一人が頭に鮮卑帽子をかぶって、襟、袖、裾に赤い縁を付けた黄色い袍を着て、手をこまぬき、榻にあぐらを組んですわっている。後ろには赤い服の侍女二人が立ち、天井から幕が垂れている。屋根の右上方に三足の鳥が棲む日、左上方に尾長鳥、中央に鳳凰か朱雀、余白に唐草文が配されている。左側の長方形の黄色い枠に「東王父《とうおうふ》」という榜題がある。

右区の図像は基本的には左区と対になっており、屋根の下に襟、袖、裾に黄色い縁を付けた赤色の袍を着ている西王母と思われる女性が東王父と同じポーズで座っている。西王母の右部分の漆が残欠しているが、左後方に赤服の侍女が一人いる。屋根の柱の左に赤袍白裳の侍女、右に黄色い袍の侍女がそれぞれ一人ずつ立ち、両方とも鮮卑帽子をかぶっている。屋根の左上方の日と対称となる所に白い月が描かれているが、中の図柄ははっきりと見えない。右側の侍女の頭の後ろに黄色い四角の枠があるが、枠の中心部は残欠している。おそらくもとは「西王母」のような榜題があったと思われる。

東王父、西王母の画像の下には菱形に近い唐草繋ぎ文が隙間なく配され、枠の中には六葉パルメットの上に、文様化した龍、虎、鹿頭の鳥、「千秋万歳《せんしゅうばんざい》」という人頭の鳥などすがたが見られる（図43）。

前檔の被葬者像　画面の破損がひどい。中心部に戸の枠を描き、両脇に髷を結ぶ天人を一体ずつ配している。天人はいずれもイラン系の顔つき、後頭部に頭光《ずこう》がある。横木の上方に一階建ての建築物の屋根を描き、その下に被葬者と見られる男性が寝台に座り、吹流しつきの鮮卑帽・

図43　寧夏固原北魏墓漆棺蓋東王父西王母図

小袖の上着・長ズボン・靴からなる服装を着用し、左手でひしゃくのようなものを持ち、右手でワインカップを挙げている。小指をまっすぐに伸ばすコップの持ち方は、ソグディアナ地域の独特のものである。右に二人の侍女、左に二人の男性侍従が立ち、いずれも鮮卑風の服装である（図44）。これは、被葬者が死後の天国での生活を表現したものと理解してよい。

側板の孝子伝図　出土した際にすでに分断されていた。比較的保存状態のよい左側板の残長は一九五センチあることから、全長は二二〇センチ前後になると推測される。側板の縁部にパルメット文を飾り、二本の蓮華文帯で画面を上中下三段に分けている。上段は

図44　寧夏固原北魏墓漆棺前档被葬者起居図

高さ八センチの連環画形式の孝子伝図を配している。頭側から足側へと並べられた各画面の間には、それぞれ三角形の中に宝珠形火焔が配置され、榜題が付けられている。内容は、左側板に孝子舜説話八幅、郭巨《かくきょ》説話三幅が確認され、右側の側板には蔡順《さいじゅん》説話一幅、丁蘭《ていらん》事木母《じもくぼ》とされている。説話三幅、尹伯奇《いはくき》説話三幅の残片が見られる。[54]中段には六角繋ぎ文と連珠環文の中に、向かい合う力士像・龍虎・鳳凰を配置し、下段に山岳、虎・鹿・鳥と騎馬の狩猟人物を描いている。側板の頭側寄りのところに窓枠が描かれ、そこに鮮卑帽子をかぶる二人の人物の上半身が現れている。

そのほかに「二桃殺三士《にとうさっさんし》」の歴史説話図の断片も発見されたが、保存状態が極めて悪く、図像の細部を検証することは困難で、配置の復原も不可能である。

側板に描かれた孝子伝図は完全に鮮卑風のものであり、画風と人物の服装は司馬金龍墓の屏風絵のものと異なる。

漆棺の右側板にある舜の説話図は、連環画形式で描かれ、それぞれ傍題がついている。第一コマが欠落しており、本来は全体で九コマあったことが確認される（図45）。

第二コマの傍題は「舜後母将火焼屋欲煞（殺）舜時」で、継母が屋根修繕の作業をする舜を殺害しようとした画面である。裸体の舜が両手を広げ、燃えさかる屋根から飛び降りる様子と、それを見つめる継母の姿が描かれる。

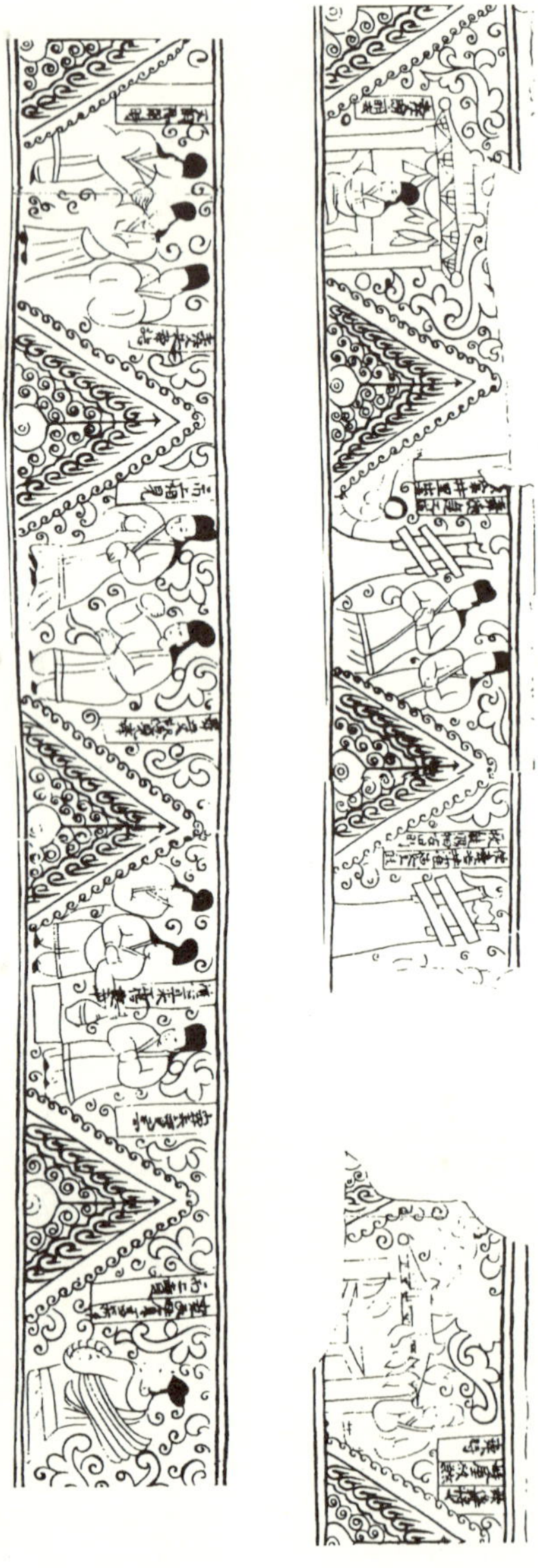

図45　寧夏固原北魏墓漆棺左側板孝子舜図

第三コマ「使舜鑿穿井灌徳（得）金銭一枚銭賜抱石田（塡）時」の画面は断片しか残っておらず、方形の井戸と榜題だけが確認される。榜題の「徳（得）金銭一枚」は、北朝以前の文献には見られなかった内容である。第四コマ「舜徳（得）従東家井中出去」には、瞽叟と継母が井戸の中を覗き、裸体の舜が別の井戸から逃げ出す様子が描かれている。

第五コマから第九コマまでは、舜が徳を以て怨に報じ、瞽叟《こそう》と継母を感化したことを表現している。第五コマ「舜父朗萌（盲）去」に、瞽叟が一人で家に座っているのが見られるが、これで瞽叟が失明したことを表現しているようである。第六コマ「舜後母負蒿囗囗市上売」には、舜の継母がいく束かの蒿を持って市場に向かう姿が描かれる。第七コマ「舜来買蒿、応直（値）米一斗倍徳（得）二十」には、右手で黒い袋を持つ舜が、左手で長頸壺《ちょうけいつぼ》のようなものを、袖手して立つ継母に渡すところが描かれるが、つまり、舜は市場に行き、二十倍の値段で継母から一斗の米に値する蒿を買ったという内容である。舜の後方にはもう一人の男性が立ち、舜の異母弟の象であると考えられる。第八コマ「市上相見」には、瞽叟と継母と見られる二人が左に向かって歩く姿が見いだされ、市場で舜親子の再会を描写している。第九コマ「舜父共舜語、父明即聞時」には、舜、瞽叟と継母三人が仲良く話し合っている様子を描き、瞽叟の目が回復したことを表現している。

鮮卑服の孝子と傍題の当て字

固原漆棺の孝子説話図は、司馬金龍墓屏風及び洛陽地域から出土した孝子伝図の資料と比較することで、その特徴が明らかとなる。

第一に挙げられる点は、場面数が多いことである。舜の説話だけで合計九コマが用いられ、ひとつの出来事に二コマ以上の画面を使って細かく表現している。北朝の孝子伝図では、これは極めて異例である。北魏時代、固原は鮮卑・高車・柔然などの遊牧民族の活動地域であり、被葬者本人も鮮卑人であったらしい。これらの民族は漢民族の伝統文化に対する知識が少なかったため、連環画の形式で、説明的に細かく表現する必要があったのではないだろうか。しかも、これらの説話が全部漢民族の伝承であるにも関わらず、登場する人物が皆「夾領小袖」という鮮卑族の服を着て表現されている。これは、現在知られている北朝孝子説話図の中で唯一の事例である。北魏時代にはいわゆる『国語孝経《こくごこうきょう》』、即ち鮮卑語の孝経の存在が知られている。[55]この鮮卑版の孝子伝図は鮮卑語の『孝経』と同様に、漢化政策の一環として鮮卑族の人々に向けて製作されたものと見られる。

第二は、孝子伝図の傍題にはよく当て字が使われた点である。例えば、「得」は「徳」、「塡」は「田」、「奪」は「脱」といったように別の漢字が用いられている。[56]北斉時代の文人顔之推《がんしすい》は、南北朝時代に当て字の氾濫は、北朝が江南よりもひどかったと指摘した、[57]また『魏書』巻九十一・江式伝《こうしきでん》によれば、北魏時代に世相が乱れると、文字も乱れた。篆書《てんしょ》の形が誤謬し、隷体の真髄を失ったという。同巻四上・世祖紀にも、始光《しこう》二年（四二五）三月に、新文字を千余り造ったとする記事がある。北魏時代において、高平鎮だけではなく国の全域で当て字がよく使われたことが容易に察せられる。

第三は、説話図中に登場する舜の姿が古代帝王ではなく、ごく一般の庶民として表現されたことである。司馬金龍屏風では堂々とした帝舜と二妃の像が描かれたが、固原漆棺にはそのような図像は見られない。第二・三コマの舜は裸体であり、他の画面でも舜はただの農夫の身なりをしていた。

そして「舜後母負蒿口口市上売」の部分から「市上相見」までの話は正史には見えず、陽明文庫本《ようめいぶんこぼん》と京都大学本『孝子伝《こうしでん》』の内容に近い。[58]ところが、平城・洛陽を中心とした北魏の東部地域から出土した孝子舜の説話図は、司馬金龍墓屏風以外に、カンサス市ネルソン美術館蔵北朝石棺床（図46）・ミネアポリス美術館蔵伝元謐石棺・ボストン美術館蔵寧《ねい》懋《ぼう》石室・C. T. Loo 旧蔵北魏石床など四例があり、固原のものと同様のプロットは見出せず、いずれも『史記』などの文献に基づいて

図46　ネルソン美術館蔵北朝石棺床孝子舜説話図

製作されたことが認められる。この現象は、むしろ固原漆棺に描かれたような説話が、漢民族文化の影響が強い東部地域で流行しなかったことを裏づけている。

北魏時代では、太武帝に征服された関中・隴右地域は、拓跋鮮卑の本拠地の平城とは異なる文化の伝統を持っていた。西暦五三四年、北魏が分裂してからも、東魏《とうぎ》―北斉《ほくせい》と西魏《せいぎ》―北周《ほくしゅう》の文化様相は、やはり異なっていた。固原漆棺の孝子説話図と、司馬金龍墓屏風及び洛陽地域から出土した孝子伝図に見られる表現の違いは、異なる文化伝統から生じたものであったと考えられる。

注

〔1〕『魏書』巻一・序紀を参照。

〔2〕山西省考古研究所・大同市博物館「大同南郊北魏墓群発掘簡報」（『文物』一九九二年八期）。高崎市教育委員会『中国山西北朝文物展図録』（一九九〇年一〇月）。

〔3〕『魏書』巻三・太宗紀・泰常六年条、同巻三十・来大千伝、同巻十五・常山王遵伝附孫可悉陵伝、同巻二十七・穆崇伝附穆顗伝、同巻五・高宗紀和平六年条、同巻六・顕祖紀皇興二年条を参照。

〔4〕『魏書』巻三・太宗紀・永興四年（四一二）条を参照。

〔5〕『魏書』巻九十三・王叡伝を参照。

〔6〕『魏書』巻七上・高祖紀上・太和六年条を参照。

〔7〕『魏書』巻四下・世祖紀下を参照。

〔8〕蘇俊・王大方・劉幻真「内蒙古和林格爾北魏壁画墓発掘的意義」（『中国文物報』一九九三年一一月。）
〔9〕正光六年（五二五）曹望憘造像に刻まれた馬方が、短衣と袴褶を着て、頭に二本のおさげを結んでいる。北京大学図書館収蔵大魏正光六年三月廿日曹望憘造像拓本。
〔10〕この馬車は猟車である可能性が強いと思う。猟車について『魏書』巻九十五・羯胡石勒伝附石虎伝によれば、後趙の石虎が、かつて狩猟のために、猟車を千台、格虎車四十台を造った。
〔11〕趙芳志主編『草原文化―遊牧民族的広闊舞台』（商務印書館（香港）有限公司一九九六年）。
〔12〕拙稿「内蒙古土黙川・大青山的北魏鎮戍遺跡」（北京大学中国伝統文化研究中心編『国学研究』第三巻、北京大学出版社、一九九五年一一月）。
〔13〕『魏書』巻三・太宗紀泰常四年（四一九）条に
冬十有二月癸寅、西巡、至雲中、踰白道、北猟野馬於辱孤山。
〔14〕『魏書』巻一百八之四・礼志四を参照。
〔15〕『魏書』巻十四・東陽王丕伝を参照。
〔16〕『魏書』巻一百八之四・礼志四、巻九・粛宗紀正光二年条を参照。
十有二月甲戌、詔司徒崔光、安豊王延明等議定服章。
〔17〕『魏書』巻二十六・長孫肥伝附子長孫翰伝、巻二十八・古弼伝、巻二十九・叔孫建伝附子叔孫俊伝、巻三十・安同伝附子安原伝、巻三十・周幾伝を参照。
〔18〕『魏書』巻一百一十三・官氏志
神元皇帝時、余部諸姓内入者……吐奚氏、後改為古氏。
〔19〕『魏書』巻七下・高祖紀によれば、孝文帝は若い時に肩の力が強く、弓術が得意であった。十歳すぎ、すでに指で羊の肩甲骨を砕ける。ところで、十五歳になってから、もう生き物を殺せず、狩猟をやめた。
〔20〕山西省大同市博物館、山西省文物工作委員会「山西大同石家寨北魏司馬金龍墓」（『文物』一九七二年三期）。
〔21〕『史記』巻一・五帝本紀には、「舜父瞽叟盲、而舜母死、瞽叟更娶妻而生象、象傲。瞽叟愛後妻子、常欲殺舜、舜

避逃、及小過、則受罪。順事父及後母与弟、日以篤謹、匪有解……瞽叟尚復欲殺之、使舜上塗廩、瞽叟従下縦火焚廩。舜乃以両笠自扞而下、去、不得死。」とある。そうならば、失われた半分には、燃えている倉庫の屋根から飛び降りる舜が描かれていたと推測できる。これと類似する伝承は、より古い時期の文献『孟子』万章・章句下にも記載されている。しかし、屏風の画面では放火者は瞽叟ではなく、舜の継母であるといったように、説話図と孟子及び司馬遷の記載とは、内容の一部が異なっている。このことは注意すべきである『宋書』巻二十七・符瑞志上に「舜父母憎舜、使其涂廩、自下焚之、舜服鳥工衣服飛去。」とあり、放火者は父母二人であるとしている。

〔22〕『魏書』巻三十七・司馬楚之伝に「和平五年（四六四）薨、時年七十五」と記されるので、東晋太元十四年（三八九）に生まれたことが推定できる。

〔23〕『魏書』巻三十七・司馬楚之伝を参照。

〔24〕『魏書』巻七上・高祖紀によれば、この事件は北魏に投降した劉宋の宗室人物の劉昶により計画されたものである。

〔25〕山東省済南市東八里窪北斉墓奥壁に描かれた壁画屏風の形式は北魏の屏風付き石棺台に類似し、二者の関係を証明する資料になる。山東省文物考古研究所「済南市東八里窪北朝壁画墓」（『文物』一九八九年四期）。

〔26〕『通典』巻八六・凶礼八に「晋賀循曰：……其明器、憑几一、酒壷二、漆屏風一……」と記し、晋の埋葬制度により、明器漆屏風を副葬することがわかる。

〔27〕『水経注』巻十三・累水条を参照。

〔28〕『魏書』巻十三・文成文明皇后伝に「初、高祖孝於太后、乃於永固陵東北里余、豫営寿宮、有終焉瞻望之志。及遷洛陽、乃自表瀍西以為山園之所、而方山虚宮至今猶存、号曰万年堂云」と。又同巻七高祖紀に「（太和十五年）秋七月乙丑、謁永固陵、規建寿陵」と記している。

〔29〕大同市博物館ほか「大同方山北魏永固陵」（『文物』一九七八年七期）。

〔30〕『魏書』巻十三・文成文明皇后伝を参照。

〔31〕『南斉書』巻五七・魏虜伝によれば、馮氏は江都の人であり、太武帝が南進した時、北魏軍に連れられ、拓跋濬（後

の文成帝）の妾となったという説もあるが、これは南朝の伝聞で、根拠にならない。
(32)『魏書』巻六・顕祖紀を参照。
(33)『北史』巻十三・魏文成文明皇后馮氏伝を参照。
(34) 呂思勉『両晋南北朝史』上海古籍出版社一九八三年。
(35)『漢書』巻九十七上・孝武鉤弋趙婕妤伝を参照。
(36)『魏書』巻十三・常太后伝を参照。
(37)『資治通鑑』巻一百三十二・宋紀・明帝泰始三年（四六七）条を参照。
(38) 大澤陽典「馮太后とその時代─北魏政治史の一齣」（『立命館文学』一九二号、一九六一年）、鄭欽仁「北魏中給事（中）稿」（『北魏官僚制度研究続編』（台北）稲禾出版社、一九九五年）。
(39)『魏書』巻四十一・源賀伝を参照。
(40)『魏書』巻四十八・高允伝を参照。
(41)『魏書』巻六・顕祖紀を参照。
(42) 塩沢裕仁「北魏延興年間の軍事的動向」（『季刊軍事史学』第三四巻第四号、平成一一年三月）。
(43)『資治通鑑』巻一百三十四・蒼梧王元徽二年（四七四）六月乙卯条を参照。
(44)『北史』巻十三・魏文成文明皇后馮氏伝によれば、太后は、李弈と不倫関係を持つ。献文帝が口実を探して李弈を殺した。そのため、太后が献文帝を恨み、ついに害した。『魏書』巻一百五十三・天象志に献文帝が「酖毒之禍」で崩御したのであるとある。
(45)『魏書』巻二十一・彭城王元勰伝を参照。
(46)『魏書』巻七・高祖紀下を参照。
(47)『北史』巻十三・魏文成文明皇后馮氏伝、『魏書』巻五十六・鄭羲伝を参照。
(48)『魏書』巻八十三・馮熙伝を参照。
(49)『魏書』巻八十三・馮熙伝附馮誕・馮脩伝を参照。

〔50〕『北史』巻十三・魏文成文明皇后馮氏伝を参照。
〔51〕『北史』巻十三・魏文成文明皇后馮氏伝を参照。
〔52〕『北史』巻十三・魏孝文幽皇后馮氏伝を参照。
〔53〕『魏書』巻七・高祖紀、巻二十広川王略伝を参照。
〔54〕寧夏固原博物館『固原北魏墓漆棺画』（寧夏人民出版社、一九八八年七月）。
〔55〕『隋書』巻三十二・経籍志を参照。
〔56〕司馬金龍墓の漆屛風の題名などにも当て字が見出せる。注六を参照。
〔57〕『顔氏家訓』巻七・雑芸を参照。
〔58〕注九土居淑子「舜の伝説をめぐって」（『古代中国考古・文化論叢』言叢社、一九九五年を参照）。ところで、敦煌S四六五四文書には「舜子変」の前半の部分が、P二七二一号文書には後半部分が残っている。P二七二一号文書の変文には「天福十五年歳當己酉」の銘がある。天福は五代の後晋高祖石敬塘・出帝石重貴、および五代後漢の高祖劉知遠の三代にわたる年号で、天福十二年（九四七）まで続いた。改元の情報は、当時中原からすぐに敦煌へは伝わらなかったので、そのまま使用し続けたのだろう。したがって、天福十五年はおそらく北漢隠帝乾祐三年（九五〇）頃であると思われる（九五〇年は庚戌の年で、己酉年は九四九年にあたる）。興味深いことに、この変文のプロットは固原漆棺孝子舜説話図と類似する点が多い。とくに、固原漆棺第三コマの「使舜□井灌徳（得）金銭一枚銭賜抱石田（塡）時」という場面が変文にある「上界帝釈、密降銀銭五百文、入於井中」の内容に似ており、これは、舜が井戸を掘る時神々からの金貨（または銀貨）をもらったという伝承が、遅くとも五世紀末には成立していたことを示している。敦煌は河西回廊西部の町で、中原が戦乱に陥るたびに、関中地域の漢族の避難地となる。固原漆棺の孝子伝図、および四六〇年後の敦煌『舜子変』、京大本『孝子伝』などは、様々な時代の様々な要素が入り込んでいるが、同じ源流を持つ。固原漆棺の孝子伝図は、地元の画家が北魏西部地域の民間に広がっていた孝子列女伝に基づいて創作した作品に違いない。項楚『敦煌変文選注』「舜子変」を参照、巴蜀出版社、一九九〇年。

第四章　北魏後期の石棺画像

四九三年、北魏孝文帝は洛陽に遷都した後、洛陽城の北西に陵墓区を設けた。以後、六世紀の二〇年代の後半まで、京畿地方は三十年間あまりの平穏が続き、西晋崩壊以来、初めて経済・文化が繁栄した時期を迎えた。奢侈な墳墓が相次いで造営され、石棺墓はその主流となった。これまで発見された壁画墓の数は少なく、公表された資料も、孝昌《こうしょう》元年（五二五）清河王元懌《せいかおうげんえき》墓の武士図、孝昌二年（五二六）江陽王元乂《こうようおうげんさ》墓の天文図、および太昌《たいしょう》元年（五三二）安東《あとう》将軍王温《しょうぐんおうおん》墓の起居図の三例しかなかった。それに比べ、石棺の画像資料は圧倒的に多かった。一九二〇年代から三〇年代にかけて洛陽では数多くの北魏墓が盗掘され、いくつかの画像石棺が欧米に流出した。現在アメリカのボストン美術館に収蔵されている孝昌三年（五二七）横野《おうや》将軍寧懋《しょうぐんねいぼう》石室や、ネルソン美術館に収蔵されている孝子石棺、またミネアポリス美術館の伝正光《せいこう》五年（五二四）趙郡貞王元謐《ちょうぐんていおうげんひつ》石棺なども その時に持ち出されたものである。〔1〕北魏時代の石棺は六枚の石板で構成されているため、分解しやすく、その一枚一枚をさらにいくつかに切断して売却されたりもした。その結果、散逸が進み、欧米のみならず日本や中国各地の博物館、または個人コレクターの所蔵するところとなった。このような状況下にあって、石棺画図を研究することは大変困難であった。被葬者の身分がわかる伝元謐石棺と寧懋石室の資料に基づいて、北魏後期の石棺画像について述べたい。

伝元謐石棺画像の特色

洛陽に現存するミネアポリス美術館石棺の拓本の封筒には「元謐石棺」と書いてある。この拓本は盗掘の直後にとったものと見られるため、洛陽文物工作隊の黄明蘭《こうめいらん》氏はこの石棺を元謐石棺と認定した。現時点では、前檔・後檔と左右側板しか残っていない。同時に盗掘で掘り出した遺物には、正光五年（五二四）趙郡貞王元謐の墓誌《ぼし》がある。

石棺の前檔には、尖拱の門とその両側に立つ門吏を刻み、門の上方、中央にはそれぞれ宝珠と左右に一対の鬼神が見られる（図47）。後檔では鬼神が正面を見据え、上方と下方の両方に山林樹木を配する（図48）。左側板の中央に鋪首《ほしゅ》、前部と後部に人物像の現れる窓を二つ置き、窓と鋪首の間には青龍と獣首怪鳥、そして上方には鬼神がいる。その下方に、孝子丁蘭・韓伯《かんはく》

図47　ミネアポリス美術館蔵伝元謐石棺前檔画像

余《よ》・郭巨・閔子騫《びんしけん》・眉間赤《みけんじゃく》（尺）に関する説話図が六幅見出される（図49）。右側板の構図の原則は左側と同じである。ただ、青龍の代わりに白虎を入れ、下方には孝孫（原穀《げんこく》）・舜・老萊子《ろうらいし》・董永《とうえい》・伯奇の説話図を六幅配している（図50）。

かつて、長広敏雄氏がこれらの孝子伝図の描写上の特色について、「(a)常に人物対面図の形式をとる。孝子の父母は矩形の座または床上に座している。これに対する孝子は座位または立位で表れされる。どの図も類似した形式である。そして余計な人物が一切描いていない。(b)したがって刻銘にたよる以外、説話の内容が判断できない。しかし説話を熟知して

図48　ミネアポリス美術館蔵伝元謐石棺後檔画像

いるものには、孝行親子の身辺にあるわずかな小道具が孝子たる特徴を象徴的に巧みにしめすことが分かるのである」と指摘した[2]。ところで、詳しく伝元謐石棺の画像を分析すると、説話の省略や傍題の人名の混乱を見出すこともできる。たとえば、「孝子郭巨賜金一釜」の画面には、

図49　ミネアポリス美術館蔵伝元謐石棺左側板画像

図50　ミネアポリス美術館蔵伝元謐石棺右側板画像

榻の上に郭巨の父母と子供が三人並んで跪き、郭巨は父母に面して跪いている。前に金を入れた釜、後ろに長頸の壺が置かれている（図51）。晋の干宝《かんぽう》の『捜神記《そうじんき》』巻十一・郭巨埋児得金条によると、郭巨は、隆慮《りゅうりょ》の人で、兄弟は三人ある。父親が早くに亡くなり、二千万銭の遺産が二人の弟に相続され、郭巨夫婦と母親が客舎で貧乏な生活を送っていた。こうした中、郭巨の妻が男の子を産んだ。郭巨は子供を養育するのは親孝行に邪魔であるし、祖母が孫を可愛いがって自分の食べ物を孫に分けるだろうと考え、野原で穴を掘り、息子を埋めようとした。土を掘ると、黄金がいっぱい入った釜が現れ、中に「孝子郭巨、黄金一釜、以用賜汝」という朱で書いたメッセージがあった。こうして、郭巨は天下に有名な孝子となった。

図51　ミネアポリス美術館蔵伝元謐石棺孝子郭巨説話図

　伝元謐石棺の画像では、郭巨妻の姿が見えずに父親が登場しており、これは文献に記録された物語の筋と全く違っているため、おそらく製作者のミスであると思われる。これ以外にも、例えば眉間赤の説話図の傍題にも間違いが多い。

眉間赤は春秋時代の呉の有名な刀匠干将《かんしょう》・莫邪《ばくや》の息子であり、干将・莫邪の物語は最初に後漢趙曄《ちょうよう》の『呉越春秋《ごえつしゅんじゅう》』に記され、その息子の眉間赤の説話は魏晋時代においてかなり流行した。そして晋の干宝『捜神記』巻十一・三王墓《さんおうぼ》条には次のような説話を記している。

楚の干将・莫邪が楚王のために剣をつくり、三年を経てようやくできた。王が怒り、干将を殺そうとした。できた剣は雌と雄の二本であった。干将がまもなく出産する妻莫邪にもし男の子が生まれたら、大吉の日に南山に行き、そこに石の上に生えた松があり、雄剣がその裏に隠されていると言ってから、雌剣を持ち、王のところへ謁見に行った。王が剣をよく調べると、雌雄二本があることがわかり、雄剣を献上しなかった罪で、干将を殺した。莫邪の子は赤比《しゃくひ》といい、大きくなって、父親の所在を聞いた。そして、楚王への復讐を計画した。王は夢の中で、眉間が一尺ほど広い少年が復讐と誓ったのを見て、千金の懸賞をかけた。

赤比は山へ逃げ、歩きながら歌っていた。ある客に逢い、君は「若いのに何でこんなに悲しいのか」と聞かれた。「私は干将・莫邪の子で、父が楚王に殺され、復讐したい」と答えた。

客が「王が君の首を千金で懸賞していると聞いた。首と剣をくれれば、復讐してあげよう」といった。赤比は「幸甚」と答え、すぐに自刎し、立ったまま両手で首および剣を捧げた。

客が「君に背かず」誓うと、死体は倒れた。客が首を持って楚王に謁見した。王は大いに喜んでいた。客が「これは勇者の首なので、湯鑊《とうかく》で煮るべきである」と進言し、王はこれに従った。三日三夜たっても肉が崩れずに、頭が湯に浮かんで、怒った目で睨んでいた。客が「この子の首は煮込むことができない。王がご自分で見に行ったら」と勧めたので、王は湯鑊の前に来た。客が剣を以て王の首を切ると、すぐに湯の中に落ちた。客は自分の首も切り、湯の中に落とした。三人の首はいっしょに煮込まれ、肉が崩れたために識別できず、いずれも王の礼儀で埋葬された。墓は三王墓と言われている。

『捜神記』に記された眉間広尺の赤比は、伝元謚石棺画像の眉間赤であり、『太平御覧《たいへいぎょらん》』にも眉間赤と記されている。[3] この説話図の右に一人の少年が座り、左上方に「眉間赤与父報酬（讐）」と言う傍題があるので、間違いなくこの少年が眉間赤だと考えられる。反対側には一人の女性が座わり、「眉間赤妻《みけんじゃくつま》」の傍題がつき、また画面中央には一基の墓があるが、これは干将墓或いは三王墓であろう（図52）。問題となるのは「眉間赤妻」と言う傍題である。眉間赤は子供であり、妻がいることはどの文献にも記されていない。そして北魏の画像石には登場する人物

図52　ボストン美術館蔵寧懋石室眉間赤説話図

が極めて少なく、長広氏の指摘したように、余計な人物は描かれないという原則がある。[4] この伝承の中の主役は、眉間赤・莫邪・干将であり、それにもかかわらず眉間赤の妻が登場し、莫邪が描かれなかったことは、あまりに不自然である。この眉間赤妻は、おそらく莫邪、つまり干将の妻であり、眉間赤の母親の間違いであろう。

そのほかに、「母欲殺舜、舜即得活」・「孝孫棄父深山」・「孝子閔子騫」等の説話図は、ただ二人の人物が対面して跪く姿が描かれるだけであり、物語の筋を暗示する背景や道具も表現されなかった。伝元謐石棺画像のから、北魏晩期石棺の図柄が簡略化する傾向にあったことが明らかとなる。

寧懋石室画像の錯誤

寧懋石室は切妻造《きりづまづくり》の家型を成し、正面に門を設ける。門の両脇に甲冑をつけた武士を刻み、縦に「孝子寧万寿《ねいまんじゅ》」「孝子弟寧双寿《ねいそうじゅ》造」と書いた題名もある（図53）。切妻の壁の内側に牛車と侍女図があり、外側に孝子伝図が配され、左側の上方に董永、下方に董黯《とうあん》、右側の上方に丁蘭、下方に舜の説話図が線刻される。奥壁の内側の壁面が三欄に分けられ、中央は空白、左右は宴会の支度の場面であり、外側に被葬者と見られる画像が三幅あり、いずれも冠服を着用し、手を貸す侍女もついている。孝昌三年（五二七）横野《おうや》将軍《しょうぐん》甄官主簿《しんかんしゅぼ》寧懋墓誌も同時に出土したという。郭玉堂《かくぎょくどう》『洛陽出土石刻時地記《らくようしゅつどせっこくじちき》』によると、この石室は一九三一年二月二十日に寧懋の墓誌とともに漢魏故城北の邙山の中腹から盗み出され、上海を経由して海外へ流失したとされる。[5]

元謐石棺と類似する誤りは、寧懋石室にも見られる。左側の下方に刻まれた孝子董黯説話図には「董宴母供王寄母語時《とうえんぼきょうおうきぼごじ》」との傍題が付けられる。洛陽文物工作隊の郭建邦《かくけんぽう》氏は、これを根拠にして漢の武帝の伯母である館陶公主《かんとうこうしゅ》とその近幸董偃《とうえん》に関する説話図だと推定した。[6] 郭氏は、画面中央の四注式《しちゅうしき》頂建物の中に立つ人物が公主であり、側で扇を持ち跪く男性は董偃、右の入母屋式《いりもやしき》建物の中に座る人物が董偃の母親であると比定し、これが館陶公主と董偃の母親が話し合う場面であると解釈したのである（図54）。

図 53　ボストン美術館蔵寧懋石室武士図と孝子傍題

　ところで『漢書』巻六十五東《とう》方朔伝《ほうさくでん》には次のように記している。

武帝の叔母の館陶公主は竇太主《とうたいしゅ》と称し、堂邑陳《どうゆうちん》午《ご》と結婚した。午が死んでから公主は後家を通していたが、五十歳過ぎになって、董偃に親幸した。かつて董偃は母と珠売りで生活していた。十三歳の時に母に連れられて公主の家に入り、皆に可愛いがられ、ついに公主の養子となった。その府第で書記・相馬・御・射を教わり、伝記もよく習った。十八歳の成人となってからは、外出する際に公主の馬車の轡を執り、府第内で起居の世話をする。性格が優しくて、公主のおかげで、王公達に礼遇され、長安城で有名となり、董君と言われている。三十歳で亡くなり、数年後、竇太主も没し、董君と覇陵の陪塚に合葬した。公主・貴人が礼制を脱逸する行為は、董偃から始まったのである。

この記載のどこを見ても、董偃が孝子に列せられる可能性はないと思われる。東方朔は、董偃には「以人臣私侍公主」、「敗男女之化、而乱婚姻之体」、「奢侈為務、尽狗馬之楽」の三つの死罪があるとして武帝を諌めた。『漢書』の作者班固《はんこ》も批判的な立場で董偃のことを記載したのである。

ここで注意を払わなければならないのは、傍題に「王《おう》寄《き》」という名前が出ていることである。カンサス市ネルソン美術館が所蔵する北朝石棺床の第四石に「不孝王《ふこうおう》寄《き》」の傍題付きの画像があり、長広氏の考証によると、

図 54　ボストン美術館蔵寧懋石室董黯説話図

これは京都大学（以下京大）と陽明文庫本『孝子伝』董黯の伝記に基づく画像である。[7] 明の廖用賢《りょうようけん》『尚友録《しょうゆうろく》』にも次のように類似する記録がある。

　董黯は漢代の句章《くしょう》の人、董仲舒《とうちゅうじょ》の六世の孫である。母親に孝行を尽くし、隣人王寄の母は董黯の孝行ぶりから息子の王寄を諫めた。王寄は董黯を妬み、彼の外出を狙って、その母に恥をかかせた。そのため、董黯は王寄を恨み、母親が亡くなった後に王寄の首を切った。王寄の母が官府に訳を述べたため、和帝《わてい》が董黯の罪を赦免してその孝行を顕彰した。

京大と陽明文庫本の『孝子伝』より、『尚友録』の方は後代の粉飾が少なく、本来のものに近い姿の記録が残っていると思う。そうならば、この画像「董晏《とうえん》母供王寄母語時」という傍題は、「董黯《とうあん》母供王寄母語時」の間違いであることになる。そして説話の筋により解釈すると、四注式建物の中に立つのは、女性ではなく、短い服を着ている男性である。その人物は母親に奉仕している董黯に相当し、そばに扇子を持ち正座している人物は、男性でなく、董黯の母親であり、入母屋式家の中に座るのは王寄の母、外に物を持って左右を見回しているもう一人の男性は王寄であると思われる。

　寧懋石室の造形は北魏後期の石棺槨の中では異例であるが、似たような家型の石槨は、大同市北魏太和元年（四七七）幽州《ゆうしゅう》刺史《しし》敦煌公《とんこうこう》宋紹祖《そうしょうそ》夫婦の合葬墓、同市智家堡《ちかほう》北魏墓からも出土しており、北魏前期の伝統を受け継いだものと見られる。

東園《とうえん》秘器《ひき》と民間棺槨

長広氏が伝元謐石棺を「その精緻で計画的な意匠がまことにみごとである」と高く評価し、寧懋石室について、「この石室画像は、彫刻手法、描写様式に腑におちぬ点があり、孝子伝内容と画面構成の齟齬・撞著、諸画像間の様式の混合と錯雑など、多くの疑わしい点がある」と、低い評価を与えた。〔8〕なぜ、両者の画像の水準には著しい差があったのか。

墓誌によると、元謐は正光五年（五二四）二月三日に埋葬された。一方、寧懋が景明《けいめい》二年（五〇一）に亡くなり、孝昌三年（五二七）十二月十五日に妻と合葬されたが、石室の様式から見て、これが孝昌年間造られたたものであるとして間違いない。元謐は北魏の趙郡王で、献文帝の孫であった。「正光四年に薨ず、東園秘器・朝服一具・衣一襲・帛五百匹を与える」と『魏書』趙郡王謐伝に記されている。もし、伝元謐石棺がほんとうに元謐墓から出土したものであるならば、それが東園秘器にあたるとなる。東園は皇室のために陵墓葬具を造る役所で、秦時代からすでに設立されていた。北魏時代の東園についての文献上の記録は残っていないが、北斉には光禄寺《こうろくじ》の下に東園局《とうえんきょく》が設けられたことが知られている。〔9〕北斉の官制が基本的に北魏を踏襲したものであることから、北魏にも同様の組織があったと考えられよう。

北魏は太和後期から宗室諸王と功臣に東園秘器を恩賜した。文献の記録によると、同じ東園秘器でも、東園第一秘器・東園温明秘器・東園秘器といったランクの違いがあった。東園第一秘器の恩賜に関する記録は少なく、皇帝・皇后を除くと、これが最高の葬具であったと思われる。東園温明秘器と東園秘器の間にどの程度の差があったのか、あるいは後者は前者の略称であったのか、いまのところはっきりとしない[10]。

それに対して、寧懋は横野将軍であり、北魏では正九品の下級官僚で、しかも石室そのものは死後二十年ほどして妻と合葬する際に造られたものだと見られる。石室の門の両側に「孝子寧万寿」、「孝子弟寧双寿造」という題名が刻まれているから、その息子たちは民間の工房でこれを造らせたと考えられる。『洛陽《らくよう》伽藍《がらん》記《き》』城西には「洛陽大市の北に孝慈《こうじ》・奉終《ほうしゅう》二里があり、里内の人は棺槨売りを生業にして、轜車《じしゃ》（棺車）貸しを事業にする」と記してある。寧懋石室は、孝慈・奉終里の製品である可能性が強い。

すると、伝元謐石棺はいわゆる「東園秘器」、すなわち皇室の工房の製品であり、寧懋石室はおそらく民間工房で造られたものであろうと考える。同じ時期、同じ洛陽地域で製作された作品の様式に違いがあるのは、東園局と民間工房という二つの葬具製作システムが存在していたためである。そして北魏末期の孝昌・正光年間になると、東園秘器にしても、民間工房の製品にしても、説話図の粗雑化傾向が著しくなって行く。南朝斉の末期でも、陵墓の画像磚に「竹林七賢《ちくりんしちけん》」・「栄啓期《えいけいき》」が描かれたが、その人名が取り違えられたり、抜けたりしていた[11]。北魏晩期も南斉末期の状況とほぼ同じであったと言える。

孝子伝図と北魏後期の社会

北朝古墳の孝子伝図は、古代中国社会の根本的な道徳観において「忠」と「孝」の対立を背景として展開した。戦国時代から「忠」と「孝」の関係めぐってすでに論議が行われていた。前漢時代、儒学の尊崇にともない、両者の関係を折衷し、孝子列女など道徳上の偶像の製造も盛んになった。舜のような戦国時代に評価が分かれた人物も、忠君孝父の模範とされ、宣伝された。[12] 後漢末以後、長い戦乱の中で王朝が頻繁に交替し、纂位弑君は政権を獲得する一般的な手段となった。河内の儒学大族出身の司馬氏もその例外ではなかった。もはや儒教的倫理観の「忠」は、世相と合わないものになった。すなわち皇室は自分の「不忠」な行為を隠すために、士族門閥は不安定な政治の中で親族の利益守るために、「忠」より「孝」、君臣関係より親族関係を重視するようになった。[13] 三国魏の宮廷楽の中では、孝子説話関係の鼓舞歌が既に誕生していた。『宋書《そうじょ》』巻二十二・楽志《がくし》四に記された陳思王曹植の書いた鼓舞歌「霊芝篇《れいしへん》」には、虞《ぐ》舜《しゅん》・伯瑜《はくよ》・丁蘭・董永などの後漢以来流行した孝子説話図の主要人物が盛んに歌われた。曹植の父の曹操、兄の曹丕は後漢の権臣であり、曹丕が禅譲の形で後漢を滅ぼしたことから知られるように、完全な逆臣であった。「忠」を標榜する資格のない魏の皇室にとって、「孝」こそが徳教の根本となるものであった。

東晋十六国時期、匈奴・羯・氐・羌・鮮卑族が中原に進出し、胡漢文化が激しく衝突したが、儒教が「人倫之本」と見なす「忠孝之道」は異民族の統治者にも受け入れられた。『晋書』巻九十五・仏図澄《ぶっとちょう》伝に石季龍《せききりゅう》が太武殿《たいぶでん》の建設を完成し、古代からの賢聖、忠臣、孝子、烈士、貞女を飾ったと記載している。しかし、羯族の後趙は曹魏や西晋と違って異民族による武力支配の王朝であったので、忠も孝も道徳的な大きな問題とはならなかった。北魏の太和年間に、孝文帝が鮮卑国家を漢民族式の国家に改造することを目指すと、風俗文化の漢化改革をはかり、忠臣、孝子、烈士、貞女図が流行し始めた。洛陽に遷都してから、北魏が滅亡するまでの石棺画像には、忠臣・列女図を遥かに凌駕する数多くの孝子伝図が残っている。鮮卑拓跋部は本来遊牧民族で、遠祖の穆帝《ぼくてい》拓跋猗盧《いろ》と北魏王朝の創立者道武帝拓跋珪は、いずれも息子によって殺された。四六五年文明太后馮氏が朝政を握ると、義理の息子献文帝と義理の孫である孝文帝をコントロールするために孝道を武器として用い始めた。また、五世紀の末期から北魏の孝子伝図が飛躍的に増えてきたことと、当時の皇帝である孝文帝の人格との関わりも深かった。孝文帝には、太子になった時に母親は賜死され[14]、即位から六年目に太上皇帝の父親が義理の祖母馮氏に毒殺される、という苦痛に満ちた体験があったので、彼は親政してから全力を尽くし、孝行を提唱した。太和十七年（四九三）から二十一年（四九七）までに十二回の詔書を下して、年長者を優遇し、「孝悌廉義《こうていれんぎ》」者を褒賞した。このような歴史背景の中で、統治集団は「求忠臣必於孝子之門」という原則を持ち、「孝」は当時の士人の出世、昇進の重要な条件になった。

したがって、寧懋石室には「孝子寧万寿」、「孝子弟寧双寿造」の題名が刻まれたが、この孝子伝図は死者のためよりは、むしろ子孫の孝行を標榜するためのものだと見てよい。

また、六朝時代の漢民族の士人階層には、「却邪」のためと思われる『孝経』を副葬する習慣があった。[15] 太和後期以降、北魏棺槨における孝子伝図の流行はこの習慣とも関係していると考える。

注

〔1〕黄明蘭『洛陽北魏世俗石刻線画集』（人民美術出版社　一九八七年）。

〔2〕長広敏雄『六朝時代美術の研究』第八章「六朝の説話図」（美術出版社　一九六九年）。

〔3〕『太平御覧』巻三四三を参照。

〔4〕前掲長広敏雄『六朝時代美術の研究』第八章「六朝の説話図」を参照。

〔5〕郭玉堂『洛陽出土石刻時地記』一九四一年。郭建邦「北魏寧懋石室和墓誌」（『河南文博通訊』一九八〇年二期）に掲載した略図によると、出土地点は北魏洛陽城の羅城内に位置する。条坊制の都城の場合、羅城に墓を造るのは基本的には不可能である。隋大興城に大業六年李静訓墓が発見された例があるけど、寺院の中であった。出土場所の問題については、さらに調査する必要があると思う。

〔6〕前掲郭建邦氏論文。

〔7〕前掲長広敏雄『六朝時代美術の研究』第九章「KB本孝子伝図について」。しかし、長広氏は第八章「六朝の説話図」で伝元謐石棺の「孝子董（永）与父贖口」という傍題を「孝子董宴（?）父口口」と解読している。

〔8〕前掲長広敏雄『六朝時代美術の研究』第八章「六朝の説話図」を参照。

〔9〕『隋書』巻二十七・百官中。
〔10〕『魏書』巻二十一下・彭城王勰伝、同巻十九中・任城王澄伝。
〔11〕南京博物院「試談〝竹林七賢及栄啓期〟磚印壁画問題」（『文物』一九八〇年二期）。
〔12〕舜を孝子とすることに対して、春秋・戦国時代の諸子百家の意見は一様でなかった。『韓非子』巻二十・忠孝に舜は父親の瞽叟を追放し、継母の息子象を殺し、継母を招使とした。さらには君主堯の二人の娘と結婚したにもかかわらず、その天下を奪ったと記している。それゆえ舜は不仁不義の人物だとする意見が存在したのである。しかし漢の武帝時代に「罷黜百家、独尊儒術」という政策が取られた結果、韓非子のような意見は世の中で重視されなくなったと思われる。
〔13〕唐長孺「魏晋南朝的君父先後論」（『魏晋南北朝史論拾遺』中華書局　一九八三年）。
〔14〕『魏書』巻十三・献文思皇后李氏伝を参照。
〔15〕吉川忠夫『六朝精神史研究』（同朋舎出版　一九八四年）。

第五章　東魏—北斉の壁画墓

　五世紀の末から、孝文帝の漢化政策によって、鮮卑族の胡服《こふく》、胡語《こご》・胡姓《こせい》が禁止され、鮮卑族と漢民族貴族との通婚も進められた。騎馬民族征服王朝の北魏が急速に奢侈・文弱となり、王朝内部で首都洛陽を始めとする、内地の都市部と辺境地域との経済的格差が増大し、中央貴族との待遇が隔絶した北族の下級軍人集団は、漢化政策に対して強い反感を持っていた。五一九年二月に洛陽で「羽林《うりん》の変」が発生した。朝廷の政策に不満を持った天子の親衛隊である羽林営《うりんえい》の軍人千人が、石と瓦で尚書省《しょうしょしょう》を攻撃し、さらにエリート・コースへの武人登用に反対する漢族知識人の張仲瑀《ちょうちゅうう》の家に放火し、その父親の征西将軍張彝《ちょうい》と兄の尚書郎《しょうしょろう》張始均《ちょうしきん》を殺害した。五二三年には北鎮《ほくちん》軍人の大規模な反乱「六鎮《りくちん》の乱」がおこり、ついに北魏全域に戦火が広まった。一方、宮廷内部では党争が激しく、孝明帝《こうめいてい》と母の胡太后《こたいごう》が対立し、のちに孝明帝は胡太后に毒殺された。五二八年四月に稽胡《けいこ》族の首領爾朱栄《じじゅえい》は、それを口実にして「河陰《かいん》の変」をおこし、胡太后はじめ、皇族や貴族など二千人余りを殺害した。そして動乱の中で弱体化した北魏王朝は五三四年に分裂した。すなわち武川鎮出身の宇文泰《うぶんたい》が長安で孝武帝《こうぶてい》を擁して西魏（五三五―五五六年）を、懐朔鎮《かいさくちん》出身の高歓《こうかん》軍人集団が鄴《ぎょう》で孝静帝《こうせいてい》を擁して東魏（五三四―五五〇年）を建て、のちにどちらも宇文泰・高歓の息子にのっとられて北周（五五六―五八一年）・北斉（五五〇―五七七年）へと政権交替した。

一九五〇年代に河北省の呉橋県《ごきょうけん》・磁県《じけん》で東魏―北斉の壁画墓が発見されていたが、本格的な調査が実施されなかったために、世間の関心を呼ばなかった。一九七九―一九八一年山西省太原市《たいげんし》南郊の北斉武平《ぶへい》元年（五七〇）東安王婁叡《とうあんおうろうえい》墓の調査をきっかけにして、東魏―北斉壁画墓への関心が高まってきた。それ以後、磁県の東魏武定《ぶてい》八年（五五〇）茹茹隣和《じょじょりんわ》公主閭叱地連《りょしつじれん》墓・推定北斉文宣帝武寧陵《ぶんせんていぶねいりょう》（五五〇）、山東省臨朐県海浮山《りんちゅうけんかいふさん》の天保《てんぽ》元年（五五一）東魏威烈《いれつ》将軍行台府長史崔芬《しょうぐんこうだいふちょうしさいふん》墓、太原市王家峰《たいげんしおうかほう》村の北斉武平《ぶへい》二年（五七一）武安王徐穎《ぶあんおうじょえい》墓など重要な壁画墓が相次いで調査され、その文化様相も明らかになりつつある。

東魏―北斉の喪葬制度の源流は、北魏時代に遡れる。孝文帝期に官品制度・冠服制度の改革に伴い、尊卑貴賤を規制する喪葬制度も整備されたが、北魏末期、戦乱と北族文化への復古という流れの中で、諸制度は崩壊状態に陥った。東魏武定《ぶてい》五年（五四七）に、統治の秩序を再建するために、高澄《こうちょう》が官邸・車服・婚姻・喪葬諸制度の僭越を禁断する命令を下し[1]、北斉が建国した天保元年（五五〇）には、文宣帝高洋《こうよう》が「条式」を立て、吉凶車服制度の格差を定めた[2]。それらの「条式《じょうしき》」の具体的な内容の記録が残っていない。これまで二六基の東魏—北斉壁画墓が調査され、そのうちの一八基の墓から墓誌が出土し、被葬者の身元が確認され、また二基の墓の被葬者は、文献および同じ家族墓地から出土した墓誌などにより推定された。墓の数だけでなく、壁画の保存状態も魏晋・五胡十六国・北魏時代よりも良好で、当時の身分社会の構造および喪葬制度実施の実態を究明する重要な史料となっている。

一、壁画墓に現れる身分制度

東魏—北斉王朝に厳しくコントロールされている首都の鄴都と高歓の覇府《はふ》の所在地晋陽《しんよう》付近では、磚室・土洞構造の傾斜式墓道弧方形単室墓（墓室の壁が外側へ膨らみ、四辺が弧状となるタイプ）と方形単室墓が、壁画墓の主流形態であった（図55湾漳例）。両者には本質な違いがなく、弧方形墓室の構造のほうがより頑丈であるため、大規模な磚室墓によく採用される。この二つのタイプはおそらく埋葬制度によって規定された形式と考えられるので、それを基準にして、古墳の外部施設、内部構造、壁画の内容と配置、墓誌のサイズと文字数および俑の組み合わせと数などの要素を加え、東魏—北斉壁画墓に現れる身分制度を述べて見たい。

図55　河北省磁縣湾漳村推定北斉武寧陵透視図

被葬者の身分と墓の内部構造

東魏―北斉の壁画古墳の外部施設に対して、これまで本格的な調査がほとんど実施されなかったため、墓苑のプラン・墳丘・碑柱・石人石獣に関する資料が極めて少ないのが現状である。

被葬者の身分がわかる二〇基の壁画墓のうちに、太原小井峪《しょうせいよく》村天統《てんとう》四年（五六八）武功王韓祖念《ぶこうおうかんそねん》墓・龍堡《りゅうほ》村武平三年（五七二）六州都督儀同三《ぎどうさん》司《し》□愭《き》墓の資料が公表されないので、[3] ここでは史料として使用できない。したがって、そのほかの十八基の内部構造および規模・墓室の建築材・壁画を配した場所などを次ぎの表にまとめた。

表Ⅰ－1　東魏北斉壁画墓形式一覧

被葬者		推定高　洋	高　潤	閭叱地連	婁　叡	徐　穎
年　代		乾明元年（560）	武平七年（576）	武定八年（550）	武平元年（570）	武平二年（571）
肩書き		北斉皇帝 諡文宣 廟号顕祖	贈侍中使持節假黄鉞、冀定滄瀛趙幽安平常朔并肆十二州諸軍事、左丞相、太師、録尚書事、冀州刺史、馮翊郡王（正一品）	茹茹隣和公主、斉献武王第九息長広郡開国公高湛妻	贈假黄鉞、右丞相、太宰、太傅、使持節都督冀定瀛滄趙幽青斉済朔十州諸軍事、朔州刺史、東安郡開国王（正一品）	太尉、武安王（正一品）、贈使持節都督冀瀛滄趙斉済汾七州諸軍事、冀州刺史太保、尚書令
場　所		河北省磁縣湾漳村	河北省磁縣東槐樹村	河北省磁縣大塚営村	山西省太原市南郊	山西省太原市王家峰村
合葬者		無し	不明	無し	妻1人	不明
外　部 施　設		墳丘が円形で、直径100～110m、高さ不明、南に1尊の神道石人が残っている。	不明	不明	版築方形墳丘という。東西17.5m、南北21.5m、高さ約6m。	版築墳丘、基部幅13.6m、奥行き7m、高さ5.2m
内部構造	墓道	傾斜式墓道 長さ37m 開口部幅3.88m 底部幅3.36-3.62m 北端深さ8.86m	傾斜式墓道 長さ約50m 開口部幅2.96m 底部幅2.50m 北端深さ5.96m	傾斜式墓道 長さ22.79m 開口部幅3.90m 底部幅2.80m 北端深さ6.70m	傾斜式墓道 長さ26.35m 開口部幅3.55m 底部幅2.80m 北端深さ7.5m 貫天井1つ	傾斜式墓道、長さ15.2m、 幅3.35～2.75m 深さ6.1m 過洞と貫天井の長さ6.87m
	羨道	長さ6.70m 幅3.53-2.65m 高さ4.34-3.95m 閉鎖磚壁3重 石門1重	長さ5.62m 幅1.86m 高さ2.55m 閉鎖磚壁2重 石門1	長さ5.76m 幅2.8-1.84m 高さ3.30-2.50m 閉鎖磚壁3重 石門1重	長さ3.40m 幅1.72m 高さ2.95m 閉鎖磚壁2重 石門1重	長さ2.75m 幅1.66m 高さ2.55m 閉鎖磚壁2重 石門1重
	墓室	磚築「弧方形」単室（5重煉瓦積み） 四角攅尖頂 南北7.56m 東西7.40m 高さ12.60m	磚築「弧方形」単室（3重煉瓦積み） 天井崩れ 南北6.40m 東西6.45m 高さ不明	磚築「弧方形」単室（3重煉瓦積み） 穹窿頂 南北5.23m 東西5.58m 高さ不明	磚築「弧方形」単室（3重煉瓦積み） 四角攅尖頂 南北5.60m 東西5.70m 高さ6.58m	磚築「弧方形」単室、穹窿頂 南北6.30m 東西6.65m 高さ8.1m
	棺槨	彩絵須弥台式石積み棺台、木槨	石積み棺台	石辺縁の磚棺台	磚棺台木槨1、木棺2	磚築棺台 木棺
	壁画	墓道の東西壁と地面・羨道・門・墓室の全体に描く	羨道・墓室全体に描く。墓道は未調査	墓道の東西壁と地面・羨道・墓室の全体に描く	墓道・羨道・門・墓室に描く	墓道・羨道・門・墓室に描く
保存状態		盗掘、水浸し	盗掘、天井崩れ	盗掘、天井崩れ	盗掘	五回の盗掘
副葬品	総数	約2215点	488点（青磁17点）	約1762点（ビザンチン金貨2枚）	約2130点（青磁76点）	550点余り
	俑	約1805点	381点	1064点	610点	320点余り
出　典		『考古』1990-7	『考古』1979-3	『文物』1984-4	『文物』1983-10	『文物』2003-10

表Ⅰ-2　東魏北斉壁画墓形式一覧

被葬者		庫狄迴洛	李勝難	顔玉光	趙胡仁	堯　峻	范　粋	推定　高長命
年　代		河清元年(562)	武平元年(570)	武平七年(576)	武定五年(547)	天統三年(567)	武平六年(575)	武定六年前後(548)
肩書き		贈使侍節都督定瀛済桓朔雲六州諸軍事、定州刺史、太尉公、順陽郡王(正一品)	北斉廢帝高殷妃、大妙寺尼	北斉文宣帝高洋弘徳夫人（正一品内命婦）	西荊南陽郡君（正二品命婦）	贈使持節都督趙安平三州諸軍事、驃騎大将軍、趙州刺史、開府儀同三司、中書監、開国侯(従一品)	驃騎大将軍、開府儀同三司（従一品）涼州刺史	左光禄大夫（正二品）雍州刺史、鄢陵縣伯
場　所		山西省寿陽縣賈家村	河北省磁縣李家庄	河南省安陽縣許家溝	河北省磁縣東陳村	河北省磁縣東陳村	河南省安陽縣洪河屯村	河北省景縣野林庄
合葬者		妻２人	なし	なし	なし	妻２人	なし	不明
外部施設		版築円形墳丘、直径49m、高さ12m。	未報告	円形墳丘 直径不明 高さ8m	未報告	未報告	不明	未報告
内部構造	墓道	傾斜式墓道 長さ11.86m 幅2.40 北端深さ4.90m	未報告	傾斜式墓道 長さ不明 幅.7-1.1m 深さ未報告	傾斜式墓道 長さ30m 幅2.4m 深さ6.96m	傾斜式墓道 長さ14.80m 幅2.40m 深さ5.96m	傾斜式墓道 長さ11.10m 幅0.65m 深さ5m	未報告
	羨道	長さ3.10m 幅1.80m 高さ2.36m 閉鎖磚壁1重 石門1重	未報告	長さ0.8m、幅・高さ未報告	長さ1.82m 幅2.40m 高さ1.96m 閉鎖磚壁1重	長さ3.64mm 幅1.20m 高さ1.74-2.28m 閉鎖磚壁1重	寸法未報告 閉鎖磚壁1重	長さ2.35m 幅約1.40m 高さ未報告
	墓室	磚築「弧方形」単室 四角攢尖頂 南北5.44m 東西5.44m 高さ4.60m	未報告	方形単室土洞墓 天井崩れ 南北2.40m 東西2.36m	磚築隅丸方形単室 四角攢尖頂（天井2重煉瓦積み） 南北4.80m 東西4.26m 高さ4.36m	磚築台形平面単室 穹窿頂(？) 南北4.38m 東西4.52m 高さ不明	方形単室土洞墓 穹窿頂 南北2.88m 東西2.70m 高さ2.26m	磚築隅丸方形前後室 前室 南北4.30m 東西4.10m 後室 南北4.80m 東西5.15m 高さ不明
	棺槨	斗栱構造家形木槨1、木棺1	未報告	磚築棺台 木棺	不明	不明	磚築棺台	不明
	壁画	羨道・墓門・墓室西壁に描く	羨道門額に描く	墓室壁面に描く	墓室壁面に描く	羨道門額のみ描く	墓室壁面に描く	羨門・墓室壁面に描く
保存状態		盗掘、崩れ	未報告	崩れ	盗掘、水浸し	盗掘、崩れ	崩れ	破壊され
副葬品	総数	300点以上（金銅製品約60点）		6点	169点	55点	99点	120点
	俑	約120点			136点	33点	67点	60点、ほかに馬頭47点
出　典		『考古学報』1979-3	『文物』1994-11	『考古』1973-2	『考古』1977-6	『文物』1984-4	『文物』1972-1	『文物』1979-3

表Ⅰ-3　東魏北斉壁画墓形式一覧

被葬者		崔　昂	崔芬	封柔	崔博	道貴	司馬南姿
年　代		天統二年 (566)	天保元年 (551)	武定二年 (544)	武平四年 (573)	武平二年 (571)	太寧二年 (562)
肩書き		祠部尚書(正三品)趙州刺史	威烈将軍(七品)行台府長史	平大将軍府咨議参軍(正五品)	徐州長史(五品?)	祝阿県令(六－八品)	比丘尼垣
場　所		河北省平山縣三汲村	山東省臨朐縣海浮山	河北省呉橋縣小馬廠村	山東省臨淄市	山東省済南市馬家庄	河北省磁縣講武城
合葬者		妻2人	未報告	妻1人	未報告	なし	なし
外部施設		円形墳丘 寸法未報告	不明	不明	未報告	不明	墳丘の形式不明、高さ約4m
内部構造	墓道	傾斜式墓道 長さ約10m 幅約4m 深さ未報告	階段式墓道 長さ9.40m 開口部幅 1.45 底部幅 1.32m	傾斜式墓道 寸法未報告	未報告	竪穴式墓道 深さ4.20m	傾斜式墓道 寸法未報告
	羨道	寸法未報告 石門1重	長さ0.64m 幅1.31m 高さ1.52m 石門2重	未報告	未報告	長さ1.80m 幅1m 高さ1.20m 石板で閉鎖	未報告
	墓室	磚築円形単室 直径約10m 高さ8m	切石積み「弧方形」単室 四角攢尖頂 3.58m平方 高さ3.32 m	磚築円形単室 寸法未報告	石積み円形墓室 寸法未報告	板石構築台形平面単室 穹窿頂 南北3.40m 東西3.30m 高さ3.20m	磚築方形単室 寸法未報告
	棺槨	磚棺台	石棺台 彩色木棺	不明	石積み棺台	木棺	不明
	壁画	門楣に浮き彫り、墓室壁面に描く	門と墓室壁面･天井に描く	墓室壁面に描く	門内両側壁面に描く	羨門の上方･墓室全体に描く	墓室壁面に描く
保存状態		盗掘	盗掘	盗掘	未報告	未盗掘	崩れ、水浸し
副葬品	総数	99点	未報告	約40点	58点	12点	未報告
	俑	10点	未報告		33点	なし	なし
出　典		『文物』 1973-11	『文物』 2002-4	『考古通訊』 1956-6	『考古学報』 1984-2	『文物』 1985-10	『考古』 1959-1

以上、十八基の壁画古墳のうち、李勝難《りしょうなん》墓の構造については報告がなかったが、一九七五年に調査した際に羨道門壁の中央に正面を見据える朱雀図が発見されたと言われている。[4] 李勝難は中原名門士族である趙郡《ちょうぐん》李氏の出身で、北斉文宣帝高洋李皇后《りこうごう》の姪、皇太子高殷《こういん》の妃である。天保十年十月に文宣帝が崩御すると、高殷が即位したが、翌年八月、高歓の妻であった皇太后婁氏《ろうし》の支持を得た北族軍人集団に廃されて済南王《さいなんおう》となり、遂に殺された。高殷の死後、李勝難は出家して尼となったが、その墓誌の蓋に「斉故済南愍悼王妃李尼墓銘《せいこさいなんびんとうおうひりにぼめい》」と書いており、王妃の葬礼に準じて埋葬されたと思われる。羨道門壁・朱雀正面図の存在および李勝難の身分を考えると、その墓の構造は茹茹公主墓に近いと思われる。

文化大革命以前に調査した壁画墓の資料は、厳密な整理がされなかったケースが多く、崔《さい》昂《こう》・封柔《ふうじゅう》・司馬南姿《しばなんし》墓は墓室構造図すら公表されなかった。

儀《ぎ》仗俑《じょうよう》と鹵簿

東魏―北斉壁画古墳はほとんどが盗掘されたため、茹茹公主《じょじょこうしゅ》墓からビザンチン金貨、庫狄迴《こてきかい》洛《らく》墓と崔昂墓から鎏金王子水瓶《りゅうきんおうじすいびょう》などが出土したが、寧夏固原北周李賢《りけん》墓のビザンチン風鎏金銀壷《ぎんこ》・ササン朝ペルシア製切子ガラス盃のような奢侈な副葬品は発見されなかった。[5] したがって、被葬者の身分の格差を考える際には俑の考察が不可欠となる。十八基の古墳のうちに俑が

表Ⅱ・儀仗俑の種類と数[6]

墓名 俑の種類・数	推定武寧陵	高潤	茹茹公主	婁叡	徐穎	庫狄迴洛	范粋	趙胡仁	堯峻	高長命	崔昂	崔芬	封柔	崔博
出土俑の数	1805	381	1064	610	320	120	67	136	33	60	10	俑頭8 俑胴1	40	33
大型裲襠俑	2													
鎮墓武士俑	4	2	4	2	2	2		2	1		1		2	
具装騎俑	90	7	13	40				1		3			?	
甲冑騎兵俑	39			2									2 ?	
儀衛騎俑	34	5	24	4	1		1	1						
騎馬鼓吹俑	39	12	29	22	9									
鮮卑騎馬俑					1									
弓矢俑	223	12	203		1 ?		若干	9		1				
甲冑歩兵俑	57				13	16							7	
楯持俑		8	2		63	15	若干	7	3	3			4	
剣持俑					4									
円頂風帽俑	342	51	201				4	9	12		6		6	
山形風帽俑		4		91	124	27								
小冠裲襠俑	29	23	2					6		3			7 ?	9
小冠胡服俑			275					8			2			
小冠広袖俑	100	98	172	103	47		36	20	8	16				
風帽右袒俑					2	4								
束髪右袒俑		49							4					
束髪短衣俑	542	71				14				3				
籠冠褒衣俑	64	21			25	1								
小冠褒衣俑	2													
鞭持ち俑			4											
胡人俑		8		3			3	3		3				
鼓吹俑	95	33	8			3	4	9	1	13				
琉蘇馬	6	2	6	10			1	3					1	
車	9													
牛	3	1		1			1	1						1
陶馬頭										40				
舞踊俑	17		5			1		1						
女騎従俑		4												
籠冠女俑	3		12	45		4		12	2	12				
双髻女俑					16									5
女性侍立俑		5	30	31		10	10	38	2	2	1		1	5

出土したのは十三基であり、儀仗類の俑は、被葬者の明器鹵簿（儀仗隊）の性格が強く、一定の隊形で墓室に配列されていた。これまでの発掘調査では俑の位置、俑群の配列、俑群と壁画の関係など問題について十分に注意を払ってこなかったので、現時点では鹵簿隊列の復元作業は困難であるが、被葬者の身分によって鹵簿の種類と数が違うので、儀仗俑の数と種類だけを調べても、東魏―北斉の身分制度に対する理解を深めることが出来ると思う。以下の表Ⅱに儀仗俑の種類と数をまとめた。

右の表を見て、推定北斉文宣帝高洋（五六〇年没）の武寧陵が注目されている。その墓室から約一八〇五点にのぼる膨大な俑群が出土し、修復された俑のうちに儀衛鹵簿《ぎえいろぼ》類は一六七三点である。[7] その中で、具装騎俑《ぐそうきよう》・甲冑騎兵俑《かっちゅうきへいよう》・儀衛騎俑《ぎえいきよう》・騎馬鼓吹俑《きばこすいよう》・弓矢俑《きゅうしよう》・甲冑歩兵俑《かっちゅうほへいよう》・円頂風帽俑《えんていふうぼうよう》・小冠裲襠俑《しょうかんりょうとうよう》・小冠広袖俑《しょうかんこうしゅうよう》・束髪短衣俑《そくはったんいよう》・籠冠褒衣俑《りゅうかんほういよう》・小冠褒衣俑《しょうかんほういよう》・鼓吹俑《こすいよう》・車・馬などは、鹵簿類と見なしうる（図56）。斉文宣帝は、北斉の初代皇帝高洋《こうよう》である。五五〇年五月東魏から皇位を譲られた時点で警衛制度もそっくり踏襲し、河清《かせい》三年（五六四）に北斉王朝が律令を発布すると、これらの禁衛軍組織はそのまま固定化された。[8]

北斉皇帝の禁衛軍は、「隊」を基本単位とし、「隊」ごとにその兵種が違う。皇帝の出行鹵簿は、専業の儀仗兵でなく、禁衛軍によって編成される。『隋書《ずいしょ》』巻十二・礼儀《れいぎ》七には、持鈒《じそう》隊《たい》・鋋槊隊《せんさくたい》・長刀隊《ちょうとうたい》・細杖隊《さいじょうたい》・楯鎩隊《じゅんさつたい》・雄戟隊《ゆうげきたい》・格獣隊《かくじゅうたい》・角抵隊《かくていたい》・歩遊盪隊《ほゆうとうたい》・馬遊盪隊《ばゆうとうたい》・

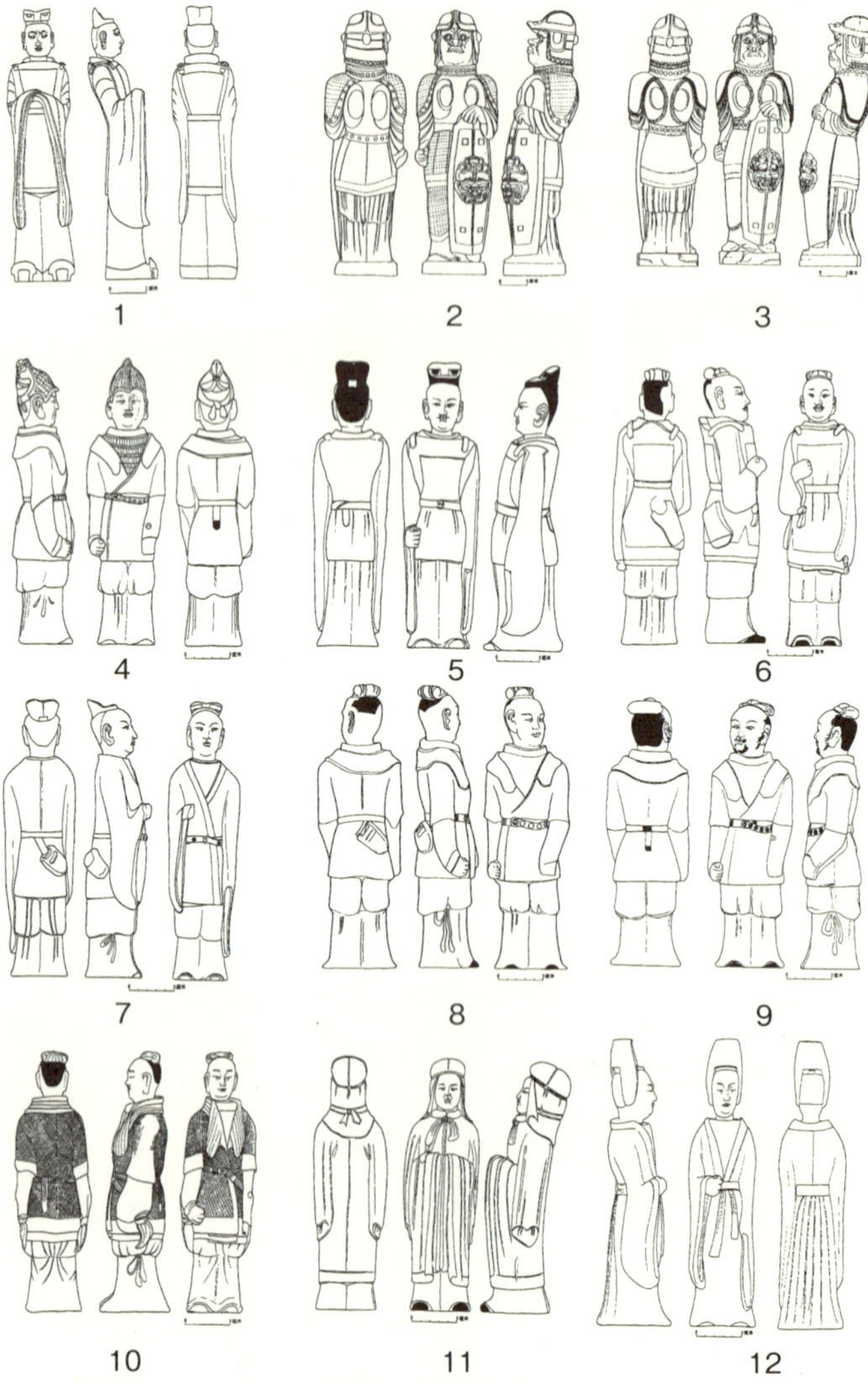

図56　推定北斉武寧陵から出土鹵簿類俑

1．大型裲襠俑　2、3．鎮墓武士俑　4．甲冑歩兵俑　5．小冠裲襠俑
6．裲襠弓矢俑　7．小冠広袖弓矢俑　8．短衣弓矢俑　9、10．束髪短衣俑
11．円頂風帽俑　12．籠冠褒衣俑

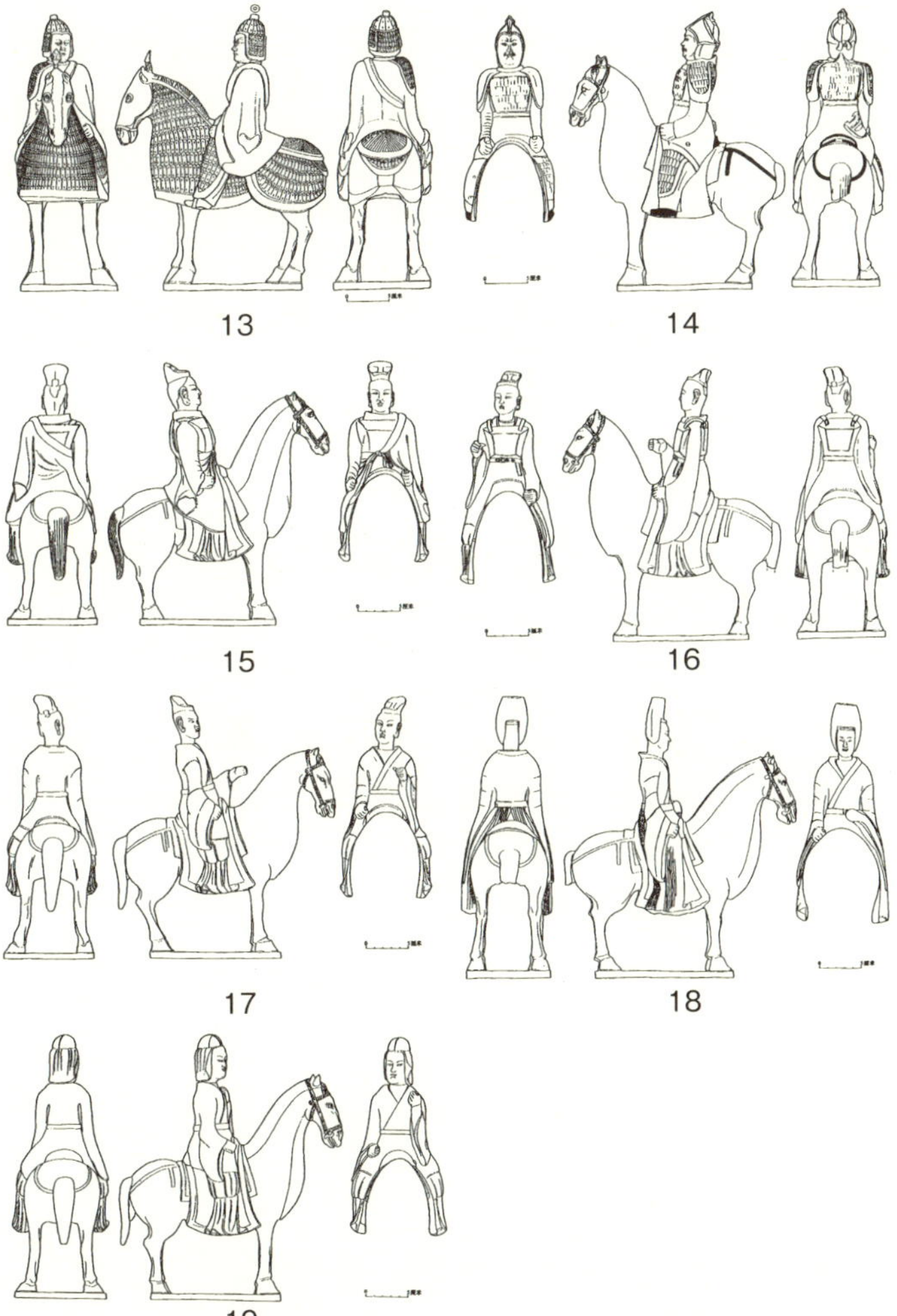

図 56　推定北斉武寧陵から出土鹵簿類俑
13. 具装騎俑　14. 甲冑騎兵俑　15、16、17、18. 儀衛騎俑　19. 騎馬鼓吹俑

強弩隊《きょうどたい》などの兵種が見られる。東魏—北斉の高級貴族たちの鹵簿も、おそらく同じ原則に基づいて親衛部隊によって編成されたと考えている。

推定武寧陵から出土した服装の形式・色・武具の異なる十何種類の儀衛俑は、いうまでもなく組織の複雑な宮廷禁衛軍を象徴したものである。ところが、その墓室はわずか東西七・四メートル、南北七・五六メートルの面積で、西壁の側に南北五・八二メートル、東西三・八メートルの棺台が設けられ、一六〇〇あまりの儀衛俑が「隊」を基本単位として壁と棺台間の狭い空間にぎっしりと詰まっていた。盗掘で俑の行列が乱れ、手に持つ明器の武器、儀仗道具などは腐朽して孔しか残っていない。裲襠甲《りょうとうこう》、箭箙《せんふく》、楯など判別できるが、各種の俑と「隋書」に見える「持鈒隊」・「鋋槊隊」などとの対応関係は確認できない。やや強引な推測であるが、馬鎧をつけない軽騎兵俑はおそらく「馬遊盪」隊、赤い風帽とマンドをまとっている俑は赤覃隊《せきたんたい》に当たる。大型裲襠俑が禁中警備の責任者となる中領軍《ちゅうりょうぐん》・領軍将軍《りょうぐんしょうぐん》を、鎧と楯に金彩をつけた鎮墓武士俑が、金鎧と金楯を装備する禁衛将校を象徴していると思われる。また、騎馬儀衛俑の胴体部分に「武衛」・「武」などの墨書が発見された。北斉の武衛将軍《ぶえいしょうぐん》は宮殿の警備を担当する領軍府《りょうぐんふ》に所属し、従三品の武官である。

明器の牛車と馬車が九台発見されたが、復元されたのは一つのタイプだけであった（図57）。明器車の車体は河南省河内県北孔村《かだいけんほくこうそん》から出土した東魏武定元年（五四三）造像碑のスダナ太子

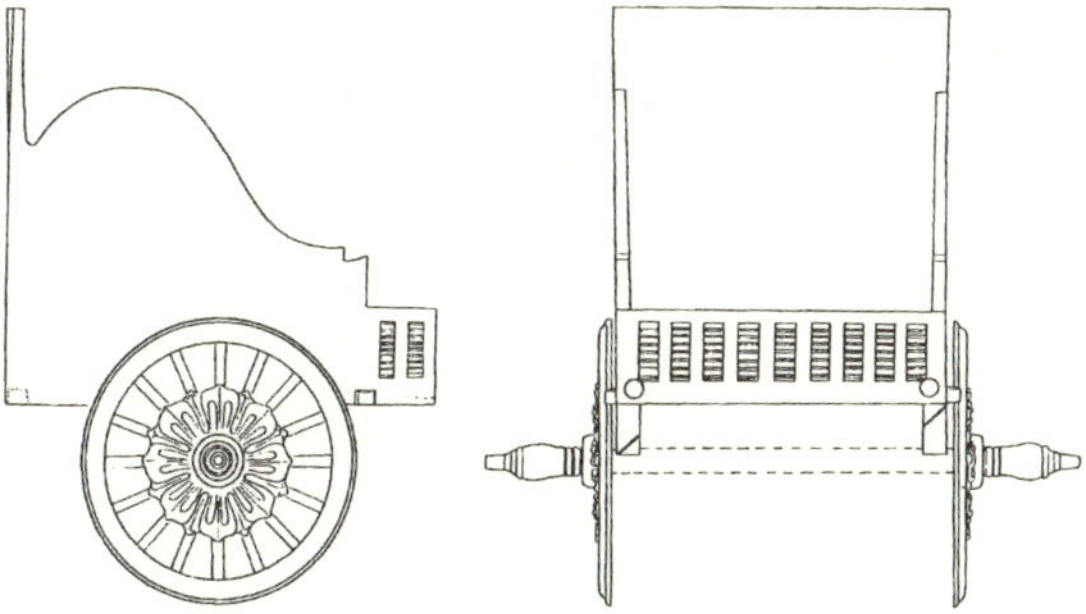
図 57　推定北斉武寧陵から出土明器馬車

図 58　東魏武定元年（543）造像碑のスダナ太子本生図馬車

本生図の第二場面「随太子乞馬時」に描かれた、太子の馬車と同じ構造である。太子の馬車は一匹の馬を駕し、車体に華麗な傘蓋が建てられている（図58）。当時の皇室用馬車の様子を語るものである。

墓誌のサイズと文字数

墓誌が出土した古墳は十五基であるが、合葬墓の場合は複数の墓誌が副葬されるケースが多いため、全部で二十二点の墓誌が出土した。そのうち李勝難・司馬南姿墓誌の拓本と録文は公表されなかった。公表された墓誌についてまとめると、以下の表Ⅲのようになる。

表Ⅲ

墓誌 被葬者	性別	寸法 （縦×横×高さ）	材質	文字数	蓋の有無	文様	備考
高潤	男	73.5 × 73.5 × ?	石	1197	有		
閭叱地連	女	62 × 62 × ?	石	463	有		
婁叡	男	81.5 × 81.5 × ?	石	866	有		
徐穎	男	71 × 72 × 21.3	石	873	有		
厙狄迴洛	男	81 × 81 × 29	石	930	有		
斛律昭男	女	60 × 60 × 15.7	石	191	有		厙狄迴洛妻（合葬）
尉孃孃	女	54.5 × 54.5 × 15	石	323	有		厙狄迴洛妾（合葬）
李勝難	女	77 × 75 × ?	石	不明	有		
顔玉光	女	35 × 28~35 × ?（台形）	磚	213	無		
趙胡仁	女	56 × 56	石	803	有	蓋に四神・宝珠文を施す	
堯峻	男	86 × 86 × ?	石	988	有		
吐谷渾静媚	女	63.5 × 64 × ?	石	737	有		堯峻妻（合葬）
独孤思男	女	43.5 × 43.5 × ?	石	427	有		堯峻妻（合葬）
范粋	男	46 × 46 × ?	石	298	有		
崔昂	男	72 × 72 × ?	石	1050	有		
盧修娥	女	58 × 58 × ?	石	443	無		崔昂妻（合葬）
鄭仲華	女	不明	石	546	無		崔昂後妻（合葬）
崔芬	男	60 × 58 × 12.5	石	663	有		
崔博	男	56.6 × 47 × ?	石	401	無		
封柔	男	不明	石	673	不明		
畢脩密	女	不明	石	498			封柔後妻（合葬）
道貴	男	36 × 42 × 12	石	207	有		
司馬南姿	女	不明		不明	不明		

隋代では墓の前に建てられる碑と碣の寸法に対して厳しく規制した。三品以上の官僚は墓の前に石碑を立てることができ、碑座を亀の形、碑首を螭龍の形にし、座台以上の部分が九尺を越えていけない。七品以上の官僚は墓の前に碣《けつ》を立てることができ、座台は方形、碣首は尖形で、高さは四尺までである。隠者・僧侶・孝子・義士などの爵位のない人も碣を立てることができる。〔9〕墓誌は碑・碣と同質のもので、東魏―北斉にもその寸法に関する規制があったと想定できるが、必ずしも徹底されたとは言い切れない。覆斗形蓋附き方形石墓誌は標準的な形式で、喪葬礼制に基づいて作られたものであり、長方形・台形の磚石墓誌は造り方が粗雑で、制度から外れるものと思われる。〔10〕表Ⅲから考え、次のような見解が得られる。

ア、三品以上高官の墓誌は大体七〇センチを越えるサイズで、四品以下の官僚の場合は、六〇センチ四方を越える例はない。ところで、必ずしも身分高いほど墓誌のサイズが大きくなるとは限らず、尭峻《ぎょうしゅん》の墓誌は八六センチ四方で最も大きく、その次は婁叡と庫狄廻洛であり、身分の一番高い高潤の墓誌のサイズは七三・五センチ四方で、五番目である。

イ、女性墓誌が男性より小さい傾向が顕著である。皇太子妃李勝難墓誌のサイズは三品以上の男性官僚に匹敵するが、一品命婦《めいふ》である茹茹公主墓誌は六三センチ四方、二品命婦趙胡仁《ちょうこじん》墓誌は五六センチにすぎない。

ウ、人物が重要ほど墓誌の文字数は多い。高潤・婁叡・徐穎・庫狄廻洛・尭峻・崔昂などは、いずれも正史に名前が残っている重要人物で、その事跡を記録する志文も長くなる。崔昂は有罪で処刑されたにもかかわらず、志文に褒美の文書が溢れている。この現象は北魏末期以降の政治秩序の混乱の投影である。北魏宣武帝期では彭城王元勰・北海王元《ほっかいおうげん》詳《しょう》など処刑された罪臣の墓誌銘には数十字しか刻まれず、生前の事跡にもふれなかった[11]。これに対して、孝明帝期に皇帝権力が弱体化されると、元叉など処刑された罪臣の墓誌銘は大変長くなり、被葬者の無実を暗示するねらいを持つ。

エ、浮き彫りの有無は被葬者の身分と関係ない。浮き彫りは北朝時代では「隠起《いんき》」といい、高級な棺槨および石碑によく用いる技法である。二二点の墓誌のうち、浮き彫りの装飾文様で飾ったのは趙胡仁墓一例しかない（図59）。

陝西省咸陽底張湾《ていちょうわん》にある北周武帝の孝陵《こうりょう》から「陵誌《りょうし》」が出土したが（図60[12]）、推定武寧陵からは陵誌が発見されなかった。北斉の皇帝陵には北周のような陵誌か、それとも唐のような哀冊《あいさく》を副葬したのか、いまだ不明である。

喪葬等級制の原則と現実

北朝壁画墓の格差は、一般的に言えば、被葬者の官職と家柄によって決められたのである。『魏書』・『北斉書』に「葬以后礼《こうれい》」「葬以殊礼《しゅれい》」、「葬以王礼《おうれい》」「葬以士礼《しれい》」「葬以庶人礼《しょじんれい》」「葬以尼《に》礼《れい》」などの記録があり、喪葬等級制度の実施を裏付けている。『隋書』巻八・礼儀三は隋時代官僚の葬儀に関して次のように記している。

その葬儀は、王公から庶民まで令によって定められ、僭越してはいけない。正一品の大臣が亡くなると、鴻臚卿《こうろきょう》が葬式を監護し、司儀令《しぎれい》が礼制をつかさどる。二品以上の官僚が

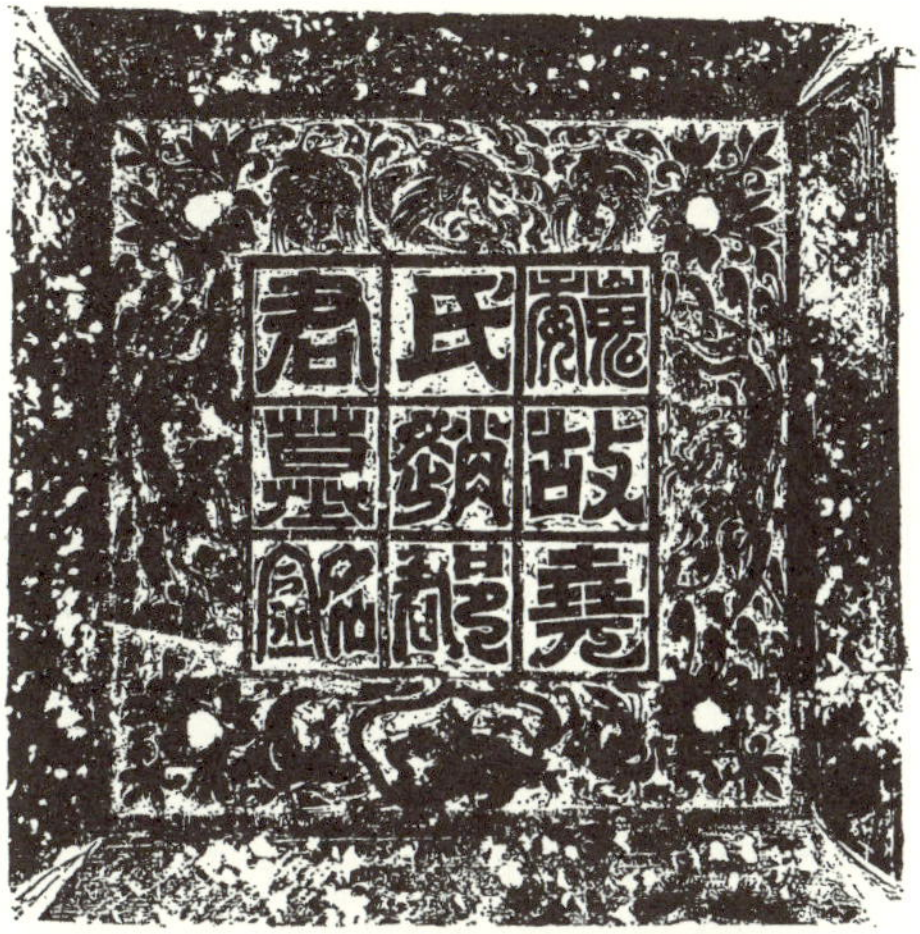

図 59　東魏趙胡仁墓の墓誌蓋拓本

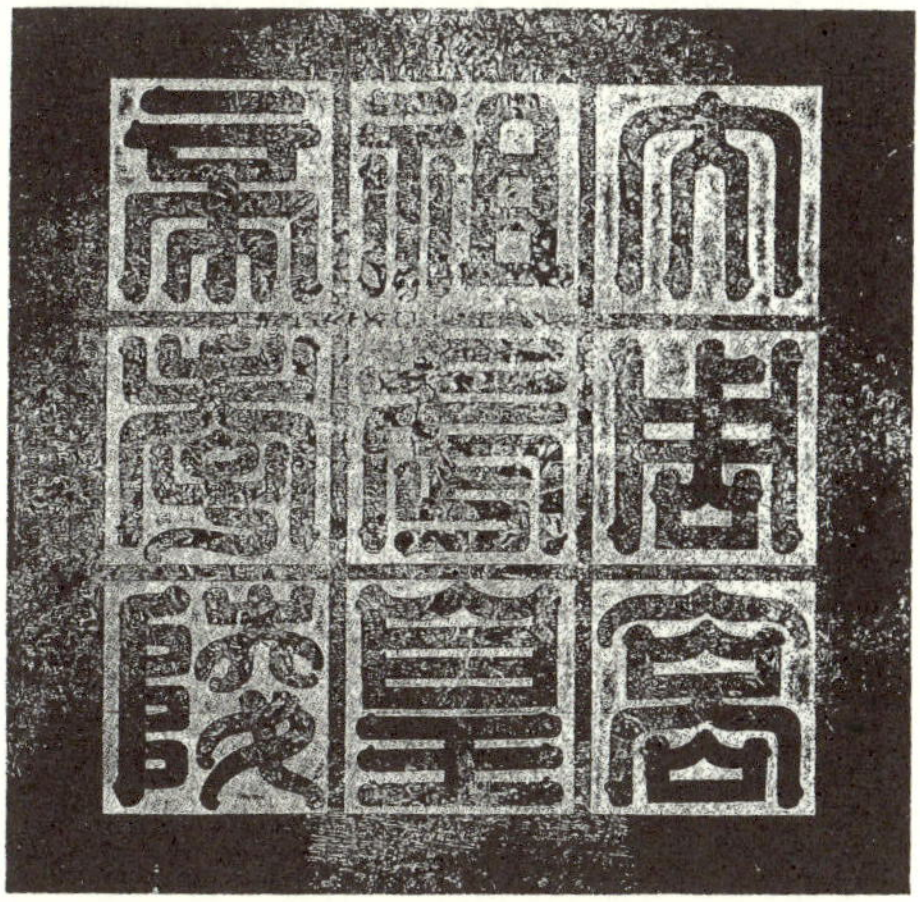

図 60　北周武帝の孝陵「陵誌」の拓本

亡くなった場合、鴻臚丞《こうろじょう》が監護し、司儀丞《しぎじょう》が礼制をつかさどる。五品以上の官僚、および三品以上の肉親なら、一人の掌儀《しょうぎ》が礼制をつかさどる。官人が在職中に亡くなり、朝《ちょう》服《ふく》を、封号のある者は、冕服《べんふく》を着せて納棺する。官位のない者は、白帢単衣《しろかぶたんい》で納棺する。官品のある婦人も、朝服で納棺できる。

隋の喪葬制度の源流は主に北斉にある。東魏と北魏は同じ皇統の王朝であり、北斉はまだ禅譲の形で東魏から皇位を譲ってもらったため、北魏から隋まではその制度の継続性が認められる。[13]すると、東魏—北斉では、五品以上の官僚の葬儀が行われる場合は、中央官衙の光禄寺《こうろくじ》に所属する東園局《とうえんきょく》が葬具・明器《めいき》・墓誌などを提供し、被葬者の身分に合わせて、鴻臚寺卿・丞・司儀令・司儀丞・掌儀など鴻臚寺系統の官僚が、朝廷を代表して儀式を監護し、礼制を管轄すると想定できる。[14]

ところで、葬儀のすべてが政府の監視下に置かれたにもかかわらず、北魏から北斉まで、礼制の僭越が絶えなかったようである。太和十四年、文明太后が永固陵に埋葬された際、孝文帝は発布した詔書で北魏前期の山陵の規模について触れた。その制度によれば、玄室は一丈四方となるはずが、永固陵の場合はその規制を越え、玄室の広さが二丈となったという。[15]測量した結果、永固陵玄室の平面が方形に近く、南北六・四メートル、東西六・八三メートルであり、この数字を参考に北魏前期山陵の玄室が三・二—三・四二メートル四方過ぎなかったと推測できる。

ところで、皇帝が親孝行を尽くすために勝手に制度をつぶした手前、臣下たちの親孝行を止められるはずもない。これまで調査された太和元年（四七七）北魏幽州刺史敦煌公宋紹祖夫婦墓、太和八年（四八四）司馬金龍夫婦墓の玄室がいずれも四メートル四方を越え、当時の造営基準をはるかに上回っていたことがわかる。東魏—北斉時代でも、埋葬制度がそのとおりに徹底されたと思われず、被葬者の志向、財力、一時の風習など要素もかなり影響した。王朝の統治体制を脅かさない限り、多少の脱線行為は許されたようである。

『隋書』巻八・礼儀三は、北斉では従三品以上、従五品以上とそれ以下の官僚、官僚と庶人の間には大きな格差があると記しているが[16]、発掘調査資料からは、権勢者の「葬以殊礼」墓および地方豪族の礼制を越えた墓の存在が目立つ。

埋葬制度の原則と現実の両方から、墓室の寸法、俑などの副葬品の種類と数、墓誌のサイズと文字数を参考に、東魏—北斉の壁画墓は現時点で五つのランクに分けられる。

A、**皇帝陵**　推定北斉文宣帝武寧陵一例のみであるが、その墳丘の直径は一〇〇メートル以上、南の神道を挟んで、石人などの石造物を置いた。墓室の面積は五〇平方メートル以上になり、壁が五重の墓磚で積み上げられ、厚さ二メートル以上に及ぶ。墓道・羨道・

墓室の全体に壁画を描き、墓道には儀仗列、羨道門壁に正面を見据える朱雀と立獣が描かれ、地面にカーペットを真似た文様を施す。明器には高さ一・四〇メートル以上の大型の門吏俑と金鎧金楯の鎮墓武士俑を含み、皇帝の鹵簿をあらわした二〇〇〇点近くの膨大な儀仗俑群が副葬されている。

B、**皇室・外戚関係の権勢者の墓**　高潤・茹茹公主・婁叡墓がその代表的な例である。墓室の面積は三〇平方メートルに近く、あるいはそれ以上になり、壁が三重のレンガで構築され、墓道・羨道・墓室の全体に壁画を描く。副葬された俑の数が三八〇点から千点以上におよび、被葬者の生前の金鎧・金楯の鹵簿を象徴して、鎮墓武士の冑・盾と重騎兵俑の鎧に金彩を施している。高潤墓などの神道には石造物が残っていないが、磁県申《しん》荘郷《しょうきょう》にある東魏清河王元亶《せいかおうげんたん》墓に石羊、講武城《こうぶじょう》郷にある東魏宜陽王元景植《ぎようおうげんけいしょく》墓、劉郷《りゅうきょう》にある北斉蘭陵王高粛《らんりょうおうこうしゅく》に螭首亀趺《ちしゅきふ》の石碑が発見された。元亶が北魏孝文帝の孫であり、東魏孝静帝元善見《こうせいていげんぜんけん》の父親、元景植は元亶の息子であり、孝静帝の兄、高粛は北斉文襄《ぶんじょう》帝《てい》の四男であり、いずれも皇室関係の重要人物にあたり、高潤・茹茹公主・婁叡の身分に近い。このことから、皇室・外戚関係の権勢者の墓には石碑・石獣など神道石造物を置く制度があったと推定できる。

C、**正一品官僚墓**　徐穎と庫狄墓が東魏・北斉の正一品官僚の墓制を代表したものである。

墓誌によると、両者とも太牢《たいろう》の祭礼を用い、正一品の官僚の葬礼に従って葬られた。両古墳の神道石造物はすでに存在しないが、河北省磁県李荘《りしょう》にある東魏孝宣公高翻《こうせんこうこうはん》墓、広平公高盛《こうへいこうこうせい》墓の神道から石羊・石虎・亀趺螭首石碑が発見されたので、爵位のより高い徐穎と庫狄墓にも石碑・石獣を置いたと推定できる。墓室の面積は、皇室・外戚の権勢者とあまり変わらないが、用磚制度において格差が著しく、庫狄墓の墓室が一重のレンガ、徐穎墓が二重のレンガで構築されたようで、墓室工事の規模は遥かに小さかった。出土した俑の数も茹茹公主墓などよりずっと少なくなり、三二〇点から一二〇点前後となった。

D、**三品以上の官僚命婦墓**　表Ⅰに挙げた趙胡仁・尭峻母子墓・高長命《こうちょうめい》墓はこのクラスに属する。神道の石碑・石獣は発見されていないが、宋代以降の金石《きんせき》著録には東魏「瀛州刺《えいしゅうし》史李公碑《しりこうひ》」・北斉「尚書左僕射宇文萇碑《しょうしょさぼくやうぶんちょうひ》」・北斉「定州刺史賈念碑《ていしゅうししかねんひ》」など三品以上の官僚の墓碑が見られるから、墓碑が立てられていたと考えられる。墓室の面積が二〇平方メートル前後、壁が一重か二重のレンガで構築され、壁画が羨道と墓室の局部にしか発見されなかった。俑の数については、趙胡仁墓の一三六点が最も多く、尭峻墓からはわずか三十三点出土し、正一品の官僚墓と比べてさらに少なくなり、鎮墓武士俑にも金彩をつけなかった。

E、**中下級官僚墓**　墓室の寸法がわかる崔芬《さいふん》墓と道貴《どうき》墓は、いずれも山東省境内にある石室墓である。墓の前に碣を立てたと思われるが、〔17〕実例はまだ発見されていない。墓室の面積が一二平方メートル前後で、壁に屏風絵を描くのが盛んであった。道貴墓のように俑の副葬されなかった墓の存在が注目されている。

以上の壁画墓が、東魏―北斉の喪葬制度に基づいて造営されたと考えられるが、崔昂・范《はん》粋《すい》・顔玉光墓は制度から逸脱したものと見せざるを得ない。

平山の崔昂墓の墓室は直径一〇メートル、高さ八メートルとされるので、墓室の面積は約八〇平方メートルとなり、推定武寧陵よりも広くなる。〔18〕墓室の壁の厚さについての報告はなかったが、当時建築技術を考えると、一重のレンガでこのような規模の墓室を構築するのは不可能であろう。崔昂は博陵《はくりょう》崔氏の出身で、中原北方の名門望族である。崔昂墓の規模は皇帝陵に匹敵し、皇権至上の古代中国社会では極めて異常であり、中央王朝の支配体制と等級尊厳にとって強烈な皮肉でもある。

北斉晩期の官制の混乱に伴い、喪葬制度も崩壊し、「驃騎大将軍《ひょうきだいしょうぐん》、開府儀同三司《かいふぎどうさんし》」（従一品）と称した范粋と正一品命婦顔玉光は、いずれも三メートル平方以下の土洞墓を用いており、極めて異例であった。

二、壁画墓の被葬者諸相

現時点で知られている東魏─北斉壁画墓は、主に鄴都地域（河北省磁県・河南省安陽県）、幷州《へいしゅう》地域（山西省太原市・寿陽《じゅよう》県一帯）、青斉州地域（山東省中部済南《さいなん》市・臨淄《りんし》市・臨朐《りんちゅう》県周辺）、幽瀛定冀《ゆうえいていき》州地域（河北《かほく》省中部・北部）に分布している。

鄴城は東魏─北斉の首都で、東魏の皇族元氏《げんし》（拓跋氏）と北斉の皇族高氏を中心とした北族と漢民族の貴族の家族墓地が、鄴都北朝古墳群の主体を構成している。かつてこれらの古墳は曹操の〝七十二疑塚〟だと言われていた。自分の墓が盗掘されるのを恐れていた曹操が、七十二の偽物の墓をつくらせ、世の中の人を惑わしたという伝承は地元で流行していた。中華民国時代以降、元氏・高氏および北族の叔孫氏・尭氏のほか、東晋皇族の後裔司馬興龍《しばこうりゅう》・司馬遵業《そんぎょう》、南朝梁の皇族蕭正表《しょうせいひょう》、南方士人の西陽王徐之才《せいようおうじょしさい》などの墓誌もこの辺から出土しており、さまざまな文化が混合した地域である。

幷州は高歓の覇府《はふ》の所在地で、外戚婁氏・斛律氏《こくりつし》を始め、有力な北方系豪族の墓地が集中しており、北族文化の影響が鄴都より強かった。

青斉と幽瀛定冀地域では、後漢以来、士族門閥が強大な勢力を持ち、上流士族が北鎮軍人集団に協力しながら伝統的な門風礼儀を守っていた。右の四つの地域は政治・経済・軍事的な地位が違い、文化伝統と民族構成も異なるので、壁画墓の被葬者の特徴も鮮明である。

元魏の「天子塚」と高斉諸陵

『魏書』と『北斉書』によると、鄴都の北西には東魏孝静帝の西陵・北斉文宣帝の武寧陵・孝昭帝《こうしょうてい》の文靖陵《ぶんせいりょう》・武成帝《ぶせいてい》の永平陵《えいへいりょう》および高歓の義平陵《ぎへいりょう》・高澄の峻成陵《しゅんせいりょう》がある。現時点では、文靖陵・永平陵を除く、諸陵の位置がすでに確認された。

推定北斉文宣帝武寧陵（五六〇年）は、帝陵クラスの古墳で唯一に発掘された墓である。中国社会科学院考古研究所、河北省文物研究所のボーリング調査の結果によれば、墳丘の底面積は約八〇〇〇〇平方メートルの円墳であるが、墳丘はすでに削られ、闕《けつ》・神道碑なども存在せず、陵園建築の跡も確認できなかった。墳丘の南約一〇〇メートルのところに一尊の神道石人が立

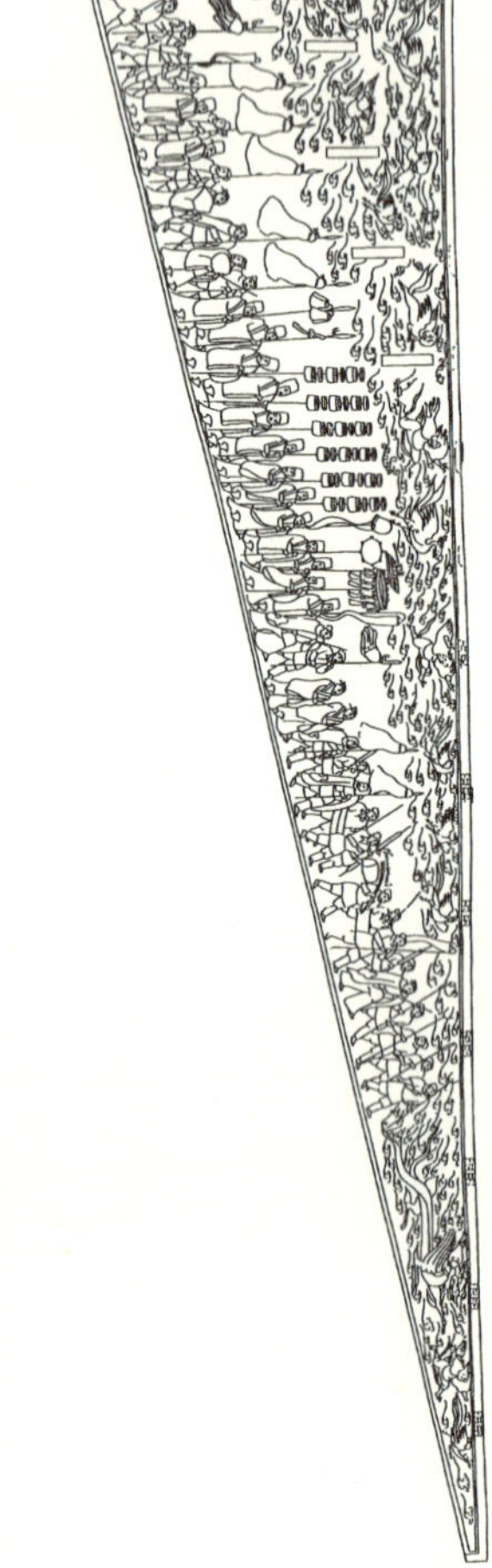

図61　推定北斉武寧陵墓道壁画

ち、頭部は残欠、両手は胸の前に重ね合わせ、剣を持っているようで、現在の高さが一・七メートルほど、典型的な北斉武人のスタイルである。

図62　推定北斉武寧陵羨道門額壁画

墓室と羨道壁画の残り状態はあまりよくなかったが、墓道地面の絨毯画と東西壁にはほぼ三二〇平方メートルの壁画がよく保存されている。墓道の入り口の東西壁にそれぞれ青龍と白虎を先導役として、五三人の儀衛、幅五軒の兵欄《へいらん》を配し、地面に八つの蓮華とそれを挟むパルメット文飾帯からなる絨毯を描いている（図61）。羨道の上に建てられている門額に描いた高さ約五メートルの朱雀は正面を見据え、その両脇にパルメットを銜える鳳凰・翼兔と立獣を対称に置く（図62）。漢代から南門に朱雀を描く伝統があり、壁画のよく残っている墓門と墓道の壁画に表現されているのも宮殿南門あたりの風景である。

墓室の天井には天の川と星を描き、周壁では、上段に龍・虎・豹・馬・羊・猴・鳥などを入

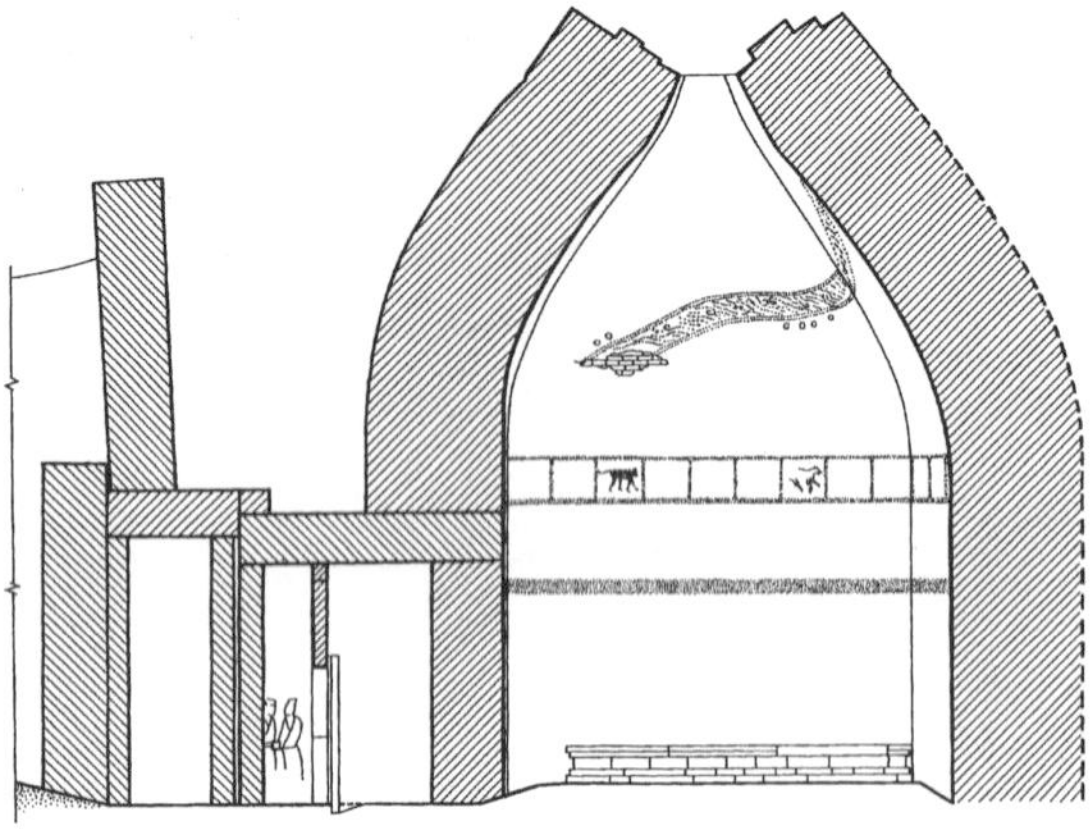

図63　推定北斉武寧陵墓室壁画

れた三十六の枠を、中段に神獣神禽を配す（図63）。下段の奥壁には長扇と帳、左右壁に複数の人物が見える。北朝壁画の格式をから、奥壁の帳に被葬者の肖像、その両翼に群臣や側近、左右壁には車馬を描くことで、宮中の風景を表現しているのがほぼ想定できる。

すると、皇帝の棺槨をめぐる墓室の四壁に宮殿内部の風景を描写し、羨門から墓道までの壁面に宮殿正門の儀仗・侍衛を描き、床に車と琉蘇馬《りゅうそば》を中心とする各禁衛隊を象徴する鹵簿俑群を置く。これにより、宮殿の正門に向かって、皇帝の鹵簿が仕度を整えて出発を待つという壮大な場面が創出されたのである。俑は生きている人間の代わりに葬られた殉葬者であり、彼らは壁画によって構築された冥宮の中で被葬者に仕える

図64　推定東魏孝静帝元善見西陵墳丘写真

役割を果たしている。このような埋葬思想は東魏—北斉の貴族社会では一般的である。

高洋が北斉の初代皇帝で、天保十年（五五九）晋陽《しんよう》宮に没した。臨終に「凶事一従倹約」と遺詔したが[19]、武寧陵は当時の皇帝陵としては質素な方であろう。

推定東魏孝静帝元善見の西陵（五五二年）は中庄郷前港村の南東に位置し、俗に「天子塚《てんしづか》」と呼ばれる。陵園は一辺約一一四〇メートルの正方形で、赤土とくり石で造った版築塀に囲まれ、現存する塀の幅は約三メートル、高さ〇・八メートルである。南壁の中央に門を設け、門跡の南に蓮華文瓦、裏に布目のついた筒瓦と平瓦が散布していることから、付属建築があったと考えられている[20]。墳丘は円形で、直径約一二〇メートル、高さ約二一メートルであり、陵園のほぼ中央にある（図64）。墳

図 65　推定北斉神武皇帝高歓義平陵墳丘写真

丘の頂上には現代の廟が建てられ、南に設けられた神道には石造物は残っていない。西陵は発掘されなかったものの、文献によると、北斉が西陵を破壊し、陵が崩れて六〇人も死亡したという。[21] 孝静帝は五五〇年に皇位を権臣高洋に禅譲してから、中山王《ちゅうざんおう》の封号を受け、北斉に対して「上奏は臣と称せず、車に天子の旗を載せ、魏の正朔を奉じる」立場にあった。[22] 翌年毒殺され、北斉の天保三年（五五二年）二月に「孝静皇帝《こうせいこうてい》」の諡号《しごう》を得、天子の礼で葬られている。

推定北斉神武皇帝高歓の義平陵《ぎへいりょう》（五四七年）は、磁県の南一・五キロメートルの大塚営《だいちょうえい》村に位置し、俗に大塚《だいちょう》と呼ばれる。現存する墳丘は南北七一メートル、東西七七メートル、高さ約二四メートルである。[23] 筆者が実見したところによると、義平陵墳丘の裾部がひどく削られ、東西は高さ一〇メートルの垂直面となり、周辺に現代の煉瓦窯跡が何ヶ所も残っており、墳丘の外形はすでに円墳に見えないが、もとの規模は孝静帝西陵に近いと推定できる（図65）。

地面には陵園の塀や石造物が残っていないが、義平陵の北西にある茹茹公主墓から出土した墓誌に「滏水之陰《ふすい》、斉献武王《せいけんぶおう》塋内に埋葬された」とあり、塋域つまり陵園があったことがわかる。北宋の初期（九七九年）に編纂された『太平寰宇記《たいへいかんうき》』巻五十六・磁州滏陽県《じしゅうふようけん》条に「高斉神武陵《しんぶりょう》が東魏二陵（孝静帝西陵と帝父清河王元亶墓）の傍にあり、県城から三里、今なお天禄《てんろく》、石闕《せっけつ》が残存している」とあることから、義平陵の天禄（石獣）・石闕は、十世紀の晩期まで残っていたのである。石闕は陵園の門外に建てられる大型石造物であり、その存在から塀に囲まれた陵園があったことを示している。

高歓が東魏武定五年（五四七）に病死した際には、漢代の権臣霍光《かくこう》などの故事に準じ、斉王の璽紱《じふつ》が贈られ、「九錫殊礼《きゅうしゃくしゅれい》」を兼備して埋葬されたのである。[24]その時、高歓の長男高澄は東魏の皇位を簒奪する計画を進めており、父親の葬儀を利用して政権交替に向けた世論形成をもくろんだ可能性が高い。また、文宣帝高洋が即位して陵号追崇をした際に追加工事を行ったことも想像できる。したがって、高歓墓は陵に相応しい規模を持っており、人臣の墓ではないのである。

推定北斉文襄皇帝高澄峻成陵（五五〇）は推定義平陵の北二〇〇〇メートルのところに位置し、

図66　推定北斉文襄皇帝高澄峻成陵写真

墳丘の規模が義平陵小さいため、「二塚《アルちょう》」と呼ばれている。墳丘盛り土の半分以上は煉瓦の原料として取られてしまい、現存墳丘の高さが二二メートルである（図66）。一九九四年、磚築の羨道門額が農民に掘り出され、朱雀の脇に配されている立獣の壁画が露出した。

推定峻成陵・義平陵および茹茹公主墓三基の間の距離は三〇〇メートル足らずで、これらは同じ陵園にあったと思われる。つまり、推定峻成陵と茹茹公主墓は推定義平陵の陪塚として造営されたのである。このような陵園の配置は四九四年に洛陽に遷都する前の北魏にも見られる。山西省大同方山永固陵が四九〇年に没した文明太后馮氏の寿陵で、その北にあるやや規模の小さい古墳が義理の孫孝文帝の寿陵として造営されたものであった。[25]

高澄は武定八年（五四九）八月辛卯、禅譲計画中

に南朝の捕虜に暗殺され、その葬儀は高歓とほぼ同様な儀軌で行われた。〔26〕

柔然王女の墓と列戟図《れつげきず》

茹茹公主の名は閭叱地連といい、北方遊牧帝国柔然の可汗阿那瓌《かがんあなかい》の孫である。東魏の権臣高歓は、西魏の宇文泰集団に対する軍事的優位を求めて柔然と姻戚関係を結んだ。五四二年、阿那瓌の五歳の孫閭叱地連氏を自分の九男高湛《こうじん》（後の北斉の武成帝）の嫁として迎えた。この柔然の王女は五五〇年、すなわち高氏が東魏にとって代わった年に十三歳の若さで亡くなった。当時、夫の高湛の肩書きは長広郡開国公《ちょうこうぐんかいこくこう》にすぎなかったが、閭叱地連は、東魏の同盟国である柔然の王女という身分を持ち、その墓誌に「公主の家柄は朝野に照り輝き、葬儀は常例を越えるべし」と書いてあることから、実際には皇室公主の礼で葬られたに違いない。〔27〕

図67　東魏茹茹公主墓列戟図

茹茹公主墓に墓道の東壁は青龍、西壁は白虎を先頭に、それぞれ鈎などを持つ侍衛二人、虎頭幡《ことうばん》をつける戟を持つ侍衛五人、楯を持つ侍衛六人、矟《ほこ》を持つ侍衛一人、合わせて十四

図68　東魏茹茹公主墓門額壁画

人ずつの儀仗隊と六本の棨戟《けいげき》を立てる兵欄《へいらん》が続き、その上方に神獣・霊鳥、地面にパルメット文の絨毯が描かれている（図67）。羨道門額の中央に両爪でマニ宝珠を挟み、正面を見据えた形の朱雀が描かれ、左右に牙をむきだし、爪を振りまわす立獣を一体ずつ配している（図68）。

羨道の東西壁は裲襠をまとう班剣《はんけん》、板を持つ属吏《ぞくり》、鞭を持つ僻車を描く。

墓室は天井が崩れたが、天文図の壁画破片が検出された。四壁の壁画は上下二段に分け、上段には山と樹木を背景とした四神図を施しているが、青龍と朱雀は完全に剝落し、白虎と玄武は下半身しか残っていない。下段は、被葬者の肖像と属吏・侍従など内容である。奥壁に華蓋・羽葆《うほ》・団扇などを持つ六人の侍女に取り囲まれる被葬者（図69）、東壁に華麗な服を着た十人の貴婦人（図70）、西壁に十人の男性官僚を描いていた（図71）。

ここで注目しなければならないのは、墓道に描かれた列戟図である。隋唐時代では、三品以上の高級官僚が官邸の前に棨戟を並べ、墓道の壁画にも列戟図を描き、身分の高さを示してい

図69　東魏茹々公主墓の墓室奥壁壁画

図70　東魏茹茹公主墓東壁壁画

た。列戟図は唐代壁画墓の中で最も重要な画題であった。

『北史』巻六十五・達奚武《たっけいぶ》伝によれば、達奚武という人物は出世する前に、贅沢で身なりを整えることを好んでいた。顕職についてからは、流儀が一転し、威儀を誇示せず、よく馬で外出しても、侍従が一人か二人しかつけない。官邸の門外に列戟を並べず、昼でも片方の扉しか開けないと記している。

達奚武は北周の文帝《ぶんてい》・孝閔帝《こうびんてい》・明帝《めいてい》・武帝《ぶてい》四朝に仕えた開国元勲で、天和《てんわ》五年（五七〇）十月に亡くなっている。このことから、少なくとも北周天和以前に列戟制度がすでに成立し、高級官僚たちも列戟を用いていたことがうかがえる。しかし、これまで調査された北周墓には列戟図が発見されなかった。『隋書』薛道《せつどう》衡《こう》伝や柳彧《りゅういく》伝にも列戟に関する記事が見られ、隋時代でも三品以上の高官の官邸正門に列戟があったことがわかる。[28]

図71　東魏茹茹公主墓西壁壁画

『唐会要《とうかいよう》』巻三十二・輿服下・戟条は唐時代の列戟制度について具体的に記録している。すなわち、皇帝から三品以上の官僚までは邸宅の正門前に棨戟を立てるが、身分によって戟の本数が異なる。玄宗天宝《てんぽう》六載四月の儀制令《ぎせいれい》によれば、宮殿の門に二十本、皇太子東宮《とうぐう》に十八本、一品官僚官邸に十六本の棨戟を立て、官位がさがるごとに、本数も減り、国公《こくこう》および上護軍帯職事《ごぐんたいしょくじ》三品、下都督《かととく》、中下州《ちゅうかしゅう》の門には一〇本しかなかった。そして、任官する際に朝廷から棨戟をもらい、退官または死亡する際に朝廷に返すというシステムであった。

茹茹公主墓の壁画資料から、列戟制度の起源が東魏時代までに遡ることが明らかになった。ユーラシア草原から来た十三歳の柔然王女の墓からこれまでで最も古い列戟図が発見されたことは、とても興味深いことである。

外戚婁叡墓と四神十二支

婁叡は高歓の妻である武明皇后《ぶめいこうごう》の姪、文襄・文宣・孝昭《こうしょう》・武成《ぶせい》四帝の従兄弟にあたり、北斉晩期の重鎮であるが、歴史家に「賄賂をむさぼることに飽くことを知らず、女色・財貨に耽溺した」と酷評された人物である。死んだ時に「天子は悲しい声をあげて泣き、百僚は吊問に来た」という。その墓室は皇室の礼に準じる茹茹公主を凌ぐ規模であった。

婁叡墓の現存墳丘は方形と報告されている。墓道の壁面が上中下三段に分けられ、東壁に出行図を、西壁に「帰来図」を配している。公表された東壁壁画の上段に三匹の猟犬と二人の騎吏が先導し、引き続いて騎馬婦人三人、馬に乗る婁叡夫人楊氏《ようし》と徒歩の侍女二人、騎従の二人が行進し、駱駝の群れが後に続く。墓道後部の壁画が剝落したために、駝夫四人（そのうち胡《こ》人《じん》二人）と荷物運ぶ駱駝五匹（局部剝落）しか残っていない。中段には、八人の導騎が先頭に立ち、二人の騎従がつき従い、婁叡が馬に乗り、騎従七人と予備鞍馬一匹に取り囲まれて駆けている。行列のしんがりの部分は剝落し、五人の騎従の存在がしか確認できない。下段には鞍馬四匹、「長鳴《ちょうめい》」を吹く四人の軍楽隊と九人の侍衛隊が描写されている。貫《ぬき》天井の上段壁画は剝落しているが､文吏一人の姿が見え､下段に剣と弓矢を持つ「班剣」五人を描いている（図72）。

羨門上のアーチにはマニ宝珠を載せる獣面と両脇に二羽の朱雀を描き、左扉に青龍、右扉に白虎を浮彫し、東壁羨門内外に小冠褒衣の門吏を一人ずつ置いている。しかし、墓道と羨道西

図72　北斉婁叡墓の墓道東壁壁画

壁の内容は正式に公表されなかった。

墓室のドーム状天井の中心部には、銀河・星座・日月・流星からできた天文図が描かれ、その回りに十二支といわれるの鼠・牛・猪・虎と七体の神獣が残っている（図73[29]）。四壁の上方には十二支のほか、四神・雷神《らいじん》、下方には被葬者の生活風景を描写する画

図73　北斉婁叡墓の墓室鼠・牛・猪・図

図74　北斉婁叡墓の墓室雷神図

面を配している。上方の南壁の壁画がすべて剝落し、奥壁に描かれた玄武は蛇の体の一部しか残っていない。東壁に青龍と十二の連鼓を打つ雷神が見え、西壁に白虎の痕跡が認められるが、東壁の雷神と向き合う壁面には風神《ふうじん》も描かれたと思われる（図74[30]）。下方の壁面は、南壁に玄門を挟んで門吏が二人、東壁南部に羽葆・傘蓋《さんがい》・鞍馬・人物などを描かれ、西壁南部に巻棚金飾牛車一台・馬一匹・胡人御者三人・婁叡夫婦及び男女僕従十二人が表現されている。奥壁と東西壁北部には被葬者夫婦の起居図を配している。

墓全体を見ると、まずマニ宝珠を頂く神獣と青龍・白虎が墓門を守り、墓室内では天井に日月が運行して流星が流れ、その下に動物形の十二支が雲気の中に浮かび、神人が乗る四神が四

図75　西安交通大学構内前漢墓二十八宿四神図

方を鎮護し、北東と北西の隅で雷神と風神が猛威をふるっている。婁叡夫婦はこのようなコスモスの中に埋葬されている。

古墳壁画に四神《しじん》図を描く風習は、遅くとも前漢末から始まり、西安交通大学構内で調査された前漢末期壁画墓の天井に描かれた天文図《てんもんず》に二十八宿《にじゅうはっしゅく》四神図は、その古い例の一つである（図75）。北朝時代、石棺や墓室の壁に方位に合わせて四神図を配置するのはごく普通であった。しかし、四神と十二支《じゅうにし》を同時に配すのは婁叡墓が初めての例なのである。

動物の形の十二支は、いつ、どこで起源したのかは、いまだ定説がない。湖北省雲夢睡虎地《うんぼうすいこち》にある戦国時代の秦墓から出土した竹簡「日書《ひしょ》」には、十二支に関する古い記録が残っている。そこには、十二種の動物の中に龍がなく、かわりに鹿があったようである。北朝後期には、十二種の動物で生れた年を表現する習慣がすでできていた。『周書《しゅうじょ》』巻十一・晋蕩公《しんとうこう》護《ご》伝によれば、北周の権臣宇文護が北斉に監禁された母親の閻姫《えんき》からもらった書簡に、「昔武川鎮《ぶせんちん》に君たち兄弟を生んだ。上の兄が鼠の年、下の兄が兔の年、君が蛇の年に生れた」と書いている。

　動物の形にかたどったの十二支も北朝時期に登場した。山東省臨淄市清河崔氏《せいかさいし》墓地の一〇号墓（北魏晩期）から、枕のような龕台《がんだい》の上に置いた土器の蛇・馬・虎・猿・犬が出土した例がある。隋時代になると、十二支が単純な動物の姿から人身獣頭または人間が動物を抱いている形へ変かし、その神格化が確立された。湖南湘陰《こなんしょういん》の隋大《ずいたい》業《ぎょう》六年（六一〇）墓から二つのタイプの十二支俑が出土した。ほぼ同じごろ、四神

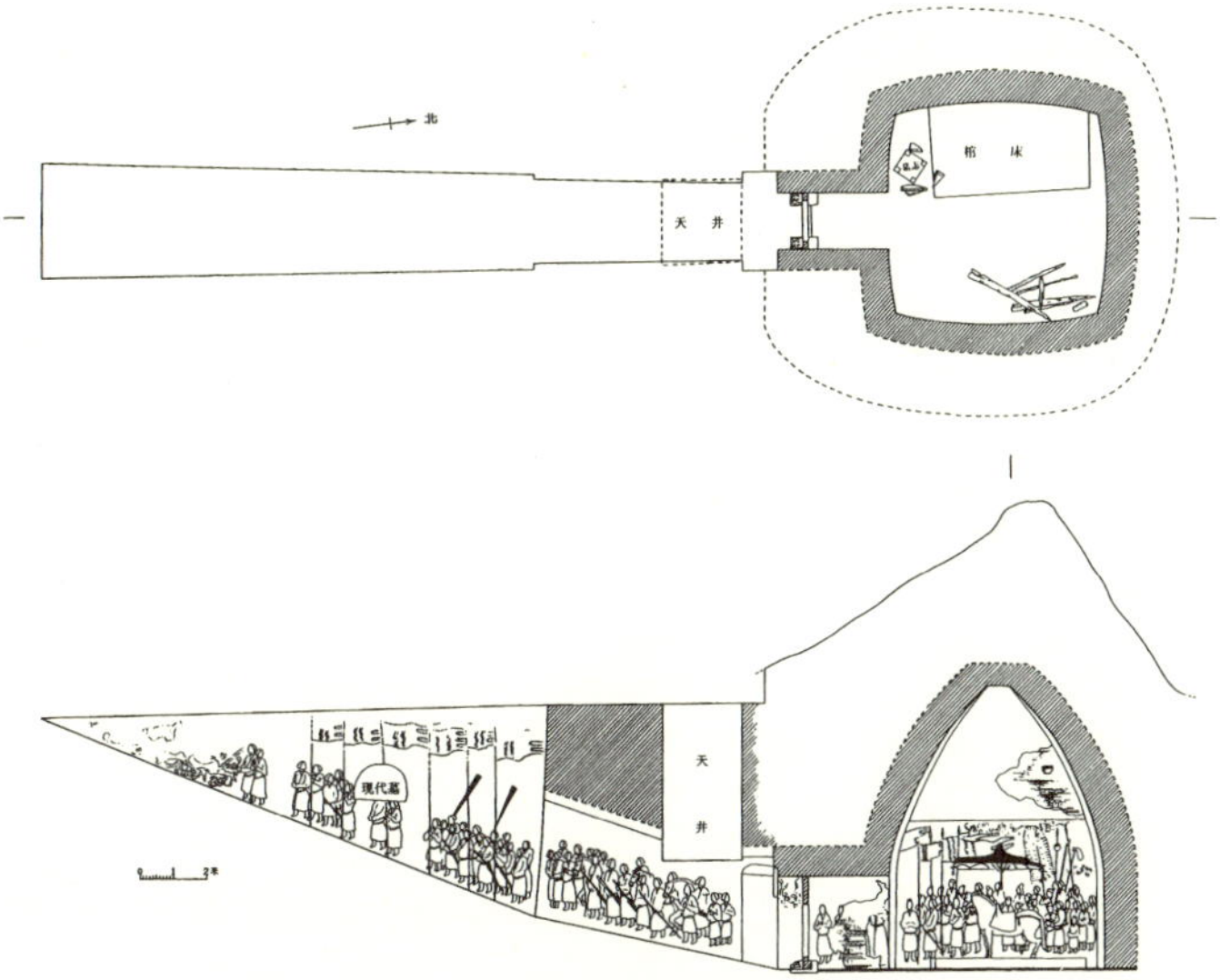

図 76　北斉徐顈墓の墓道壁画

十二支鏡も大量に製造され、内区に四神、外区に動物形の十二支を配し、婁叡墓壁画に現れる世界観と共通している。唐代では、十二支俑のほかに、墓誌側面に刻まれる四神十二支線刻画および墓室壁画も流行した。奈良のキトラ古墳にも人身獣頭の寅虎が発見されたという。五代と北宋時代では十二支神が葬儀の重要な調度品として使われていた。

婁叡墓の壁画が北朝の最高水準を代表する作品として高く評価され、当時の一流な画家の腕によるものと見られている。その四神十二支図も北朝壁画の唯一の例として重要視されている。

北族・胡族文化の色濃い徐穎墓

二〇〇〇年十二月に山西省太原市王家峰村で調査された北斉武安王徐穎墓には三二六平方メートルの壁画が残っている。これは婁叡墓を上回り、推定武寧陵と肩を並べる壁画面積であり、北朝古墳壁画墓最大の発見であった。

古墳は南向きで、墓道の東西壁面にそれぞれ二体の神獣とほぼ等身大の二十六人の儀仗隊を描いている。儀仗隊は三つのグループに分かれ、第一グループは先導役となる二人、第二グループは十一人、三本の旗を挙げ、第三グループは十三人で、その内の三人が旗を持ち、二人が「長鳴」を持ち、二人が弓矢を帯びる。婁叡と同じように過洞と貫天井を設け、その壁面に三十四人と六頭の鞍馬を配している（図76）。

図 77　北斉徐穎墓石門の装飾画

羨門のアーチの中央にパルメットを戴く獣面を置き、両脇にパルメットを銜える朱雀一対を浮き彫りしている。両扉の上部に羊の頭と足を持つ怪鳥を、下に青龍と白虎をきれいに彫り出したが、何らかの理由で、青龍・白虎をカラー顔料で二羽の朱雀に描き直している（図77）。

羨道の両壁面に鞭を持つ人物二人、剣など武器を持つ人物八人が立っている。

墓室の天井には天文図を描き、四壁には被葬者夫婦を中心に九十一人の人物と車馬などからなる大画面が展開している。奥壁の中央部に帳の中に据わっている徐穎と夫人の肖像があり、

図78　北斉徐穎墓の墓室壁画

その前に食べ物を盛る大きな皿と十三点の高杯を置き、両脇に琵琶・ハープ・笛を演奏し、人と傘・円扇を持つ二十四人が立っている。西壁に徐穎の鞍馬と傘・旗・羽扇・胡床《こしょう》・武器を持つ三十一人の男性侍従を、東壁に徐穎夫人の牛車と旗・傘・円扇を持つ二十五人の男女侍従を描く。南壁の東側は剝落したが、西側は旗を持つ八人、墓門の上方に神獣二体が残っている（図78）。

徐穎の出身ははっきりしないが、墓誌によれば、かれの先祖は春秋時代淮《わい》河《が》流域の徐国《じょこく》の人となり、もしそれが真実なら漢民族の出身のはずである。ところが、その壁画に残っている一八七人の人物像には漢民族衣冠が見られず（夫人を除き）、いずれも小袖の北族系の服を着用している。このような現象は、鄴都の諸墓ではもちろん、明らかに鮮卑出身の婁叡墓でも見られない。婁叡墓の墓道にある出行図と帰来図に描かれた人物像は鮮卑服装を着ているが、貫天井・羨道・墓室の被葬者像および侍従は漢民族式の身なりであった。

さらに、徐穎墓では極めて珍しい索頭虜俑《さくとうりょ》も副葬された（図79）。東魏北斉墓から風帽などをかぶる鮮卑俑が数多く出土したが、未開

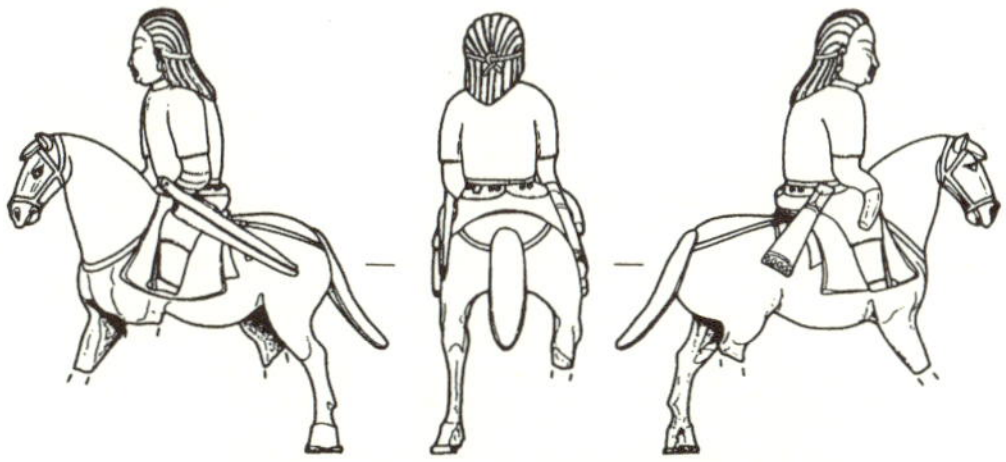

図79　北斉徐穎墓出土索頭俑

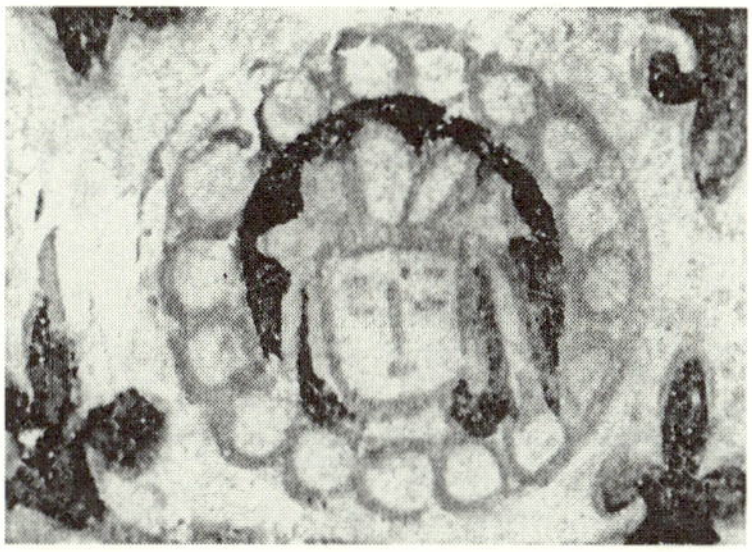

図80　北斉徐穎墓壁画鞍馬の鞍袱に画かれた連珠菩薩文

の状態を示す辮髪の騎馬鮮卑俑は、これまで二例しか発見されず、もう一例は太原北斉天保四年賀跋昌《かばつしょう》墓から出土したものである。鮮卑が『宋書《そうじょ》』の作者に索頭虜と呼ばれたのは、その髪型の特徴が原因だと考えられる。

徐穎は北族の文化だけでなく、西域の文化も好んでいたようである。墓室の奥壁には徐穎肖像の左脇に立つ侍女のワンピースの胸と腰に連珠対獣文が見られ、西壁に描かれた鞍馬の鞍袱《あんふく》（図80）、東壁の牛車の後ろに立つ侍女のスカートに連珠菩薩文を飾っている。

連珠文はササン朝ペルシアおよび中央アジアのソグディアナ地域でたいへん流行していた文様で、北魏時代にすでに中国に入っており、寧夏固原雷祖廟北魏墓の漆棺にも連珠禽獣文・連珠力士文を飾っていた。中国に移住したソグド人の石製葬具にもよく連珠文のモチーフが見られる。

愛馬に連珠文の鞍袱をかけたことから、徐穎がこの西域の文様を好んでいたことがわかる。それだけでなく、西域風の黄金指輪も副葬されている。指輪の本体が曲がっている双頭獣のようなデザインで、嵌め込んでいる宝石の表に両手でものを持つ人物を彫り出している。同じタイプの指輪は、内蒙古フホホト市北部畢克斉鎮《ビコチ》、陰山水磨溝《すいまこう》谷口で発見された北朝商人墓、寧夏固原北周天和《てんわ》四年（五六九）李賢《りけん》墓からも出土し、いずれも西域からの輸入品である（図81）。

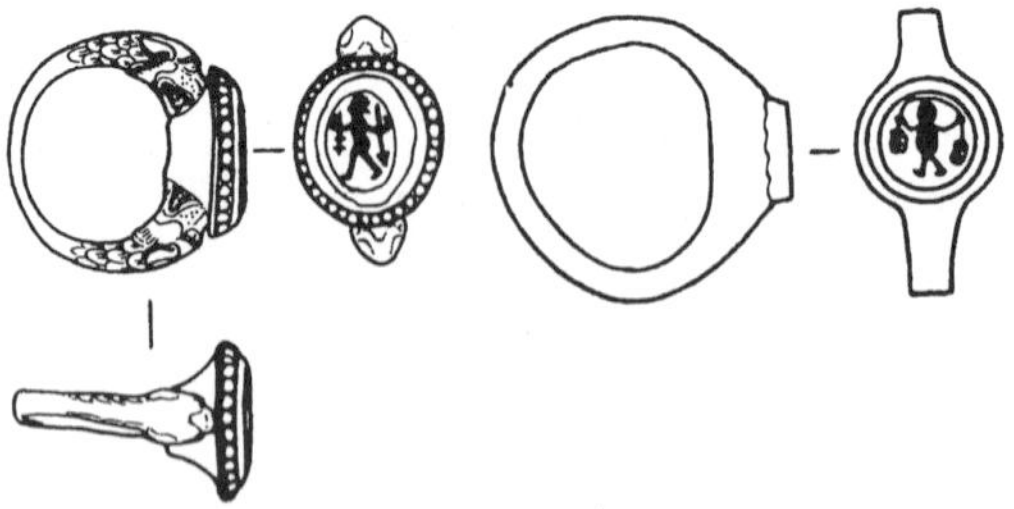
図81　徐穎墓（左）李賢墓（右）出土した指輪

『北斉書《ほくせいじょ》』・『北史《ほくし》』などの文献記事によると、徐穎の祖父徐安《じょあん》、父親徐珍《じょちん》は、かつて北魏の辺境軍鎮に勤めたことがあり、徐穎本人も遊牧系の秀容部爾朱氏《しゅうようぶじしゅし》に仕えたことがある。さらに、徐穎の住んでいた弁州は、北朝時代に胡人が集まり住んでいた地域である。北魏神瑞《しんずい》初年に弁州胡數万戸が南下して河内郡《かだい》を略奪し、朝廷が将軍公孫表《こうそんひょう》などを派遣して討伐したが、胡人グループに敗れた。[31] 南朝劉宋の元嘉《げんか》二十八年（四五一）正月に北魏太武帝が盱眙城《くいじょう》を攻撃した際に、南朝軍の主将臧質《ぞうしつ》へ出した書簡には、私が戦闘に使う兵士たちはいずれも我国の国民ではない。城の東北を攻撃するのは丁零《ていれい》と胡であり、南を攻めるのは三秦《さんしん》の氐、羌である。丁零が死んだら、常山《じょうさん》、趙郡の賊が減り、胡人が戦死したら、ちょうど并州の賊が減る、と書いている。[32] 一九九九年に太原市晋源《しんげん》区王郭《おうかく》村で隋開皇十二年（五九二）虞弘《ぐこう》墓からゾロアスター教色の濃い石槨が出土した。虞弘の祖父が柔然に仕え、本人も柔然の使者としてペルシアを訪問したことがあり、北周でソグド人を管理する「検校薩宝府《けんぎょうさっぽうふ》」を勤めたことがある。隋唐時代まで、胡人集団が并州で宗教と文化の勢力を根深く持っていたようである。

徐穎が皇族の高氏と同じように家柄を漢民族の名門にこじつけたのは、魏晋以来中原地域の族姓と家柄を重視する強い伝統に妥協した結果である。徐穎墓に表れる北族文化の要素は鮮卑文化への復古、漢民族に対する軽視と差別という北斉朝野の雰囲気を反映するもので、西域風の文化要素は、徐穎墓を取り巻く并州の文化環境にかかわりが深いと考えられる。

漢人豪族高長命墓

推定高長命墓はこれまで発見された唯一の前後室壁画墓である。[33] 墓道の状況は報告されなかった。羨門に木造建築の欄額《りんがく》・榑柱《たんちゅう》などを描き、扉に「骨朶《こつだ》」を持ち、鎧甲をまとう武士二体を配す。アーチ上方の壁画はひどく破壊され、中央部の図柄が識別できず、両脇に立獣が一対残っている。そのモチーフは茹茹公主墓の羨道門壁の朱雀神獣図に近いという。墓室は古い時期に人為的に破壊され、壁画も殆ど削られた。

高長命墓からは北朝時代ではほかに例のない陶質明器馬頭が四七点も検出された。もともと、木質胴体と陶質頭の複合明器馬が副葬されたが、胴体部分が腐って残らなかったと考えている。すると、高長命墓は少なくとも四十七点以上の明器馬を副葬したと推定できる。また、そこから六十点の儀仗俑も出土したにもかかわらず、東魏―北斉墓に最も流行っていた鮮卑風の風帽俑が一点もなく、極めて異例である。

高長命は名門士族の渤海高氏を名乗った漢民族の豪族の出身で、北魏の末年から叔父の高昂《こうこう》（字は敖曹《ごうそう》という）の麾下に従軍し、永安《えいあん》三年（五三〇）に爾朱氏の反乱軍が洛陽をせまった時に部曲《ぶきょく》を率いて城北の大夏門《たいかもん》を守り、北魏の孝荘帝《こうそうてい》に褒賞された[34]。永安の乱以後、高昂は高歓集団に所属し、東魏の漢人部隊のリーダーとなった。当時の高歓部隊の中では農耕民の漢人が遊牧民の鮮卑―北族系軍人から差別され、民族摩擦による事件が続出した。高歓は、かつて漢人兵士が役に立たないという理由で、鮮卑兵士を千人余り高昂部隊に配属しようとしたが、高昂はその命令に断固拒否した[35]。東魏の漢人部隊は私軍・部曲の性格が強く、鮮卑兵の配属を拒否したために、その所属の部隊に北族系の兵士はいなかったと思われる。高長命は高昂麾下の驍将として勇名を馳せたが、殺戮が好きで、極めて兇暴と評価されている[36]。その性格と立場から、北族中心の民族政策に対して叔父と同じく反抗的な態度を取っていたと推測できる。高長命は高歓死後に起こった侯景《こうけい》の乱で戦死した。生前に鮮卑系兵士を配属しなかった以上、死後も鮮卑俑の副葬を拒否したと考えられる。

北斉時代、鮮卑語や琵琶などの北族が親しんだ技芸は、出世の近道であり、漢民族の官僚にも子供に鮮卑語と琵琶を勉強させた人がいたが、『顔氏家訓《がんしかくん》』の作者顔之推《がんしすい》は、たとえそれらの技芸で卿相まで出世できるとしても、私は君たちがそのようにするのは望まないと、息子たちにいっていた。〔37〕それは漢族の文人たちが民族差別に対する抵抗であり、高昂・高長命の行動は、漢族の武人たちの抵抗意識の表れと言えるであろう。

要するに、高長命墓から鮮卑系の鹵簿俑が出土しなかったことは、東魏—北斉時代に北族と漢族の間に越えがたい種族主義の溝が横たわっていたことを物語るものと理解すべきである。

鄴都《ぎょうと》「紈袴《がんく》」范粋《はんすい》墓

范粋墓は土洞構造で、壁画の残り状態が極めてわるく、内容が判読できない。〔38〕墓誌は范粋の肩書きは「驃騎《ひょうき》大将軍、開府儀同三司《かいふぎどうさんし》」（従一品）とあるが、いくつかの疑問点が残っている。まず、范粋の祖・父の名諱と本人の官途履歴が墓誌に全然書かれなかったことは、北斉の墓誌では異例である。范粋が正史に記されなかった人物で、二十七歳の時に鄴都の天官坊《てんかんぼう》で亡くなり、西門豹祠の西南十五里のところに埋葬されたという。その本籍は辺城郡《へんじょうぐん》辺城県《へんじょうけん》で、祖も父も無名の人物なので、家柄もそれほど高くなかったようである。本人も尭峻・高長命のような功績があるとは考えられない。しかも、誌文の賛辞の前にまた「新除東雍州刺史太傅卿《しんじょとうようしゅうししたいふきょう》」〔39〕という奇怪な職名が書かれ、誌文冒頭の官号と一致しない。北斉の晩期に政治の腐敗と財政の危機が進み、政府が官爵を売ったため、吏治の混乱を招いた。王爵をもらった庶姓のものは数百人、開府は千余人、儀同は数えられない。馬および鷹犬は儀同・郡君《ぐんくん》の号を得られるし、闘鶏も開府になるという状況に陥ったという〔40〕。范粋は、その腐敗の波に乗って金で朝廷の官号を買った鄴都に住む富商子弟である可能性が極めて高いと思う。

落難の皇妃顔玉光《がんぎょくこう》墓

顔玉光墓は、規模の小さい土洞墓で、墓室の面積は二・四メートル四方に足らずである。しかし、顔氏が北斉文宣帝の弘徳夫人《こうとくふじん》で、隴西王高紹廉《りゅうせいおうこうしょうれん》の生母であり、詔贈の太妃《たいひ》、つまり正一品命婦の礼で埋葬すべきであった。ところが、その時に北周武帝の大軍が鄴都に攻め入り、北斉王朝の末日に近づいたため、高氏の陵域に入れずに、鄴都南「七十余里」の「石門之右」に葬られた。顔氏墓の造りは粗雑で、副葬品は全部で土瓶一点と「常平五銖《じょうへいごしゅ》」銭二点、長方形玉板二枚であった。墓誌は磚質で、台形、蓋がなく、文字もぞんざいで、喪葬令に従ったものではなかった〔41〕。顔之推の『顔氏家訓』巻七・終制《しゅうせい》に「母上が亡くなった時、凶作当たって、家計が成り立たず、兄弟も幼くて弱い。そのため、棺と明器が貧弱で、墓室に磚がなかった」とあり、煉瓦を使わない土洞墓に葬るのは、当時の南朝・北斉の官僚にとって恥だったとわかる。ただ、壁画に描写された鎧馬武士、嬰児を抱く婦人などの内容が顔氏の経歴を表現したものと見られる。

北斉が滅びる直前に、顔玉光のような皇室の一品夫人ですら小さい土洞墓を用いざるを得ないということは、東魏―北斉喪葬制度の法的な効力の終結を意味した。

三、**崔芬墓の壁画に見られる南北朝文化交流**

崔芬墓は山東省臨朐県絲織工場の構内に位置し、一九八六年山東省文物考古研究所《ぶんぶつこうこけんきゅうじょ》と臨朐県博物館が調査した。

墳丘は建築工事によって無残に破壊され、一部の副葬品も散逸した。墓の内部施設は墓道、羨道と墓室から構成されており、羨道と墓室が切石で構築されている。墓室の平面は約三・五八平方メートル、高さ約三・三二メートルであり、北壁と西壁にそれぞれ小龕《しょうがん》を設けている（図82）。羨道に門吏と武士図、墓室に天文四神図と屏風画、墓主夫婦などの群像を描き、あわせて二十四幅の壁画と二幅の線刻画が描かれている。

南西隅から出土した墓誌によって、被葬者は北斉天保《てんぽ》元年（五五〇）に亡くなった東魏威烈《いれつ》

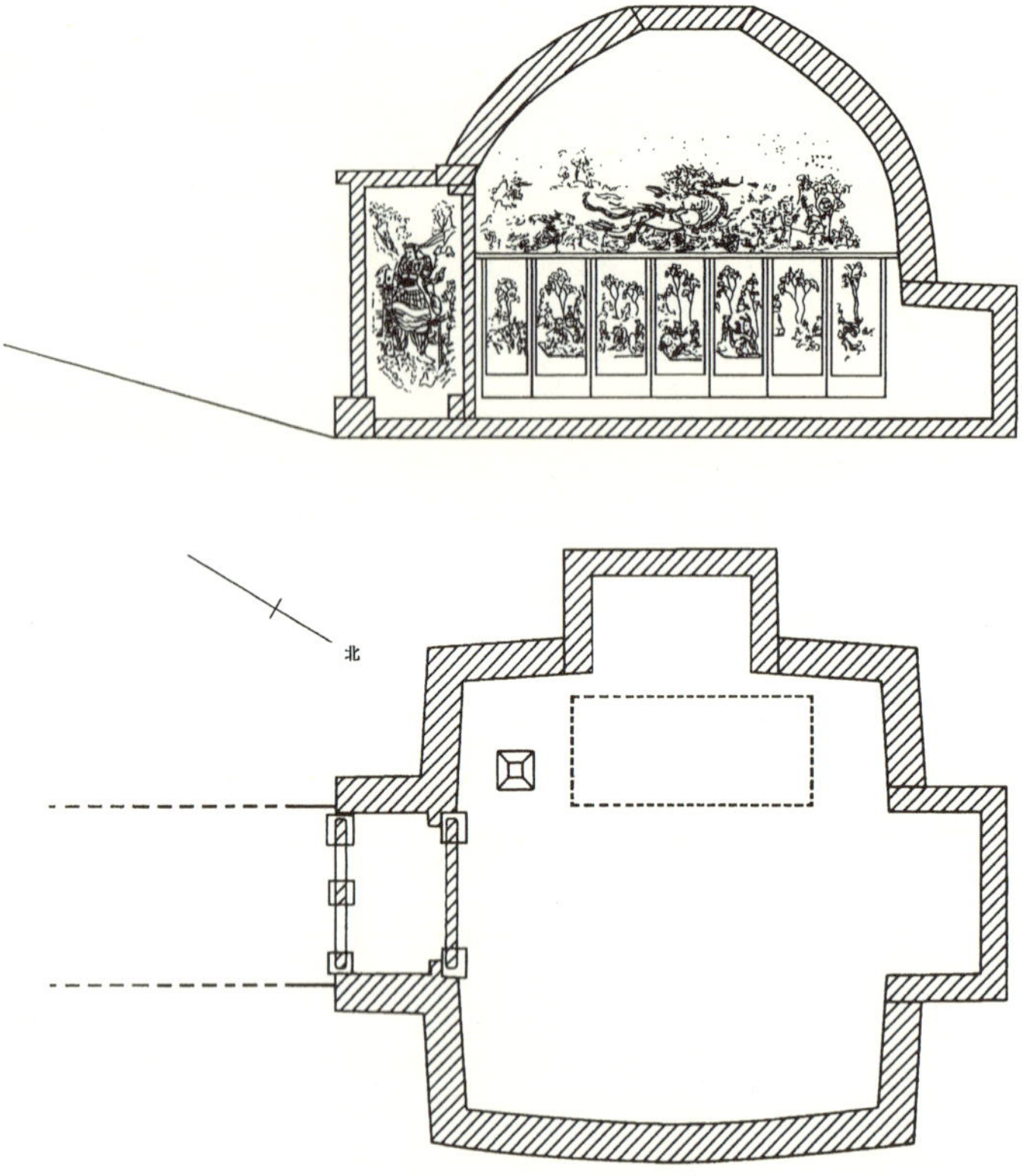

図82　崔芬墓の墓室平面図

将軍・南討《なんとう》大行台《だいこうだい》都軍《とぐん》長史《ちょうし》崔芬で、埋葬年代は天保二年（五五一）であることがわかった。[42] 崔芬は北朝時代の一流士族清河崔氏《せいかさいし》の出身で、その墓はこれまで発見された中で唯一保存状態のよい漢民族貴族の壁画墓として、学会の目を引いた。清河崔氏は北魏および南朝の諸王朝と深い関係を持ち、崔芬墓の壁画にも北魏洛陽の美術と東晋南朝の美術の強い影響が見られる。

図83　崔芬墓羨道線刻門吏図

北魏風の羨道武士図

羨道の東西壁の切石板にそれぞれ一体の門吏を線刻している。門吏は小冠をかぶり、交領広袖の上着とスカートのような袍を着用し、麻で編んだ靴を履いている。両手で環頭太刀の柄を杖のように持っているポーズである（図83）。

門吏の線刻絵の上にさらに白い石灰を塗布し、白い漆喰い層を下地にして、赤、黒、紺、緑、黄色の顔料で、縦一・五二mの二体の武士像が描かれている。樹木、山、雲を背景にし、武士がいずれも鷴《やまどり》の羽で飾った衝角付冑をかぶり、明光鎧《めいこうがい》をまとい、袴褶《こしゅう》を穿いている。足は靴を履かずに素足となっている。東壁の武士は左手で楯を持ち、右手の腕に剣を懸け、西壁の武士は右手で楯を持ち、左手の腕に剣を懸けている（図84）。

羨道にある線刻画の門吏も、壁画の武士も、墓の門を守る役目であり、その性格は変らない。しかし、壁画墓の羨道に門吏線刻画を飾るのは、極めて異例的である。線刻画で墓の内部を飾る風習は、六世紀

図84　崔芬墓羨道武士壁画

初期の北魏の都洛陽で盛んとなり、今なお数多くの石棺、石屏風の線刻画の遺品が残っている。六三四年に東魏が鄴に遷都する際、洛陽郊外の墓地から鄴都の郊外に墓を移した家族は少なくなかった。そして、官工房で働いた墓作りの職人達も東魏政府と一緒に鄴に移住したと考えている。被葬者崔芬の東魏官僚身分を考えると、線刻画の技法で古墳を装飾しようという発想自体は、おそらく北魏洛陽の石棺画からの影響を受けたと思われる。線刻画の上に改めて壁画を描くということは、線刻画が廃されたのを意味しているに違いない。おそらく、その装飾効果がよくなかったために、鮮やかな壁画に変えたのではないか。

樹木、山、雲を背景にして武士を描くのは、北朝的な構図とは言える。ボストン美術館蔵北魏孝昌三年（五二七）寧懋石室の例では、家形石室の門の両脇に怪石と樹木を背景にして武士像を一体ずつ線刻しており、崔芬墓武士壁画の構図と似ている。

武士の装備にも北朝的な特徴が目立っている。寧懋石室の武士は、冑に鶡の羽を挿し、明光鎧で胴体を固めて、片手で楯を持っていて、〔43〕崔芬墓の武士とよく似ている。ただし、足は素足ではなく、麻で編んだシンプルな履を履いている（図53を参照）。一九七七年に洛陽瀍《てん》河《か》から出土した北魏石棺檔に刻まれている裲襠を着用している武士も麻で編んだ履を履いている。〔44〕六世紀中葉までの北朝武士は、素足または行動しやすい靴をよく使ったようである。これに対して、南朝では、鶡の羽と明光鎧を使った武士像がこれまで発見されず、礼服用の靴を履くのが、一般的である。南朝蕭斉《しょうせい》明帝《めいてい》蕭鸞《しょうらん》の興安陵《こうあんりょう》（四九八）と推定された江蘇省《こうそしょう》丹陽県《たんようけん》建山《けんさん》金家《きんか》村《そん》墓の羨道東西壁に、向かい合って二体の武士立像が描かれている。〔45〕両武士はともに小冠をかぶり、掛甲《けいこう》で胴と肩を固め、ゆったりしたズボンを穿き、つま先が笏先端のように反り返った靴を履き、両手で剣をついているポーズである（図85）。河南省鄧県学荘《とうけんがくしょう》南朝画像磚墓の墓門に描かれた裲襠鎧《りょうとうがい》を纏う武士も、同じような礼服の靴を履いている。〔46〕靴の実用性より礼儀性を重視す

図85　建山金家村墓羨道東西壁の武士立像

図86　崔芬墓墓室東壁の壁画

る南朝の典章制度にその原因を求められると思う[47]。

要するに、これまで発見された南北朝時代の武士像と比較すると、崔芬墓の門吏図と武士像は北朝的な要素を備えることがわかる。

天文四神図と洛陽北魏石棺

天文図と四神図は同じ壁面に配され、その間に境がなかったために、天文四神図して扱いたい。

東壁の上部に、青龍を御し、花冠をかぶる女神を中心に、縦一・〇八メートル、幅三・三〇メートルの画面を設けている。その青龍は翼つきで、舌を長く吐き出し、前右爪で蓮華を踏む。青龍の前に飛ぶ先導役の羽人が二体、後ろに二本の足で走っている畏獣《いじゅう》[48]が描かれ

図87　崔芬墓墓室西壁の壁画

ている。さらに羽人の前方に扶桑《ふそう》の木があり、二本の樹幹の間に金烏《きんう》の入った日象、その上方に八つの小さな太陽が見られる。そして、雲気、山、樹木と天上の東七宿の星が背景のように配されている（図86）。

西壁の上部では東壁の女神青龍図《じょしんせいりゅうず》と対称的に女神白虎図《じょしんびゃっこず》を置き、縦一・〇九メートル、幅三・三〇メートルの画面となっている。前と後にそれぞれ雲気、山、樹木、それに空に蟾蜍《せんじょ》と兎の入った月、西七宿の星を描いている。残存状態は東壁ほどよくないので、後に走る畏獣の存在が確認できるものの、前の羽人《うじん》の姿は残っていない（図87）。

北壁の下部中央に壁龕《へきがん》が設けられたため、玄武図は壁龕の上に配置され、青龍・

図88　崔芬墓墓室北壁の壁画

白虎図より画面がさらに広くなり、縦一・四四メートル、幅三・三〇メートルとなっている。亀の首が後へ伸び、蛇が亀の甲羅に三周絡んで首が亀の肩から後方へ伸び、さらに自分の胴体と交叉し、頭が亀の顔に向かっている。玄武の奥から、方形冠をかぶり、左手で剣を持つ男性の神人の上半身が現れ、前と後に畏獣が三体ずつ確認できる。玄武の胴体の下と周囲に山、樹木があり、空に北七宿の星が描かれている（図88）。

　南壁の中央に門を設け、門の西側に縦〇・九五メートル、幅一・一〇メートルの朱《す》雀図《じゃくず》を設けている。朱雀は嘴に蓮華を銜え、翼を広げる姿であり、反対側上方の壁面に十二個の星が散在している（図89）。

　天井に壁画を描かず、天文図と四神図を一

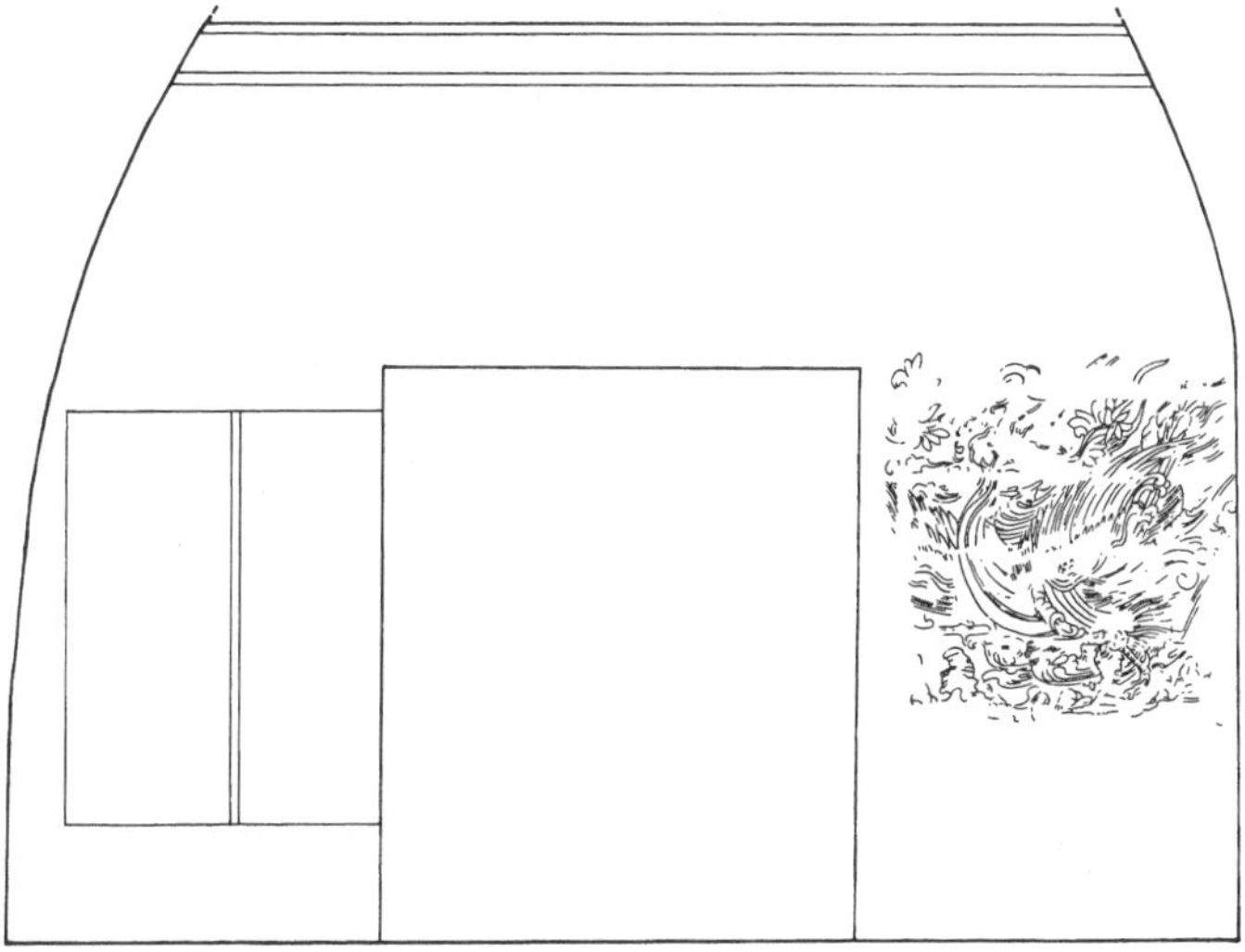

図 89　崔芬墓墓室南壁の壁画

図 90　洛陽瀍河出土北魏石棺線刻神人青龍図

体化にするのは、崔芬墓の独特な構図である。ところで、画面中心部にある青龍・白虎・玄武と神人図は、やはり北魏の石棺画に源流を求められる。洛陽瀍河から出土した北魏石棺の両側板には陰線刻と平面浅浮き彫りの技法で神人龍虎画像を刻んでいる。左の側板には有翼の龍に乗る男神を描き、龍の前後に三人の羽人と三体の畏獣を配し、さらに後に小

図91　北魏「升仙石棺」後檔神人玄武図

さな龍に乗る六人の仙人の楽隊がついている。画面の余白に山・雲気・樹木をすき間なく彫り出している（図90）右の側板には有翼の虎に乗る女神図を刻むが、画面の構成は基本的に左側板と変らなかった。河南省開封《かいほう》博物館蔵洛陽から出土北魏「升仙石棺《しょうせんせっかん》」の左右側板にも似たような神人青龍・白虎図が見られるが、仙人楽隊の部分は省略されている。さらに、その開封博物館蔵石棺の後檔に山岳を背景に玄武と環頭太刀を持つ男神を刻んでいる（図91[49]）。そのほかに、北魏逸名石棺の後檔にも雲気文を背景とする玄武神人図例がある。河北省磁県の東魏茹茹公主墓では、西壁と北壁の上段に白虎と玄武図が画かれている。[50] 保存状態があまりにも悪いので、神人・羽人などの姿が確認できない。だが、山岳と樹木を背景にする構図から、その源流も北魏洛陽の石棺画にあると容易に推定できる。

被葬者夫婦像の構図と表現技法

被葬者夫婦の肖像は西壁の壁画の上方にある。画面は三人の男性と十三人の女性から構成されており、全員が墓室の門（南）に向かってゆっくり進行しているように見える。前から三人目の男性が崔芬本人と見られ、籠冠をかぶり、いわゆる「方心曲領《ほうしんきょくれい》」という広い袖の礼服を着用し、両足につま先が笏の先端のように反り返った靴を履き、両手を広げているポーズをとっている。後ろから四人目と七人目の二人の女性はほかの女性より大きく描かれ、高髻に花形の簪をつけ、足につま先の高く反り返った靴を履き、服飾から貴婦人のように見える。その二人は崔芬の妻と推定される。ほかの十三人の男女は、服装と表情から崔芬の奴僕と侍女であることがわかる（図87）。

　このような群像図は、これまで壁画墓から類例が発見されなかったが、伝世の絵画模写・仏教石窟・造像碑にはよく見られる。北京故宮博物院《こきゅうはくぶついん》に収蔵されている伝顧愷之《こがいし》「洛神賦図《らくしんふず》」模本の巻末に、陳思王曹植及び傘・敷物を持つ八人の侍従図が描かれている。曹植の両手を広げたポーズが崔芬とよく似ているが、主要な人物を従属人物より大きく描く傾向は見えず、画技もより熟達である（図92）。四川省綿陽《めんよう》県平楊府君闕《へいようふくんけつ》に、南朝蕭梁《しょうりょう》の大通《だいつう》三年（五二九）から大宝《たいほう》二年（五五二）にかけての礼仏図が線刻されている。図93はその第一—二六龕の図であり、主像が従像より大きく描くという構図特徴が崔芬墓に近いと認められる。[51]北魏宣武帝《せんぶてい》期（四九九—五一四）とされる鞏県石窟《きょうけんせっくつ》の第一窟南壁に、浮き彫りの「礼仏図《れいぶつず》」が刻まれ、その構図原理が崔芬墓壁画とほとんど変らず、さらに前後列の人物像が重ならないように工夫しているのが特徴である。このことから、崔芬墓の群像の構図は北魏より南朝のそれに近いが、しかし、

図92　顧愷之「洛神賦図」(局部)

図93　平楊府君闕南朝蕭梁礼仏図

人物の服装の描き方には北朝的な特徴が見られる。南朝系人物絵では、服の襟が体にぴったりくっついているのが、一般的である。だが、崔芬夫人の襟が体からやや離れ、硬く立つように見える。このような襟の表現法は、ボストン美術館蔵北魏孝昌三年寧懋石室、カンサス市ネルソン美術館蔵北魏孝子石棺・一九七八年洛陽出土北魏碑座《ひざ》の線刻人物像にも見られ（図94）、北魏末期にかなり流行していた服の表現法である。

人物屏風画と竹林七賢《ちくりんしちけん》・栄啓期《えいけいき》図

墓室壁面の下部には、縦一・一五―一・二五メートル、幅〇・四六―〇・五二メートルの屏風枠

図94　洛陽出土北魏碑座線刻人物像

を描き、南壁に二扇（図89）、北壁に四扇（図88）、東壁に七扇（図86）、西壁に四扇（図87）、全部で十七扇ある。そのうち、第十二、十八幅は鞍馬図《あんばず》（発掘担当者につけられた番号）、第十七幅は胡《こ》姫舞踊図《きぶようず》、第十、十一、二十三、二十四幅は奇石樹《きせきじゅ》木図《もくず》である。西壁にある第十三幅と北壁の第十四、十五、十六幅、東壁の第十九、二十、二十一、二十二幅に、それぞれ奇石と樹木を背景にして、方形敷物に座る男性が描かれている。発掘担当者は、その八幅の屏風に描かれた人物が竹林七賢と栄啓期に当たると推定した。屏風絵という形式は、北魏から受け継いだ遺産であり、人物造型は、南朝からの強い影響を受けたことが認められる。[52]

　発掘者が第二十二幅壁画を竹林七賢と栄啓期屏風図の第一牒とした。主人公は頭に二本の長い角のような幘《さく》をつけ、広袖の服をまとい、胸と腹を露出している。ひざまずいてじっと左手で持つ珊瑚《さんご》〔53〕（?）を見ているポーズである。その前に立っている侍女が右手を出し、珊瑚（?）を受け取るという姿勢である。

第二牒（第二十一幅壁画）には主人公が腰掛に寄りかかって横になり、その前に大きな皿と長頚の酒壷を置き、右に双環《そうかん》の髪型をした侍女が立ち仕える。

第三牒（第二十幅壁画）の主人公は、頭に頭巾をつけ、小袖の上着とだぶだぶしているズボンを着用している。右手で頬づえをつき、左手で体をささえ、左足を投げ出し、泥酔状態となっている。右に男僕、左に侍女が立つ。

第四牒（第十九幅壁画）に描かれた人物は真正面に向かって座る姿勢である。その髪髻に長い簪をつけ、広袖長袍の前がはだけ、右手で長い髯を撫で回し、腰掛に寄りかかっている。主人公の左に侍女が立ち、後ろに長頚の酒壷が置いてある。

第五幅（第十三幅壁画）では画面中心に酔いつぶれる人物を描き、その髪型は二本の小さな角のように見え、広袖の長袍をまとい、胸・腹を露わにしている。敷物の真中に座っているが、立膝をつき、左手で体を支え、右手の指は上方を指している。主人公の左に小袖を着た侍女が立ち、後ろに長頚の酒壷を置いている。

第六牒（第十六幅壁画）に描かれた人物は笠をかぶり、広袖の袍をまとい、胸と腹を露出し、裸足で、右の足を左膝の上に置くポーズをしている。後ろに大きな長頸の酒壷を置いている。

第七牒（第十五幅壁画）の主人公は双髻の髪型で、髯も長い。文机《ふづくえ》の前に座り、酔った気分で揮毫している。左に灯を持つ侍女が立っている。

第八牒（第十四幅壁画）屏風画の主人公は二本の角のような髪型にして、小袖の長袍をまとい、両手で体を支え、倒れそうな泥酔の状態になっている。その後ろに一人の侍女が彼の世話をしている。

屏風絵の位置関係から、西壁の第十三幅と北壁の第十四、十五、十六幅がつながってセットになり、東壁の第十九、二十、二十一、二十二幅がもう一つのセットを構成している。八幅の絵が二セットになっていることがわかる。

竹林七賢に関する記録が魏晋南北朝関係の文献に多く見られる。劉宋劉義慶『世説新語』任《にん》誕《たん》第二十三に

陳留《ちんりゅう》の阮籍《げんせき》・譙国《しょうこく》の嵆康《けいこう》・河内《かだい》の山濤《さんとう》・三人の年が近いが、嵆康がやや年少である。このグループには、さらに沛国《はいこく》の劉伶《りゅうれい》・陳留の阮咸《げんかん》・河内の向秀《しょうしゅう》・琅邪《ろうや》の王戎《おうじゅう》がいる。七人常に竹林の下に集い、気の向くまま酒を飲んでのんびりする、だから世間では彼らを竹林七賢という。

とある。[54]曹魏の末期に河内儒学世家の司馬氏が国家権力を簒奪するために、包み隠せず弑君と

廃立行動を取り続け、貴族社会に強い不信感を招いた。老荘の道家思想を好む阮籍、嵆康、山濤を中心とした七人の名士は残酷な政治闘争から逃避するために、河内郡山陽《さんよう》〔55〕の竹林に集まり、清談と飲酒に耽溺し、儒教の礼法を軽蔑し、孤高、放達な生活態度を世間に見せた。世人は彼らのことを「竹林七賢」と呼んだ〔56〕。西晋の末期に非礼教《れいきょう》主義がさらに台頭し、七賢のエピゴーネンである、王戎の従弟王敦《おうとん》や阮籍の甥阮修《げんしゅう》などの四人が「四友《しゆう》」と自称し、毎日放縦三昧な生活を送りながら、その一方で、当時の権臣である王衍《おうえん》と政治的な関係を結び付け、「後進の領袖」と互いおだて合った〔57〕。西晋王朝滅亡後の南北対立を契機に、江南地域の貴族社会において後漢以来の儒教信仰が崩壊する中で、老荘《ろうそう》の道家《どうか》思想を信仰した竹林高士の逸話が貴族社会の共感を呼び、「八達《はったつ》」〔58〕、「八伯《はっぱく》」と呼ばれた無為・放縦なグループが次々に登場した。このような歴史の流れを背景として、竹林七賢図は東晋時代（三一四―四二〇）に成立し、当時のもっとも流行した画題の一つになった。『歴代名画記《れきだいめいがき》』によれば、東晋顧愷之《こがいし》（三四四―四〇五）以前に「七賢図《しちけんず》」がすでに存在し、顧愷之、史道碩《しどうせき》、戴逵《たいき》（三三八―三九五）および劉宋の陸探微《りくたんび》、南斉の毛恵遠《もうけいえん》などの有名な画家が「七賢」または「竹林像」を描いたことがあり、戴逵はさらに『竹林七賢論』も書いたという。

栄啓期は、孔子と同時代の隠者である。『列子《れっし》』巻一・天瑞篇《てんずいへん》に孔子が泰山に遊歴した折に、郕《せい》という都市国家の郊外で、鹿の毛皮をまとい、紐を帯とし、歩きながら琴を弾き、歌っている楽しい老人栄啓期に出会った。孔子がその楽しみとする所を問うと、「世の中の万物のうち人間が最も尊崇であり、人と生まれたことが一番目の楽しみ、人間社会では男尊女卑、男と生まれたことが二番目の楽しみ、多くの人が生まれて、間もなく襁褓《きょうほう》で亡くなるのに、私は九十歳まで生きられ、長寿を全うしたことが三番目の楽しみである」と答えた。

とある。自己満足し、楽天的な生き方を儒教の祖師孔子に教えた栄啓期が、東晋・南朝で尊敬され、顧愷之、陸探微など有名画家もこぞって「栄啓期」を描いたのである。

南朝墓の竹林七賢と栄啓期磚画の人物造型特徴

前に述べた名画が今や一幅も残らず、その面影を窺うことができないが、一九六〇年代以来、南京郊外の西善橋《せいぜんきょう》墓、丹陽県胡橋呉家村と建山金家村南朝陵墓から竹林七賢と栄啓期の大型磚画が三例発見された[59]。三例ともに、同じ系統の粉本または型によってできた作品と思われる[60]。ここで、注意しなければならない問題は、二つある。第一は、文献に見られる「竹林図《ちくりんず》」と「七賢像」は、言うまでもなく竹林七賢を画題にした絵であるが、しかし、両者には違いもあるようで、「竹林図」の場合は必ず竹林を背景とするが、「七賢像」の場合は竹林を描かなくてもいいと考えられる。これまで考古学調査によって発見された三例の七賢図は、いずれも竹林がな

図95　西善橋墓の竹林七賢と栄啓期磚画

かった。[61] 第二は、絹本と紙本絵の場合、竹林七賢図と栄啓期像とは別のもので、セットになっている例がなかったようである。

西善橋墓は保存状態と磚画の出来がともによいので、それを基準にして竹林七賢と栄啓期図の人物造型の特徴を把握し、崔芬墓の屏風人物と比較してみよう。

西善橋墓の竹林七賢と栄啓期磚画は墓室の南北壁に配され、樹木を仕切りにして墓門側から奥へ、南壁に嵇康・阮籍・山濤・王戎、北壁に向秀・劉霊・阮咸・栄啓期（図95）の座像を並べ、それぞれの像に題名をつけてある。

嵇康が右足を立膝にし、両手で左膝に置いた琴を弾き、視線が左に座っている阮籍を向けている。嵆康には「目送帰鴻《こう》、手揮五弦《ごげん》」と言う詩文があり、〔62〕顧愷之がかつて「手揮五弦易、目送帰鴻難」と「七賢図」を描く感想を述べた。〔63〕曾布川氏は西善橋墓の嵆康像はこの句を題材にしているだろうと推測した。〔64〕嵆康は悲劇的な人物で、親曹氏勢力側の人物として司馬昭《しばしょう》に処刑された。彼は刑場で琴を求め、「広陵散《こうりょうさん》」を演奏した。結局、その曲が嵆康と共にこの世を去って千古の絶唱になった。〔65〕したがって、東晋・南朝において琴を弾くのは、嵆康像の一つの特徴である（図95）。

阮籍が顔を嵆康の方向に向け、左足を投げ出し、右足を立膝にしている。左手を地面につき、右手は親指を口元に当て、小指を伸ばし、口笛を吹いているように見える。『世説新語』簡傲《かんごう》第二十四に「晋文王《しんぶんおう》（司馬昭）の権勢は絶頂となり、その宴会場の雰囲気も厳かでしめやかである。ただ阮籍一人が両足を投げ出して席に据わり、「嘯歌《しょうか》」、つまり口笛を吹きながら、思う存分飲んでいる。」とある。阮籍が司馬昭の権勢を無視し、宴会場で「嘯歌」することは、当時では有名な話であり、「嘯歌」の姿は、阮籍像の特徴である（図95）。

山濤は左手で耳杯を持ち、右手は膝を撫で、座る姿勢が崩れずに冷静に飲んでいる様子である。『晋書』巻四十三・山濤伝によると、山濤は八斗の酒を飲める酒豪であり、晋武帝司馬炎が彼の酒量を試して見て、八斗の酒を飲ませているうちに、ひそかに酒の量を増やした。しかし、山濤はぴったり八斗まで飲んでストップした。〔66〕磚画はおのれを知る聡明さを持つ山濤の性格をよく表現したといえる（図95）。

王戎は、「自堕落な姿である」[67]。両足の脛部を剝き出しにし、右足を立膝にして左足を膝から跳ね返している。左肘を方形箱の上につき、右手の指先で如意《にょい》を玩んでいる。北周庾信《ゆしん》「対酒歌」に「王戎如意《にょい》舞」と言う句があり、如意を持つのは王戎の造型の特徴である。さらに長広氏が『晋書』巻四十三・王戎伝に基づき、王戎の左腕を寄せている箱は財物を蔵する箱かもしれないと推測した（図95）[68]。

向秀は正面向きに座り、左肩と右足をはだけ、頭が朦朧としている酔態である（図95）。

劉霊は左手で耳杯《じはい》を持ち、右手を挙げ、酒に夢中になっている（図95）。

阮咸は敷物にあぐらをかき、琵琶のような四弦の楽器を抱いて演奏している。『通典《つてん》』巻一四四・楽《がく》四に

> 「阮咸」もまた「秦琵琶《しんびわ》」と呼ばれている。項が今の琵琶より長く、そこに十三個の柱をつけている。則天武后《そくてんぶこう》の時、蜀の人蒯朗《かいろう》が古墓の中よりこれを得たが、晋の竹林七賢図の阮咸が弾くものと類似していたので、「阮咸」と名付けた。阮咸という人物は晋の時代、琵琶が得意で音律通として有名である[69]。

とある。正倉院北倉に収蔵されている螺鈿《らでん》紫檀《したん》阮咸《げんかん》が昔からよく知られている。この記事によって、唐時代に残っていた晋七賢図の阮咸も、南朝墓から出土した磚画と同様に円盤形の胴の

琵琶を抱いていたことがうかがえる（図95）。

一方、栄啓期像は『列子《れっし》』天瑞篇《てんずいへん》に記されたように歩行しながら琴を弾くポーズではなく、顔に楽天的な笑顔も見られない。七賢と同じように敷物に座り、膝に置いた琴を弾いているだけである（図95）。

西善橋の磚画をまとめて見ると、次のことがわかる。

ア、向秀と劉霊を除いて、嵇康・阮籍・山濤・王戎・阮咸・栄啓期六人の造型の特徴が把握しやすい。嵇康・栄啓期は琴を弾き、阮籍は口笛を吹き、山濤は冷徹に酒を飲み、王戎は如意を弄び、阮咸は琵琶（阮咸）を抱く。これらの特徴こそ七賢図と栄啓期像を認定する基準である。

イ、七賢磚画に竹林が見られないので、前章に述べた『歴代名画記』の「七賢像」の系統に属すに違いない。

ウ、栄啓期像は本来「七賢図」と関係なかったが、墓室の両壁を対称的に装飾するためにどうしても八幅の絵が必要となり、磚画の作者が七賢に近い性格を持つ春秋時代の隠者栄啓期像を無理やりに組み入れた。これが七賢と栄啓期図がセットになった由来であり、当時では決して一般的ではなかったと考えている。

崔芬墓人物屛風画の性格

崔芬墓の発掘担当者は、次ぎのような根拠を示してその人物屛風壁画を竹林七賢と栄啓期と推定した。第一は、人物屛風画の数が七賢と栄啓期にぴったりで、主人公達の酔態も七賢図の雰囲気によく合う。文献には、南斉の廃帝東昏侯《とうこんこう》（四九九―五〇一在位）が七賢図に美女を加え、宮殿を飾った記事が見られ[70]、崔芬墓の人物屛風画にも侍女がつけ加わっているので、「七《しち》賢美女図《けんびじょず》」に当たる。第二は、被葬者崔芬は当時の一流貴族である清河の崔氏東武城《とうぶじょう》一系の出身であり、その祖父はかつて南朝の劉宋に仕えていたが、四六八年頃、北魏が山東地域を支配してから北魏に帰化した[71]。親族には南朝に仕えたものも少なくないので、南朝から七賢と栄啓期絵の粉本を入手するのは可能である。第三は、山東地域は四六八年より以前に南朝の支配下であったために、北朝に入っても、南朝文化の根強い伝統が長く存続し、北朝のほかの地域より、南朝美術の影響を受け入れやすかった。

ところが、七賢と栄啓期を特定するためには、人物造型の特徴の確認作業を行わなくてはならない。丹陽県胡橋呉家村墓・建山金家村墓の七賢および栄啓期図と西善橋墓のそれと比べると、前の両者は、単に保存状態が悪いだけでなく、図柄が相当崩れ、人名の錯誤もあるものの、嵆康・栄啓期が琴を弾き、阮籍が口笛を吹き、山濤が冷徹に酒を飲み、王戎が如意を弄び、阮咸が琵琶（阮咸）を抱くという造型特徴は、まったく変らない。

金家村墓は南斉明帝蕭鸞の興安陵（四九八）、呉家村墓は南斉和帝蕭宝融《しょうほうゆう》の恭安陵《きょうあんりょう》（五〇二）、西善橋墓は六世紀初頭の梁墓で、磚画の型または粉本は、南斉高帝《こうてい》（四七八―四八二）朝の宮廷画家によって作られたと推定されている[72]。

　崔芬墓の年代が西善橋墓より三〇―四〇年ほど新しく、南朝から粉本《ふんぷん》をもらったとすれば、南斉・蕭梁の粉本、つまり西善橋墓のような粉本を使うはずである。しかし、崔芬墓の七賢と栄啓期とされた人物像には、琴・琵琶（阮咸）を弾く、如意を弄ぶものが一人も見当たらなかった。奢侈淫蕩な東昏侯の「七賢美女図」は、反面教師として正史に記されたのであり、当時の社会から認められず、北朝まで流布したと考えにくい。しかも、それは「七賢美女図」で、栄啓期を加えた記録は見られない。

　伝世の東晋・南朝絵画の模写を調べると、画家が違っても同一画題の作品には共通する構図の特徴を持つことがわかる。北京故宮博物院は伝東晋顧愷之「洛神賦図《らくしんふず》」の模写[73]、アメリカのフリア美術館は、伝南朝宋・斉陸探微（?―四八五）の「洛神賦図」の模写、イギリス大英博物館は逸名作者の「洛神賦図」の明代模写を収蔵しており、三者の構図のみならず、船の構造など細部までかなり一致し、一定の格式に従って描いたものと見られる。したがって、北斉時代の七賢と栄啓期図が、南朝の七賢と栄啓期の造形特徴を備えないということは、まず考えられないであろう。

図96　済南八里窪北朝壁画墓の酔客屏風画

いずれにせよ、崔芬墓人物屏風画は、現時点では「竹林七賢」と栄啓期とは特定できず、「名士図《めいしず》」または「高《こう》士図《しず》」としか言えない。

当時は名士の画像が非常に流行し、唐時代までに、東晋・南朝の有名画家の作品は、七賢と栄啓期以外に、顧愷之「古賢」・「中朝名士図《ちゅうちょうめいしず》」、史道碩「嵆中散詩図《けいちゅうさんしず》」、陸探微「勲賢像《くんけんぞう》」、毛恵遠「酒客図《しゅきゃくず》」など数多く存在した。[74] 東晋の名士王恭《おうきょう》が「名士になるのはとくに才能が要らない。毎日何もせずに、痛飲して「離騒《りそう》」を熟読すると名士といえる」と明言した。[75] 当時、数多くの売名の徒が名士と呼ばれ、山東地域でも地元出身のブランド「兗州八伯《えんしゅうはっぱく》」がよく知られている。[76] 無名画家による名士の画像賛のような作品も民間では少なくなかったと想定でき、旧東晋・劉宋の領域であった青・冀等州地域でも、七賢と栄啓期以外の名士・酔客関係の壁画が発見されても不思議ではない。一九八六年に山東省文物考古研究所が済南八里窪《はちりわ》北朝壁画墓の墓室で四扇の酔客屏風画を発見し、検討せずに七賢の中の四人としたが[77]（図96）、しかし、どの四人に当たるか明らかにされなかった。

崔芬の墓誌を読み、彼が家柄のお陰で若い時から官途に就き、手柄を立てずに南征行台府の長史までに出世した。おそらく、南朝の名士たちと同じような生活を送っていたのであろう。北斉「朱岱林《しゅたいりん》墓誌銘」は、死者が生前に「四子七賢《ししちけん》」の交友関係を結んだと記している[78]。壁画の内容が被葬者の生前の生活様式に深く関わっていることから、崔芬本人およびその交友関係の名士たちが屏風壁画の画題にされた可能性も十分に考えられる。

屏風壁画の源流

屏風は古代中国の貴族の日常生活に欠かせないものであり、顧愷之の「女史箴図」・「列女仁智図」、大同北魏司馬金龍墓の漆屏風に、屏風で身を囲む人物の姿が見られる。北魏時代に屏風で被葬者の棺槨を囲む風習が盛んとなり、二十世紀に洛陽郊外の邙山北魏貴族墓地から多くの棺台石屏風が出土した。屏風壁画という形式の源流を探る際に、北魏の石屏風との強い関係を無視するわけにはいかない。

洛陽古代芸術館に所蔵される一九七七年洛陽出土の棺台石屏風が十四扇から構成しており、被葬者夫婦像と他の十二幅の人物像が刻まれている（図97[79]）。山岳または奇石・樹木を背景に

図97　洛陽出土石床屏風人物画

人物絵を描くという点において、崔芬墓屏風壁画との共通性が見られる。類似する石屏風が天理《てんり》参考館と和泉久保惣《いずみくぼそう》記念美術館にも収蔵されている。

石屏風が高価な葬具で、しかも、石棺台・石棺とセットにしなければならない。東魏—北斉の戦乱の中で、経済が衰退し、地方の豪族と官僚がその製作費用を負担できないために、石屏風の変わりに屏風壁画をつくった。山東省済南市馬荘祝阿《しゅくあ》県令道貴墓・東八里窪《とうはちりわ》壁画墓[80]・山西省太原市郊外壁画墓などの北斉時代の古墳にも、屏風壁画が発見され、それは偶然ではないであろう。こうした経済的な理由から、墓室屏風壁画の起源を説明することができるかも知れない。

図 98　伝洛陽出土石屏風の鞍馬図

南朝では、これまで屏風壁画・磚画の遺例が発見されなかったが、南京西善橋南朝大墓で発見された竹林七賢と栄啓期磚画は、樹木で画面の区切りにした屏風画に近い単幅の人物絵である。形式上は、直接北斉の屏風画と関係があると考えにくく、酒の容器など細かい表現も異なる。西善橋墓の場合、阮籍・山濤・王戎像に見られるように、小鳥を入れる瓢簞が使われている。これに対して、崔芬墓屏風画の酒容器は長頚壺であり、北魏伝元謐石棺の孝子伝図などと一致している。これも南北風習の違いを語るものである。ところが、北魏の屏風絵に現れたのはいずれも挙止優雅な人物であり、酒を飲んでも姿勢が崩れない。これに対して、崔芬墓の人物は泥酔、放縦な姿であり、明らかに南朝竹林七賢図などの影響を受けている。

そのほか、西壁の第十二幅屏風図に鞍馬図、東

図99　崔芬墓屏風壁画舞踊図

壁の第十八幅に鞍馬と馬方が描かれている。鞍馬図は、北朝ではごく一般的な図柄で、石屏風・造像碑・墓葬壁画・石窟壁画によく見られる。図98は、伝洛陽出土の石屏風の鞍馬図であり、樹木と奇石を背景にして画面の中心部に綺麗に飾られる馬を、前に馬方、後に傘とさしばを持つ人物と共に描いている。〔81〕

第十七幅は、舞踊図である。丸襟、細長い袖の胡服を着る二人の踊り子が、両手を挙げて胡《こ》旋舞《せんぶ》を演じる姿が描写されている（図99）。西域からのソグド文化との関連性も指摘されている。〔82〕

清河崔氏と南北朝文化

崔芬墓壁画の研究においては、これまで南朝的な要素が注目されて来たが、北朝、とくに北魏的な要素が重要視されなかった。人物屏風壁画は確かに南朝の影響を受けたが、武士像・天文四神図・鞍馬図・舞踊図は、主に北魏石屏風画の伝統を引いたと考えられる。この現象は清河崔氏一族の文化の特質から説明できる。

清河崔氏の家柄は後漢時代に遡れる。三一七年、西晋王朝が匈奴族の前趙に滅ぼされ、瑯琊王氏など山東名門は、皇室と共に江南へ亡命した。清河崔氏は北方に残り、相前後して羯族《けつぞく》の石趙《せきちょう》・慕容氏の諸燕《しょえん》および拓跋氏の北魏に帰属した。[83] 東晋安帝義熙《ぎぎ》六年（四一〇）に劉裕《りゅうゆう》が南燕を滅ぼし、清河崔氏の本拠地が東晋―南朝に支配されると、一部の成員が後の南朝政権に仕えた。

ほぼ同時期に、清河東武城一系出身の崔浩《さいこう》が鮮卑拓跋部の北魏に投降し、太武帝の信頼を得、北魏の黄河流域の統一に大いに貢献した。さらに、北魏皇室の道教信仰、太平神君《たいへいしんくん》七年(四四六)の廃仏《はいぶつ》運動など歴史事件にも、決定的な役割を演じた。その後、北魏内部の政治闘争で崔浩およびその親族朋党が太武帝に誅殺され、政治的な力が衰えた。四六八年二月、魏将慕容白曜が歴城を陥落させた際に、劉宋の冀州刺史崔道固《さいどうこ》を始め、多くの清河崔氏の士人が北魏に投降して「平斉民《へいせいみん》」となった。[84] 孝文帝朝以降、平斉民出身の清河崔氏の政治的な影響力が再び強くなり、崔光《さいこう》などが正光・孝昌年間に枢要人物となり、北魏の盛衰存亡につながる孝明帝朝の朋党闘争にも深く関与した。

要するに、清河崔氏は中原北方系の名門士族であり、南朝よりも、北魏王朝との関係が深かった。彼らは北魏文化に大きな影響を与えた同時に、北魏文化に馴染み、文化面において、孝文帝改制によって生まれた漢民族化した鮮卑貴族と一体化した。崔芬本人も北魏の皇統を継いだ東魏において官僚の身分を持ち、墓は東魏の制度に準じて営造されたものと考えられる。したがって、その墓の壁画には南朝絵画の影響が認められるが、基本的な部分は、やはり北朝絵画、とくに北魏の洛陽石棺・石屏風絵の流れを組むと見てよいであろう。

注

〔1〕『北史』巻六・斉本紀上・世宗文襄帝紀を参照。
〔2〕『北史』巻七・斉本紀中・顕祖文宣帝紀を参照。
〔3〕渠伝福「徐顕秀墓与北斉晋陽」(『文物』二〇〇三年一〇期)。
〔4〕邯鄲地区文物考古研究所の馬忠理氏の教示による。
〔5〕寧夏回族自治区博物館ほか「寧夏固原北周李賢夫婦墓発掘簡報」(『文物』一九八五年一一期)
〔6〕俑の数と種類は発掘調査の概報によって統計したのであり、合計と種別の数が整合しないことがある。
〔7〕中国社会科学院考古研究所ほか『磁県湾漳北朝壁画墓』(科学出版社　二〇〇三年三月)。
〔8〕『北斉書』巻七・帝紀第七・武成・河清三年条を参照。

〔9〕『隋書』巻八・礼儀三を参照。
〔10〕趙超「試談北魏墓誌的等級制度」（『中原文物』二〇〇二年一期）を参照。
〔11〕趙超『漢魏南北朝墓誌集釋』（天津古籍出版社　一九九二年）。
〔12〕陝西省考古研究所・咸陽考古研究所「北周武帝孝陵発掘簡報」（『考古と文物』一九九七年二月）。
〔13〕『隋書』巻八・礼儀三を参照。
〔14〕『隋書』巻八・礼儀三を参照。
〔15〕『魏書』巻十三・文成文明皇后馮氏伝を参照。
〔16〕『隋書』巻八・礼儀三によれば、北斉の親王は第一品、儀同三司・令僕は二品から三品、郡公主・王国太妃・妃は一品の命婦である。いわゆる五等開国は開国王（一品）・開国郡公（従一品）・開国県公（二品）・開国県侯（従二品）・開国県伯（三品）を指している。右の文献記録を整理して、次のように表にまとめた。
〔17〕『隋書』巻八・礼儀三を参照。
〔18〕河北省博物館・文物管理処「河北平山北斉崔昂墓調査報告」（『文物』一九七三年一一期）
〔19〕『北史』巻七・斉本紀中・顕祖文宣帝紀を参照。
〔20〕馬忠里「磁県北朝墓群―東魏―北斉兆域考」（第二届北朝史学術討論会の研究発表　一九八八年）。
〔21〕『魏書』巻十二・孝静帝紀を参照。
〔22〕『魏書』巻十二・孝静帝紀を参照。
〔23〕徐光冀「鄴城跡の近年の調査成果と北朝大型壁画墓の発見」（『考古学

官品／制度	一品	二品 三品	四品 五品	六品 七品	八品	九品	勲品	庶人
白鼓	○	○	×	×	×	×	×	×
凶門柏歴	○	○	×	×	×	×	×	×
方相	○	○	×	×	×	×	×	×
魌頭	×	×	○	○	○	○	○	○
旌の旒の数	九旒	七旒	五旒	三旒	×	×	×	×
旒の長さ	軫に至る	軫に至る	輪に至る	較に至る	較に至る	至較	七尺	七尺

注：○制度有。×制度なし。

軫：車の床縛（とこしばり）の上の横木。

較：車箱の両脇にさし出た横木。

研究』三八―四　一九九二年）。
（24）『北斉書』巻一・神武帝紀を参照。
（25）大同市博物館・山西省文物工作委員会「大同方山北魏永固陵」（『文物』一九七八年七期）
（26）『北斉書』巻三・文襄帝紀を参照。
（27）茹茹公主墓誌に「門勲世徳、光被朝野、送終之礼、宜優常数」と書いている。磁県文化館「河北磁県東魏茹々公主墓発掘簡報」（『文物』一九八四年四期）。
（28）『隋書』巻五十七・薛道衡伝に
後高祖（隋の文帝）善其称職、謂楊素・牛弘曰：道衡老矣、駆使勤労、宜使其朱門陳戟。於是進位上開府、賜物百段。

とある。薛道衡は隋の内史侍郎を勤め、詔書を起草する役目であった。彼の文章が文帝の意志をうまく表現したので、上開府儀同三司という官号が下された。上開府儀同三司は従三品であることから、隋では従三品以上の官僚は官邸の門に列戟したことが推定できる。『隋書』巻六十二・柳彧伝は高熲父子の官邸列戟に関する記録も残っている。
（29）その配列は十二支の順番と矛盾があるようである。
（30）雷神と風伯が後漢時代の画像石墓によく描かれた。敦煌莫高窟の二四九窟（西魏）壁画に雷神と風伯を対称に配置する例が見られる。
（31）『魏書』巻二十四・崔玄伯を参照。
（32）『宋書』巻七十四・臧質伝を参照。
（33）河北省賛皇県李希宗墓の前後甬道の壁面に朱の彩色が発見されたと報告されているが、壁画の跡であるとは確認できなかった。石家荘地区革委会文化局文物発掘組「河北賛皇東魏李希宗墓」（『考古』一九七七年六期）。
（34）『北斉書』巻二十一・高乾伝附高昂伝を参照。
（35）『北斉書』巻二十一・高乾伝附高昂伝を参照。

〔36〕『北斉書』巻二十一・高乾伝を参照。
〔37〕『顔氏家訓』巻第一・教子第二を参照。
〔38〕河南省博物館「河南安陽北斉范粋墓発掘簡報」(『文物』一九七二年一期)。
〔39〕「河南安陽県発見一座北斉墓」(『考古』一九七二年一期)。
〔40〕『北斉書』巻八・後主・幼主紀を参照。
〔41〕安陽県文教局「河南安陽清理一座北斉墓」(『文物』一九七二年一期)。
〔42〕山東省文物考古研究所ほか「山東臨朐北斉崔芬壁画墓」(『文物』二〇〇二年四期)
〔43〕寧懋石室武士像は太腿を保護する膝鎧を装備する点において、崔芬墓と相違しているが、北朝の武士像と武士俑には腿裙を装備するものと装備しないものが両方存在しているから、とくに地域特徴を区別する基準にはならないと思う。
〔44〕洛陽博物館「洛陽画像石棺」(『考古』一九八〇年三期)。
〔45〕曾布川寛「南朝帝陵の石獣と磚画」(『東方学報』京都、第六三冊、一九九一年)。
〔46〕河南省文化局文物工作隊『鄧県彩色画像磚墓』(文物出版社、一九五八年)。
〔47〕南朝では、皇帝から権臣に「衮冕之服」を与える際に、靴を附属品にする例がしばしば見られる。『宋書』巻二・武帝中に「是用錫公衮冕之服、赤舄副焉。」と記している。
〔48〕長広敏雄氏はかつてこの種の動物を「畏獣」と名づけたが、張彦遠『歴代名画記』には、「鬼神図」に関する記録がしばしば見られ、当時では概ねに鬼神と呼ばれたと考えられる。長広敏雄「鬼神図の系譜」(『六朝時代美術の研究』美術出版社、一九六九年)。
〔49〕黄明蘭『洛陽北魏世俗石刻線画集』図版二七―三四を参照(人民美術出版社　一九八七年)。
〔50〕黄明蘭氏前掲注四十九書を参照。
〔51〕孫華「四川綿陽平楊府君闕闕身造像―兼談四川地区南北朝仏道龕像的幾個問題」(『漢唐之間的宗教芸術与考古』文物出版社、二〇〇〇年)

〔52〕拙稿「山東省臨朐県北斉崔芬墓の人物屛風壁画について」（日本中国考古学会、第一三回大会研究発表、二〇〇二年一〇月）
〔53〕発掘者は「盆栽」としたが、その時代に盆栽があることはまだ証明できていない。
〔54〕『世説新語』下巻上・任誕第二十三を参照。
〔55〕『水経注』巻九・清水条を参照。
〔56〕長広氏は竹林七賢という観念が、ほぼ東晋中期（四世紀の中葉）に有名になったとし、福永氏は竹林七賢という称呼自体も東晋時代に成立したと指摘した。長広敏雄「竹林七賢と栄啓期の画図」、（『六朝時代美術の研究』美術出版社、一九六九年）。『福永光司「嵇康における自我の問題」、（『東方学報』京都三二冊）。ところで、七賢のエピゴーネンである「四友」グループが西晋の末にすでに有名になったことを考えると、七賢という称呼が西晋時代にすでに成立した可能性も否定できないのではないか。
〔57〕『晋書』巻四十九・胡毋輔之伝、『晋書』巻四十三・王戎伝附王澄伝参照。「四友」のメンバーに関して『晋書』胡毋輔之伝と王澄伝の記録には多少違いが見られる。
〔58〕『晋書』巻四十九・光逸伝、（清）湯球輯（晋）鄧粲『晋紀』を参照。
〔59〕南京博物院・南京市文物管理委員会「南京西善橋南朝墓及其磚刻壁画」（『文物』一九六〇年八・九期。）南京博物院「江蘇丹陽県胡橋、建山両座南朝墓葬」（『文物』一九八〇年二期）。一九六五年に胡橋仙塘湾南朝墓から「嵇下行第廿四」の銘文磚が出土したが、磚画は保存されなかった。南京博物院「江蘇丹陽胡橋南朝大墓及磚刻壁画」（『文物』一九七四年二期）。
〔60〕曾布川氏前掲注四十五論文を参照。
〔61〕陳寅恪氏は東晋の初年に天竺の「竹林」の名をとり、「七賢」につけ、「竹林七賢」と言うようになったのであり、竹林が地名ではなく、竹の林もなかった、と主張した。万縄楠整理『陳寅恪魏晋南北朝史講演録』（黄山書社、一九八七年）。
〔62〕『嵇中散集』巻一を参照。

〔63〕『世説新語』下巻上・巧蓺第二十一、『晋書』巻九十二・顧愷之伝参照。
〔64〕曾布川氏前掲注四十五論文を参照。
〔65〕『世説新語』中巻上・雅量第六を参照。
〔66〕『晋書』巻四十三・山濤伝を参照。
〔67〕長広敏雄「竹林七賢と栄啓期の画図」（『六朝時代美術の研究』美術出版社、一九六九年）。
〔68〕『晋書』巻四十三・王戎伝。長広敏雄「竹林七賢と栄啓期の画図」（前掲『六朝時代美術の研究』）。
〔69〕『通典』巻一四四・楽四を参照。
〔70〕『南史』巻五・廃帝東昏侯本紀を参照。
〔71〕『宋書』巻八十八・崔道固伝を参照。四六六年から、北魏が劉宋の冀・青・徐・兗等州を攻略し、四六八年二月、魏将慕容白曜が歴城を陥落させた際に劉宋冀州刺史崔道固を始め、清河崔氏の多くの士人が北魏に投降した。崔芬の祖父もその一人だと思われる。
〔72〕曾布川氏前掲注四十五論文を参照。
〔73〕遼寧省博物館にも顧愷之「洛神賦図」の宋代模写を収蔵している。その構図は北京故宮博物院の模写（唐代または宋代）と基本的に変らなく、両者とも原作に忠実するものと裏付けている。
〔74〕張彦遠『歴代名画記』巻五・六を参照
〔75〕『世説新語』下巻上・任誕第二十三を参照。
〔76〕『晋書』巻四十九・羊曼伝を参照。
〔77〕前掲注四十三発掘概報を参照。
〔78〕鄭岩『魏晋南北朝壁画墓研究』（文物出版社、二〇〇二年一二月）を参照。
〔79〕『中国美術分類全集・中国画像石全集』八・石刻線画（河南美術出版社・山東美術出版社、二〇〇〇年六月）。
〔80〕済南市博物館「済南市馬荘北斉墓」（『文物』一九八五年一〇期）、山東省文物考古研究所「済南市東八里窪北朝壁画墓」（『文物』一九八九年四期）。

〔81〕黄明蘭氏前掲注四十九書を参照。
〔82〕鄭岩氏前掲注七十八書参照。
〔83〕『魏書』巻二十四・崔玄伯伝、巻六十七・崔光伝を参照。
〔84〕『魏書』巻二十四・崔道固伝 参照。北魏が三斉を平定した際に略奪した南朝の臣民を「平斉民」という。

第六章　東晋―南朝の壁画墓と画像磚墓

西暦三一七年、司馬氏の西晋が匈奴族の劉淵《りゅうえん》に滅ぼされ、戦乱を避けて逃げまわる華北の農民は次々と故郷を離れて江南へと移住し、民族大移動の時代が始まった。西晋の宗室瑯琊王司馬《しば》睿《えい》が、江南の建業《けんぎょう》（南京、後に建康と呼ぶ）で、南渡した北方貴族と江南土着豪族の支持を得て王朝を再建した。史上、この王朝は東晋と呼ばれる。東晋時代は皇帝権力が弱く、北方貴族と土着豪族の関係もうまく行かず、権臣によるクーデターと軍事反乱が繰り返された。四二〇年、北伐戦争で悲願の帝都洛陽・長安の奪還を実現して名声を博した将軍劉裕に脅迫され、司馬氏は政権を禅譲し、宋《そう》が建てられた。後にほぼ同じ禅譲の形で、斉《せい》（四七九―五〇二）、梁《りょう》（―五五七）、陳《ちん》（―五八九）と、隋《ずい》の統一まで四つの王朝が交替した。これらの諸王朝は、北方を統治していた北朝（北魏・東魏・西魏・北斉・北周）に対して南朝と呼ばれる。

首都建康を中心とした東晋—南朝の領域内では、壁画墓はまれであるが、かなり数の画像磚墓が発見された。残念ながら、正式の調査報告書があまり公表されなかったので、墓室全体の画像配置、画面間の関係などの問題は、北朝墓ほど明らかにされなかった。孝子伝図・仙人図・仏像・人頭鳥・龍・虎・獅子・武人・鹵簿・鬼面およびパルメットなどの画題の単幅磚画が広く分布しているが、首都周辺では第六章にすでに触れた竹林七賢・栄啓期のような大型磚画も存在している。

本章では、辺鄙な雲南省《うんなんしょう》昭通《しょうつう》県の東晋霍承嗣《かくしょうし》墓と、北朝の領域に近い河南省鄧県学荘《がくしょう》画像画像磚墓について述べたい。

一、雲南省昭通県霍承嗣墓

雲南省昭通県は東晋の西の国境に接する地域であり、東晋王朝が地元の豪族霍氏に行政と軍事の運営を任せていた。一九六三年に昭通県後海子《こうかいし》で調査された、使持節都督江南《しじせっととくこうなん》・交寧二《こうねいに》州諸軍事《しゅうしょぐんじ》、建寧《けんねい》・越巂《えっしゅん》・興古三郡太守《こうこさんぐんたいしゅ》、南夷校尉《なんいこうい》・交寧二州刺史《こうれいにしゅうしし》霍承嗣墓は、江南地域で数の少ない壁画墓として注目されている。[1]

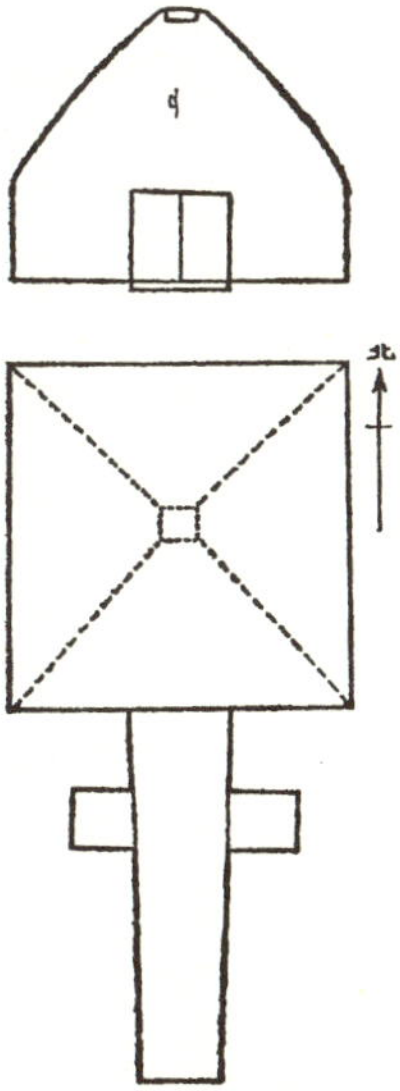

図100　霍承嗣墓の墓室・羨道平面略図

霍承嗣墓の内部構造と壁画の配置

霍承嗣墓の内部施設は羨道と方形墓室から構成されており、羨道の底部が傾斜し、両脇に小龕を設けている（図100）。北墓室の天井には、雲気文の下に四神などが配されている。北では、玄武・蓮華の間に小さな騎馬狩猟の人物も描き出している（図101）。東に白虎の上・下・前に鳥、後ろに鹿と楼閣および闕を描き、白虎に「左帛虎《さびゃこ》」、鹿に「番鹿《ばんろく》」などの題名がついている（図102）。西には仙草《せんそう》を持つ玉女と青龍を中心に鹿・鳥・人面獣・三足烏・楼閣を配しており、玉女に「玉女以草授龍」、青龍に「右青龍《ゆうせいりゅう》」、楼閣に「龍楼《りゅうろう》」という墨書傍題が見られる（図103）。南には、朱雀・兔・蓮華を描き、「朱雀」という傍題がある（図104）。四

図101　霍承嗣墓の墓室北壁壁画

図 102　霍承嗣墓の墓室東壁壁画

図 103　霍承嗣墓の墓室西壁壁画

壁は被葬者の生前の生活風景を描写する空間である。西壁は平上幘《へいじょうさく》をかぶり、儀刀《ぎとう》を持つ兵士を一列、彝族の「天菩薩《てんぼさつ》」という髪型にした、マントを羽織る地元の部曲を二列配置し、南壁門の傍には冑《かぶと》をかぶる武士が立ち、東壁には平上幘《へいじょうさく》をかぶり、旟《よ》を持つ歩卒・儀刀・具装遮列騎《ぐそうしゃれっき》の行列が展開している。北壁には霍承嗣の肖像が大きく表現され、両脇に節・傘・扇・兵器など儀仗の調度品および十八人の侍従が配されている。肖像の傍に墨書の墓誌銘が見え、「晋故使持節都督江南・交寧二州諸軍事、建寧・越巂・興古三郡太守、南夷校尉・交寧二州刺史、成都《せいと》県侯《けんこう》霍《かく》使君《しくん》之像。君《くん》

図104　霍承嗣墓の墓室南壁壁画

諱《き》□字《じ》承嗣《しょうし》、卒是荊州南郡枝江牧《けいしゅうなんぐんしこうぼく》、六十六歳薨《こう》、先蜀郡《しょくぐん》葬。以太元《たいげん》十□□二月五日改葬朱提越渡《かいそうしゅていえっと》□余魂来帰墓」という内容であった。

墨書の墓誌銘によって、被葬者の官位・爵位が安岳三号墓の冬寿とあまり変わらず、墓の年代は東晋太元年間後半（太元十一—十九年、三八六—三九四）で、冬寿墓よりやや年代が新しいことがわかる。被葬者は、先に蜀郡に埋葬され、後に現在の場所に墓を移した。天井壁画についてはまだ解説できない部分が多いが、壁画の源流は蜀郡にある可能性が大きい。中国南西部の高原山岳地域の墓にも、安岳三号墓と同じような鎧馬騎兵の隊列が描かれたのは、とても興味深いことである。

魏晋南北朝の具装騎兵

戦国時代、趙の武霊王《ぶれいおう》は「胡服騎射《こふくきしゃ》」という軍事改革を行い、匈奴族から軽装騎兵の戦術を学んで、兵車中心の中国伝統的な作戦方法を大きく変えた。軽装騎兵に対して、霍承嗣墓に描かれたのは具装騎兵で、重装騎兵ともいう。楊泓《ようこう》氏は『中国古兵器論叢』において具装騎兵がおそらく安息（パルティア王朝）に起源し、後漢末に中国に伝来したと指摘した[2]。重装騎兵の伝来は、魏晋南北朝時代の軍事思想と戦術にも大きな影響を与えた。

『後漢書』巻六十下・蔡邕《さいよう》伝に、後漢末の戦乱で「鎧馬《かいば》」の産地である幽州《ゆうしゅう》・冀州《きしゅう》は蕭条となった、と記している。この「鎧馬」のいい方に対して、二通りの解説ができる。一つは鎧と馬、もう一つは馬鎧である。筆者は後者を主張する。漢代の伝統的な軍馬の産地は西域と接する河西地域で、漢の武帝が西域に天馬を求めた話が有名であり、幽州・冀州はとくに名馬の産地ではなかった。しかし、文献上の「鉄騎」や「具装」に関する最も古い記録は、いずれも幽州・冀州と関係している。

建安四年（一九九）三月、袁紹《えんしょう》が易京《いきょう》で幽州・冀州の大部分を支配した公孫瓚《こうそんさん》を攻撃し、公孫瓚が息子の公孫続《こうそんぞく》に託して黄巾黒山軍《こくさんぐん》の首領張燕《ちょうえん》に救援を求めた。彼の出した書簡には、五千の「鉄騎《てつき》」が北隰《ほくしつ》で待機しており、火を反撃の合図にして袁紹と決戦しようと書いてある。これが中国の文献で最初の「鉄騎」という言葉の使用例である。その鉄騎は、鉄の鎧で固めた騎兵と理解してよいと思う。また、年代がやや遅れて、曹操は『軍策令《ぐんさくれい》』に、袁紹が三百具の馬鎧を持っているが、自分は十具も持っていないと書いた。当時では、馬鎧は高価な武器で、公孫瓚を滅ぼし、幽州・冀州全域を支配した袁紹も、三百具しか保有していなかった。すると、公孫瓚が鎧馬の産地である幽州と冀州の大部分を支配したとしても、五千もの具装騎兵を持っていたとは考えられない。おそらく、援軍の士気を奮い起こすために、書簡で大いに誇張した言葉を書いたに違いない。建安十三年（二〇八）頃、馬超の弟は「鉄騎都尉《てっきとい》」に任命された。漢代では「車騎《しゃき》」・「驃騎《ひょうき》」・「屯騎《とんき》」・「驍騎《ぎょうき》」などがついた武官名が少なくないが、それでも「鉄騎」をつけた前例はなかったので、新しい兵種の誕生を意味しているのではないかと考えられる。

　三国時代の江南の呉も具装騎兵を導入したようである。魏邵陵厲公嘉平《しょうりょうれいこうかへい》二年（二五〇）に呉将施績《しせき》の軍が征南《せいなん》将軍王昶《おうちょう》に敗れ、城に逃げ込んで立てこもった。この時、魏の騎兵が鹵獲した具装の馬冑を馬に掛けて城を走り回ったため、激怒した呉軍が城を出てきたが、伏兵にやられた。[3]

　五胡十六国時期に、馬鎧は、金銀などの財宝と同じようによく恩賜の物および同盟国への贈り物として使われていた。例えば、永嘉《えいか》六年（三一二）、羯族の石勒は鮮卑段部《だんぶ》の疾陸眷《しつりくけん》と渚《しょ》陽《よう》で戦い、疾陸眷が敗れ、石勒に馬鎧と金銀を送り、休戦を求めた。また、東晋永昌《えいしょう》元年（三二二）に石勒は東晋の寿春《じゅしゅん》を攻撃したが、豪雨に遭い、飢餓と疫病で兵士の半数過ぎが死亡した。部将の孔萇《こうちょう》・支雄《しゆう》などが船で丹陽《たんよう》を攻撃することを提案すると、石勒は大喜んで皆に鎧馬を一匹ずつ下賜した。[4]永和《えいわ》五年（三四九）後趙の石虎《せっこ》が羌族の首領姚仲弋《ようちゅういき》を使持節《しじせつ》・侍中《じちゅう》・征《せい》西《せい》大将軍を冊封した時にも鎧馬を贈った。ところが、後趙以降はこのような記事が見えなくなった。おそらく具装の普及に伴い、財宝としての価値が下がったのであろう。

優れている攻撃力と防御力を持つ具装騎兵は、現代の装甲部隊の機能に近い。東晋・五胡十六国時代には大量に戦場に投入された。建武《けんぶ》元年（三一七）、晋将李矩《りく》は夜間に匈奴の前趙の劉暢《りゅうちょう》を襲撃し、数多くの鎧馬を鹵獲した。義熙《ぎき》六年（四一〇）、盧循《ろじゅん》・徐道覆《じょどうふく》が建康の城下に迫ると、晋の寧朔《ねいさく》将軍索邈《さくみょう》が千匹あまりの虎文様《とらもんよう》鮮卑具装騎を率いて、反撃の主力軍団として待機した。[5] 劉宋泰始《たいし》二年（四六六）、蕭道成《しょうどうせい》が詔を奉じて反乱した晋安王子勛《しんあんおうしくん》を討伐した際に、軍事力が劣っていたので、棕櫚《しゅろ》の皮を編んで馬の具装を偽って夜間に松明《たいまつ》を持って虚勢を張り、敵を走らせた。[6] 南斉の名将薛安都《せつあんと》、北魏の名将皮豹子《ひひょうし》は、いずれも戦列で具装馬に乗っていたという。

このような歴史環境の中、具装騎兵は敵の軍団と治下の民衆を震え上がらせる武器として、権力者の儀衛鹵簿に重要な役割を果たした。すなわち、前趙の君主劉曜《りゅうよう》は群臣の子弟から勇者を募集して親御郎《しんぎょろう》に任じ、巡幸の時に鎧馬に乗って随行させた。[7] 建武《けんぶ》二年、北魏孝文帝が南斉を侵攻した際に、輦車《てぐるま》が鉄騎の群れに取り囲まれていた。南斉の廃帝東昏侯は、軍陣が好きで、鎧馬儀衛を千人備え、宮内の閲武堂《えつぶどう》に牙門《がもん》を設け、宮人・宦官を軍隊に編成して戦闘の場面を演じていた。いつも昼に寝て夜に起き、自ら銀の蓮葉具装鎧馬に乗り、儀衛兵といっしょに宮城の鳳荘門《ほうしょうもん》から徽明門《きめいもん》に走っていた。[8]

東晋南朝の貴族は、部曲《ぶきょく》、すなわち私兵を保有し、鎧馬のような重装備も持っていた。淝《ひ》水《すい》の役で東晋の将軍桓伊《かんい》が前秦軍《ぜんしん》から馬具装百具、歩兵鎧六百領を鹵獲し、死ぬ前にこれらの鎧を朝廷に献上して忠君の典範とされた〔9〕。霍承嗣墓の所在地域は高原山岳地帯で、具装騎兵隊の活躍できるところではない。また、北からの強い軍事圧力を受けていた東晋王朝がその地域に貴重な具装騎兵を配備するはずもない。しかし、東晋の制度によって豪族は私兵を保有できることから、霍承嗣墓に描かれた具装騎兵は政府軍でなく、被葬者の部曲の性格が強いと考えられる。

二、鄧県学荘南朝画像墓

一九五八年、河南省鄧県学荘で地元の農民によって一基の彩色画像磚墓が発見された。墓室と羨道の長さは九・八メートル、墓室の幅は三・〇九メートル、高さは三・二〇メートル、方向はほぼ南向きである。羨門のアーチには「勝」を銜えた獣面を挟んで一対の飛天を、両脇の柱には剣を持つ武士を描いている。羨道と墓室内部では、壁面に突き出た方形の柱を二十数本築き、画像磚はそれらの柱の正面に嵌め込まれている。柱の下部には五つの画像磚をつなぎ合わせた武士図を飾り（図105）、東西壁の中央部に先導役・鼓吹（楽隊）・鞍馬・牛車・物を捧げる侍従などの画像磚から構成された鹵簿図があり、奥壁に玄武が見える。柱の上部には、郭巨（図

106）と老萊子の画像磚が発見された。調査する前にすでに墓がかなりひどく破壊されていたので、元の位置の判らない青龍・白虎・鳳凰・天馬《てんば》・麒麟《きりん》・千秋《せんしゅう》・万歳《ばんざい》および王子《おうじ》喬《きょう》・浮《ふ》丘公《きゅうこう》と商山《しょうざん》四《し》皓《こう》の説話画像が出土した。

図 105　河南省鄧県学荘画像磚墓
武士画像磚

鄧県は南朝と北朝の境に位置し、五四八年侯景の乱以降は、完全に北朝の支配下に入った。学荘墓の馬画像磚の側面に、「家在呉郡《ごぐん》（今の江蘇省南部、浙江《せっこう》省北部）」の墨書が発見されたので、南朝梁墓である可能性が高いと指摘された。

図 106　河南省鄧県学荘画像磚墓郭巨画像磚

図 107　河南省鄧県学荘画像磚墓王子喬・浮丘公画像磚

王子喬と浮丘公

前漢時代の劉向《りゅうきょう》の撰と伝えられる『列仙伝《れっせんでん》』によると、王子喬は周霊王《しゅうれいおう》の太子晋《しん》であり、笙を吹くのが巧みで、鳳凰の鳴くような美しい音を立てた。伊水《いすい》と洛水《らくすい》のあたりに遊歴し、道士浮丘公に出会って、いっしょに嵩山《すうざん》に登った。三十余年後、山の中で桓良《かんりょう》という人が王子喬に会い、「七月七日に緱氏山で待つよう、私の家族に伝えてください」と頼まれた。その日に白鶴に乗った王子喬が緱氏山《こうしさん》の峰に降りて、皆に向かって手を振り、数日後飛び去った。その後、人々は嵩山と緱氏山で王子喬を祭る祠堂を建てた。

　画像の左側に、一人の人物が石に座って笙を吹き、一羽の鳳凰が音楽のリズムに合わせて踊っている。その人物の前に「王子橋」という傍題がある。右側に髪の毛の長い人物が麈尾を持って立っている。前に「浮丘公」の傍題がついている（図107）。おそらく、浮丘公が王子喬を連れて嵩山に登る伝承をイメージした画面である。

商山四皓

『史記』留侯世家によると、いわゆる商山四皓は、秦の末の乱を避けて商雒《しょうらく》の南山中に隠棲した四人の賢者を指す。漢高祖十二年に劉邦《りゅうほう》が黥布《げいふ》の軍を破った後、体調を崩し、病状がますます重くなると、留侯張良《りゅうこうちょうりょう》の苦諫も聞き入れずに太子（後の恵帝《けいてい》）を廃立する意志を固めた。太傅《たいふ》叔孫通《しゅくそんつう》が必死に反対したので、劉邦は許したふりをしながらも、ひそかに廃立を謀っていた。ある日の宴会で太子が劉邦の傍らに仕えた。その時、太子に四人の賢者がついていた。彼らは皆八十歳数で、髪も髯も真っ白だが、きちんとした身なりをしている。四人の名前は、園公《えんこう》、綺里季《きりき》、夏黄公《かこうこう》、用里先生《ろくり》という。四人を見て劉邦が驚いて、数年間もかけて君達の協力を求めたが、君達は私から逃げた。それなのに何で私の息子といっしょにいるのか、と聞いた。四人は、「陛下は士人を軽視し、よく人を罵ります。私達はその屈辱を受けたくないために逃げました。太子は仁愛と孝行の心を持ち、賢者と士人を礼遇するので、天下の人々は太子のために命を投げ出しても惜しくないと思い、私たちも、力を尽くして太子に侍奉しているのです」と答えた。劉邦はその話を聞いて太子を廃立する考えを捨てたという。

画像は、山を背景にして四人の長者を表現し、空を飛んでいる鶴の姿も確認され、まるで仙境のように見える。右から一番目の長者が琴を弾き、二番目の長者が笙を吹き、三番目の長者が方形の板のようなものを両手で持ち、四番目の長者が左の手を挙げている。四人はいずれも座ったり、または跪いたの姿勢で、素足も出している。画面の左に「南山四皓」という傍題があるが、彼らが商雒の南山に隠居していたので、後漢時代から「南山四皓」とも呼ばれるようになった（図108）。

図108　河南省鄧県学荘画像磚墓南山四皓画像磚

神仙への憧れ

魏晋南北朝は神仙道教《しんせんどうきょう》の成立した時代であり、さまざまな道教の宗派が活動して、神仙思想が社会の各階層に充満していた。そのため、墓室だけでなく、現世の住居にも神仙関係の図柄を飾る風習が流行していたようである。例えば、斉廃帝東昏侯蕭宝巻《しょうほうかん》は寵愛する潘妃《はんひ》のため、三つの宮殿を建て、神仙《しんせん》、永寿《えいじゅ》、玉寿《ぎょくじゅ》という名前をつけた。その玉寿殿には飛仙帳《ひせんちょう》をはり、窓の間に神仙の絵をいっぱいに描き、仙人の殿堂に住んで長生不死になりたいという気持ちをよく表した。[10] 梁武帝《りょうぶてい》の時、衡山《こうざん》に隠居していた道士鄧郁《とういく》が三十年間も穀物を食べず、谷の水で雲母《うんぼ》の屑を服用し、「大洞経《だいどうきょう》」を暗唱して生きていたといわれ、武帝は五岳楼《ごがくろう》を建て、彼からもらった丹薬《たんやく》を供養し、道家の吉日に礼拝に行ったという〔11〕。

当時では、多くの人は、仙道を修行すれば、方術《ほうじゅつ》を駆使して自然の力の束縛も社会の力の制限も超越でき、不老不死の神仙になれると信じていた。神仙道教の大成者葛洪《かっこう》が書いた『抱《ほう》朴子《ぼくし》』は「仙経《せんきょう》」を引用し、仙人の格について次のように述べた。

上士《じょうし》は飛挙して虚空にのぼる。これを天仙《てんせん》という。中士《ちゅうし》は名山に遊ぶ。これを地仙《ちせん》という。下士《かし》はまず死んで、そののち蛻（もぬ）く。これを尸解仙《しげせん》という〔12〕。

俗世間に暮らしている人々にとって、天仙・地仙のような格段の高い仙人になるのは望むこともできない。だから、一度死んで亡骸を脱いだ後に、ふたたび命を取り戻して不老不死になる尸解仙こそ、神仙道教の信者たちの憧れとなった。『抱朴子』に挙げた「尸解仙」の元祖は、漢の武帝に仕えた方士《ほうし》李少君《りしょうくん》である。李少君が死ぬ前に、武帝は夢の中に少君といっしょに嵩高山《すうこうざん》に登った。途中、龍に乗る使者が雲から降りて、太乙《たいいつ》が少君を招いているといった。目が覚めて、武帝は夢の通り少君は私を捨てて去るだろうと、傍らの人に言った。数日後、少君は病死した。しばらくして、武帝がその墓を開け、棺内に衣冠だけが残り、死体がなかったという〔13〕。

そして、葛洪本人も尸解仙とされた。『晋書』巻七十三・葛洪伝によれば、葛洪が死ぬ直前に友人の広州《こうしゅう》刺史《しし》鄧嶽《とうがく》へ書簡を送り、「師を尋ねるために旅に立つ、時期が来たので、すぐに

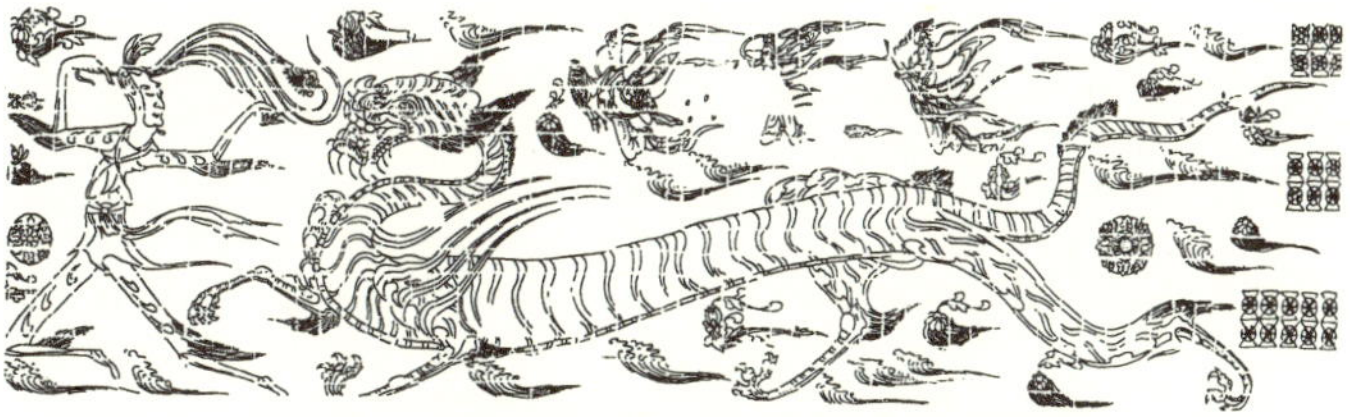

図109　丹陽県建山金家村墓羽人戯龍磚画

出発する」と書いた。その後、日中まで座り、寝るように死んだ。享年八十一歳であった。鄧嶽が慌てて別れに行ったが、間に合わなかった。葛洪の顔色は生きているように見え、体も柔らかく、とても軽く、棺に入る時は衣服だけ残ったという。世の中の人々は葛洪が尸解仙になったと信じた〔14〕。

そのほかに、北朝の天師道《てんしどう》の道士寇謙之《こうけんし》およびその弟子李皎《りこう》、南朝の劉宋順陽県侯《じゅんようけんこう》梁州刺史《りょうしゅうしし》劉亮《りゅうりょう》、梁武帝の時の道士鄧郁なども尸解して仙人となった、と文献に記録されている。

人間が死んだ後にも仙人になる可能性があると信じられていたので、墓室に神仙関係の画像を配置することがとくに重要視されていた。丹陽県建山金家村墓には青龍・白虎の前に仙草を持って引導する羽人《うじん》、その上に仙果《せんか》と丹鼎《たんてい》を捧げる飛天《ひてん》を描いている（図109）。学荘画像磚墓には、王子喬と浮丘公および神仙風の南山四皓のほかに、「千秋・万歳」という仙禽図も発見されている。画像の左には交領の服を着た人間の頭を持つ鳥が描かれ、その傍に「千秋」の題名がついている。右には鹿のように見える頭を持つ鳥が翼を広げ、「万歳」という題名が書いている（図110）。

『抱朴子』対俗に「千歳（秋）の鳥、万歳の禽、皆人面鳥身であり、寿命もその名前の通り」と記している。[15] 不老不死を象徴した仙禽である。

鄧県学荘画像磚墓の墨書の意味はまだ十分に読取れないが、「以四月辞天子、用此廿五林城部曲、在路日久、□□給賜□粟牛酒不少、以五月有斬□率衆。家在呉郡、自後□□」という内容があり、被葬者は、おそらく部曲を率いて北朝と戦った南朝梁の武将で、亡くなった国境地域に埋葬されたと思われる。文中の「天子」は梁の武帝蕭衍《しょうえん》を指している。蕭衍は仏教も道教を信じたが、斉から梁へ王朝が交代の際に茅山派《ぼうざんは》道士陶弘景《とうこうけい》から図讖《としん》をもらって国号を定めたのである。建国後、国の吉凶征討などの大事もしばしば下問し、陶弘景が「山中宰相」と呼ばれ、煉丹・著書など活動を通して皇族と官僚階層にも広い人脈を持っていたようである。[16] 学荘画像磚墓から出土した仙人の世界を描写する画像磚は、神仙道教の雰囲気に親しんだ梁の皇室と官僚階層の世界観を現すものである。

図110　河南省鄧県学荘画像磚墓千秋・万歳画像磚

注

〔1〕雲南省文物工作隊『昭通後海子東晋壁画墓清理簡報』（『文物』一九六三年一二期）。
〔2〕楊泓『中国古兵器論叢』（文物出版社　一九八〇年）。
〔3〕『三国志』巻二十七・魏書・徐胡二王伝邵陵厲公二年条を参照。
〔4〕『晋書』巻一百四・石勒載記を参照。
〔5〕『宋書』巻一・武帝本紀を参照。
〔6〕『南斉書』巻一・高帝本紀上を参照。
〔7〕『晋書』巻一百三・劉曜載記を参照。
〔8〕『南斉書』巻七・東昏侯本紀を参照。
〔9〕『晋書』巻八十一・桓伊伝を参照。
〔10〕『南斉書』巻七・東昏侯本紀を参照。
〔11〕『南史』巻七十六・鄧郁伝を参照。
〔12〕葛洪『抱朴子』内篇・巻之二・論仙、本田済訳注（平凡社一九九〇年）。
〔13〕『抱朴子』内篇・巻之二・論仙を参照。
〔14〕『晋書』巻七十二・葛洪伝を参照。
〔15〕『抱朴子』内篇・巻之三・対俗を参照。
〔16〕『南史』巻七十六・陶弘景伝を参照。

第七章　ソグド系の石屏風、石槨画

ソグドはシルクロードで活躍したイラン系の商業民族である。彼らは子供が生まれると、口にする言葉はいつも甘く、手に一度入った金は放さないことを望み、その子供に石蜜《せきみつ》を口に、手に膠を入れるという話は有名である。ソグド人の故郷のソグデイアナとは天山《てんざん》西麓・パミール一帯の西トルキスタンを指し、ほぼ現在のキルギズ・タジク・ウズベク共和国に相当する。漢代から、ソグド商人達は中国に移住し始め、西域の文化を広める役割を果たした。五胡十六国以降、西域からの移住者が増え続け、北魏の首都洛陽に住むソグド・ペルシア・ビザンチン系の人が一万戸を越えたといわれている。〔1〕二十世紀に入ってから、長安・洛陽・晋陽・鄴都などの地域でソグド人関係の墓誌が次々に発見され、ソグド人の墓から西域風の石屏風・石槨画も出土した。有名な例は、伝河南省安陽県出土石屏風、伝山西省出土北朝石屏風および北周大象《たいしょう》元年（五七九）安伽《あんか》墓屏風、史君《しくん》墓石槨が挙げられる。

伝河南省安陽県出土の石屏風は四枚の屏風石、二枚の闕からなり、ソグド人の新年祭などの内容が刻まれていた。一九二二年に出土し、のちに散逸したといわれている。現在、アメリカのボストン美術館が二枚、フリア美術館が一枚、フランスのギメ美術館が一枚のパネル、ドイツケルンの東アジア美術館が一対の闕を所蔵している。

伝山西省出土北朝石屏風はアメリカに流出して、現在、日本のMIHO美術館に収蔵されている。十一枚の屏風パネル、一対の闕から構成され、商旅・狩猟・葬儀など場面が浮き彫りされている。

二〇〇〇年五月から七月にかけて陝西省考古研究所が西安市未央区《みおうく》大明宮郷坑底寨《だいめいきゅうきょうこうていさい》、すなわち北周の都長安城の南東で、北周大象元年（五七九）同州薩宝《どうしゅうさっぽう》・大都督安伽墓を調査し、浮き彫りの石床屏風が発見された。二〇〇三年六―一〇月に西安市文物保護研究所《ぶんぶつほごけんきゅうじょ》が同じ大明宮郷井上村《せいじょうそん》で北周大象二年（五八〇年）涼州薩保《りょうしゅうさっぽう》史君墓を発掘して、ソグド文字と漢文を両方書いた墓誌、天使・祆教《けんきょう》の神祇および拝火壇《はいかだん》などを刻んでいる家型石槨が見つかっている。

そのほかに、一九八二年に甘粛省天水市石馬坪《てんすいしせきばへい》文山頂から出土した石棺台屏風、一九九九年に山西省太原市王郭村《おうかくそん》から出土した隋開皇一二年（五九二）儀同虞弘《ぐこう》墓出土の石槨などの例も年代が北朝に近い。一九七一年に山東省青州《せいしゅう》市傅家村《ふかそん》出土の北斉武平《ぶへい》四年（五七三）石槨は、漢民族か鮮卑族の人の葬具だと思われるが、その画像の内容はソグドの文化・宗教と関係が深い。

次に正式に調査された安伽墓と史君墓を例にしてソグド系の墳墓装飾画像を解説する。

一、**北周同州薩宝・大都督安伽墓**

安伽墓の埋葬施設は、五つの貫き天井を持つ傾斜する墓道、および磚積みの羨道と墓室から成っており、中軸の長さは三五メートル。墓室の平面は方形に近く、南北三・六四メートル、東西三・六八メートル、高さ約三・三〇メートルで、天井はいわゆる「四角攢尖《しかくさんせん》」の構造である。貫き天井と墓道に壁画を描くが、保存状態が悪く、過洞の天井にパルメット、第三、四貫き天井の東西壁面に剣を持つ武人の下半身が残っているだけである（図111）。墓室の壁面は火に焼かれて壁画の内容が判明できない。

羨道から出土した墓誌によると、被葬者安伽は、姑蔵《こぞう》、つまり、河西回廊の武威市の出身であり、生前に北周の同州薩宝に就任したことがある。同州は今の陝西省大茘県《だいれいけん》の辺りにある。薩宝の語源はソグド語に求められ、キャラバンのリーダーという意味であり、北周ではソグド人を管理する官職となっていた。安伽の先祖は、いわゆる昭武九姓《しょうぶきゅうせい》の一つ安国《ブハラ》から来たので

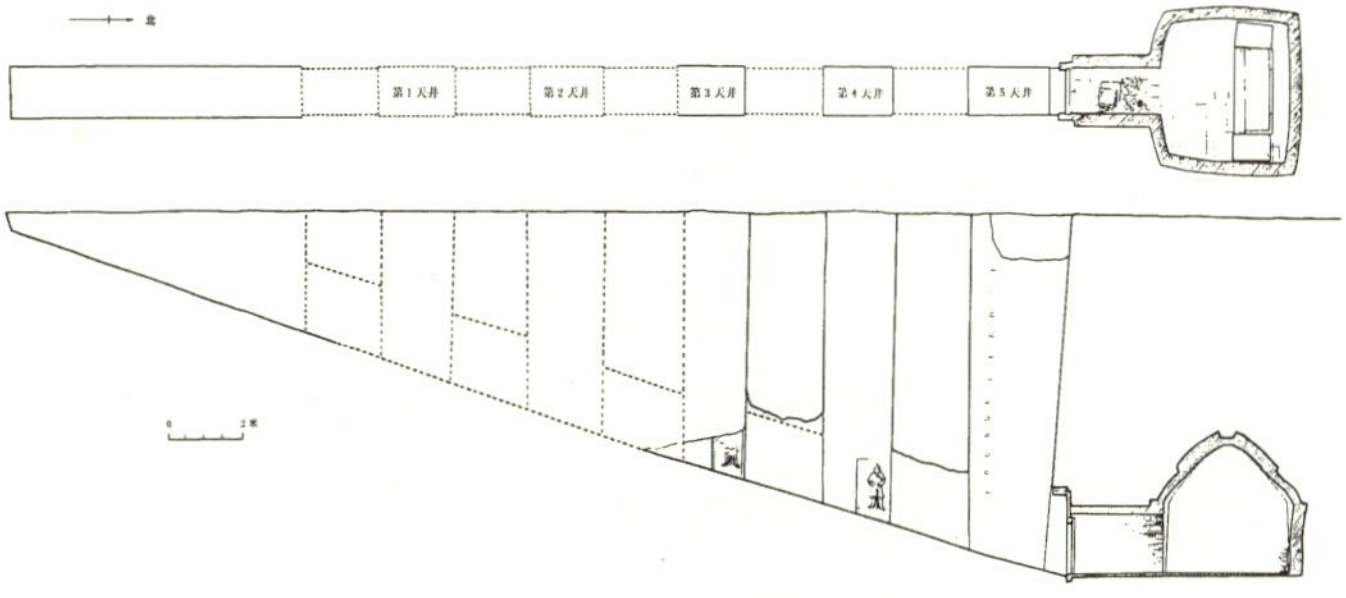

図 111　安伽墓の墓室構造図

あり、おそらく姑蔵安氏というソグドの名族に属す。母親杜氏《とし》は、漢民族出身の可能性が高い。

墓室奥壁の前に置いている屏風つきの石棺台と羨門のアーチは、浮き彫りの画像によって飾られている。

拝火教の祭壇　羨道石門の上部に幅一・二八メートル、高さ〇・六六メートルの半円形の石板を置き、その表に金箔を貼っている彩色の浮く彫り画像を配している。画像の地平線に緩やかな山と銀杏の葉のような木を、中心部に祭壇を設けている。祭壇の下部は大きな蓮華座となり、三頭の駱駝が蓮華座の上に立っている。それぞれの駱駝は前足しか表現されず、背がつながっている。駱駝の背中に蓮華を載せ、蓮華の上にさらに火鉢を置いてある。鉢の中に薪と燃えている火焔が見える。祭壇の左右にはそれぞれ北朝時代に流行した耳つきの楕円形机を配し、机の上に胡瓶《こへい》と高杯などを置き、胡瓶に花を挿している。机のそばに両手で棒を持って机を指している人頭鳥身の祭司《さいし》が立っ

図112　安伽墓羨道石門アーチ浮き彫り

ている。祭司達はいずれもイラン系の顔つきで、濃い髯を生やし、爪に鶏特有の鋭い骨質突起物が見られる。[2] 祭司の上方では左右対称に伎楽天人《ぎがくてんにん》を配し、それぞれハープと琵琶を演奏している。祭司の下方に香炉で香を焚いている人物が彫り出され、右の人物は帽子をかぶり、右手で香炉の蓋を取り、左手で香料入れの盒子を持っている（図112）。

生活風景図　出土石棺台屏風は三枚のパネルから構成しており、屏風の頭部側・足部側と正面の各一枚である。これらのパネルに彩色された浮き彫りの画像を一二幅刻み、被葬者安伽の生前の生活を表現するものだと見られている。

　左から第一幅は出行図である。その上部には牛車を中心にして、前に刀を帯びる用心棒、右に傘を持つ下僕、左に御者を刻んでいる。下部は漢民族服装の騎馬婦人が二人描かれ、後ろにいるマフラーをかけているのが安伽夫人と推定されている。馬の傍らについたソグド風の身なりをしている二人の歩行者が彼女たちの侍従と見られる。

左二幅目は狩猟図である。上部に山羊狩り、下部に猪狩りの場面が彫られている。上部で弓を引き、山羊を狙っている者は、下部で猟犬と並んで駆けている者と同一人物で、被葬者の安伽本人である。髪型も服装も完全にソグド風となっている。

三幅目は野外での会食図である。虎皮文様のテントの中に三人の男が座り、左側の者が安伽だと思われる。テントの外に四人のソグド人の下僕が高杯と胡瓶を持て立ち、手前の山林に虎や山羊など野生動物が走っている（図113）。

四幅目は突厥《とっけつ》貴賓招宴図である。屋根に三日月と太陽を飾っている建築の中に連珠文《れんじゅもん》の絨毯を敷き、主人役をつとめる安伽が左に、二人のロングヘアの突厥貴族が中央と右に座っている。安伽がハープを、右の突厥人が琵琶を演奏し、真中の突厥首領が喜んでいる。安伽の後ろに三人のソグド人、突厥貴族の後ろに三人の突厥人が片手を振りながら歌い、手前に一人のソグド人が胡旋舞《こせんぶ》を踊っている。[3] 安伽の傍らに酒盃と酒瓶を持つソグド下僕が立ち、建築の外に四人のソグド人が酒と食品を運び、床に酒壺をいっぱい置いている。

五幅目のパネルは宴会狩猟図である。上部画面で主人公安伽が右手で酒盃を持って木の下に座り、クッションで右肘を支え、のんびりしている。その後ろと右に酒盃と皿などを運ぶ四人の下僕を、前方には踊っているソグド男性二人を刻んでいる。踊る人の右の絨毯で帽子をかぶ

図113　安伽墓石床屏風画（パネル左から1－3）

っている三人の男性がそれぞれ琵琶・尺八・ハープを演奏している。下部には、安伽が弓を引き、ライオンを狙っている。もう一人のソグド人が槍で猪を狩っている。中国にはライオンがいなかったので、中央アジアをイメージして描いたものだと考えられる。

六幅目のパネルは家居図である。中国式の家の中に、老年となった安伽と漢民族の夫人が座って酒を飲んでいる。左に酒壷を持つソグド下僕、右に二人の漢民族の侍女が立っている。家の前に橋、樹木、石からできた庭園が彫り出されている。

七幅目は握槊《すごろく》図である。上部には安伽が突厥首領と野外で面会する場面を刻んでおり、安伽とロングヘアの突厥首領がともに馬に乗って、手を結ぼうとし、それぞれの後ろに刀など武器を持つ侍従が立っている。下部には、三日月と太陽を飾っている屋根の下で安伽が右手でさいころを持ち、突厥首領と双六《すごろく》を打っている。審判役を務めるのはロングヘアの突厥人である。双六は当時握槊といい、ソグドから伝来し、北魏宣武帝以降、中国で流行した〔4〕。

八幅目は突厥訪問図である。虎皮文様のテントの中で安伽が突厥首領に角型のコップ（リュトン）を渡して話している。テントの外ではソグド王子と見られる花冠をかぶっている人物など四人が絨毯に座り、ナイフで食事をしている。その前に突厥人の下僕が料理をつくって、手前に三人のソグド人が駄馬・羊と貨物を載せた駱駝の傍らに立ち、顔はテントに向かっている。山・樹木などの背景と周囲の雰囲気を見ると、場所は突厥支配の草原地域だと思われる。ソグド王子・安伽と突厥部族の首領との具体的な関係は考証できないが、被葬者が生前に突厥部族の訪問を描写した画面であろう。

九幅目は突厥客招宴図である。中国風の木造建築の中で主人役をつとめる安伽が酒盃を挙げ、左に跪いている突厥の客と話している。後ろに簫・ハープ・琵琶の演奏者などを、手前に料理・酒を運ぶ者と舞踊者を描くが、いずれもソグド系の人である。安伽が自分の家で突厥の客を歓迎する宴会の場面に違いない（図114）。

十幅目は狩猟図であり、画面に五人の狩猟者が見られる。弓を引き、兎を狙っている安伽を中心に、右上方に二人の突厥人を、左上方に刀でライオンと戦っている一人のソグド人を刻んでいる。下方のソグド王子と推定されている人物は、冠の後ろに二本の長いリボンをつけ、投げ輪で鹿を狙っている。

図 114　安伽墓石床屏風画（パネル左から 4 － 6）

図 114　安伽墓石床屏風画（パネル左から 7 － 9）

十一幅目は安伽がソグディアナを訪問した際に招待された画面である。テントの中で、安伽と一人のソグド貴族が金叵羅《きんポロ》という容器を持って酒を飲んでいる。テントの右側に安伽の侍従たちと馬が待っている。手前に舞踊者と琵琶・笛・腰鼓を演奏している場面を描き、右下方の屏風の後に料理をする人が見える。テント内外にいっぱい置かれた食べ物を盛るお皿と酒の壺が、宴会の盛大さを物語っている。

十二幅目は帰来図である。上部画面には、安伽が馬に乗り、後ろに傘持つ侍従、傍らに牛車がある。下部画面には、安伽の自宅の橋の前に夫人が孫を連れて安伽を迎えている。夫人の後ろに漢民族の侍女を二人、安伽の後ろにソグド人の下僕を二人彫り出している（図115）。

図115　安伽墓石床屏風画（パネル左から10－12）

二、北周涼州薩宝史君墓

史君墓は安伽墓の北西二・二キロのところに位置し、埋葬施設も安伽墓と同じく、五つの貫き天井を持つ傾斜する墓道および磚積みの羨道・墓室から構成されている。中軸の長さは安伽墓を越え、四七・二六メートルに及ぶ。墓室の平面は方形に近く、南北三・五メートル、東西三・七メートル、天井が崩れたために、高さは不明である。墓室の石門に葡萄・パルメット・守護神が浮き彫りされている。墓室の奥に入母屋造りの石槨を置き、その南壁の上方にソグド文と漢文で書いた墓誌銘が刻まれている。漢文墓誌銘によると、被葬者史君は、ソグディアナの史国（キッシュ）の出身で、その後長安に移住し、北周王朝で涼州薩保を務めた。大象元年（五七九）、八十六歳の時に家で亡くなり、翌年、妻康氏と合葬された。ソグド文の墓誌銘は今翻訳中である[5]。

史君墓の石槨は十九枚の石板から構成されており、中国風の木造入母屋造りの形となっている。石槨の幅は二四六センチ、奥行き一五五センチ、高さ一五八センチである。裏の壁に朱砂で壁画を描いたが、葡萄と建築文の断片しか残存しなかった。表に施された浮き彫りは、ソグド風画像資料として重要な価値を持っている。

祭司と守護神　南壁の中央は二枚の扉からできた門を設け、下の階段に一対の獅子と四人の童子を配している。門の両脇で、四本の手を持つ守護神が鬼を踏んでいるポーズをとり、後世の仁王像を思い出させる。守護神の肩鎧がマカラ、膝裙が象頭のデザインとなっている。右と左の窓の上に琵琶・ハープ・笛などを演奏するソグド人を、下に長い火箸を持つ鳥形の祭司を彫りだしている（図116）。なお、その守護神の多臂の姿は、ヒンドゥー教の影響を示すが、ゾロアスター教のどの神にあたるのか、いまだ結論がない。

生活風景図　北壁には五幅の画像を配している。右から一幅目は露営図であり、被葬者と見られる人物が長い酒杯を持ってテントに座り、手前に侍者たちが待機し、馬・駱駝および御者たちが休んでいる。二幅目は宴会図であり、ソグド風の建築の中に被葬者夫婦が床に据わって酒を飲んでいる。まわりに食べ物と飲み物を運ぶ下僕、ハープ・琵琶を演奏する人物と踊っている人物が描かれている。三幅目は出行図であり、馬に乗っている被葬者夫婦は、傘などを持つ男女の侍従に取り囲まれている。四幅目は葡萄園の中の宴会風景を描写する画面で、上部にソグド風の身なりの

図116　史君墓石槨南壁画像

図117　史君墓石槨北壁画像（右から）

男子五人を、下部に漢民族風の身なりの女子五人を描き、いずれも座っている姿で、その前に食品を盛る大皿を置いている。周りでソグド人の下僕たちが楽器を演奏している。五幅目の内容は理解しにくい。山の洞穴に裸に近い老人が座り、一匹の犬がその前で縮こまって寝ている。手前に河に転落した二人の男が水中の魔物に追われて必死に逃げ、空から飛んできた天使たちが手をさし出して彼らを救助している（図117）。

西壁には三幅の画像を配している。左から一幅目は狩猟図で、被葬者が弓で鹿を狙っている姿が見

図118　史君墓石槨西壁画像

られる。二幅目は家内の生活風景であり、赤ん坊を抱いている被葬者夫婦がソグド風の家の中に座っている。

被葬者生前の狩猟、出行、家居生活を描写する画面は安伽などの墓のそれと共通点が見られるものの、必ずしも被葬者の事跡に基づいて描いたとは言い切れず、一定の格式に従って造った可能性が高いと考える（図118）。

神明崇拝図　西壁の三幅目がわかりにくい画像で、蓮華に座る神様が説法し、ソグド・漢・突厥など民族の服装をした男女たちがひざまずいて合掌をするような姿で敬虔に聞いている。ライオン・猪・鹿・羊などの動物も静かにうつ伏せになっている。神様の頭に髻のようなものがつき、後ろに背光があり、釈迦説法《しゃかせっぽう》の風景を思い出させる（図118）。

チンワト橋と死後の裁判　石槨東壁にチンワト橋と死後の裁判の風景を三幅刻んでおり、これまでソグド系の葬具には類似する画像が発見されていない。

画面が一幅目の右から展開して、二幅目につながり、内容は次のようである。

多くの人間と家畜が一本の橋を渡って彼岸へ歩んで行き、橋のたもとで棒を持ち、マスクをつけている二人の祭司が立ち、皆を目で送っている。橋の上の二箇所で聖火が燃え、奥の山で二匹の犬が橋を見張り、橋の下に水中の魔物が泳いで、転落する者を待っている。空の光輪の中に一人の神が正座し、前に三頭の牛が伏せ、両脇に二人の天使が長いリボンで光輪をかぶせている。その左下に三人の冠をかぶっている神が座り、右下に男女神が二人いる。それらの神々の左に一人の天使と二匹の翼馬がいる。蓮華・パルメットが空に浮かび、一人の人物が逆さまに河へ転落している。

三幅目は天国を描写する画像であるらしい。頭に三日月と太陽を載せる翼馬に乗る男女の主人公が、琵琶・ハープ・笛などを演奏して

図 119　史君墓石槨東壁画像

いる天使に取り囲まれて漫遊している。下に霊界の山羊と水鳥などが描かれている（図119）。

　ゾロアスター教では、人間の死後に第三夜が明けると、霊が肉体から分離し、霊界へ旅立つ。善者も悪者も、至高の神アフラ・マズダーが造った、この世とあの世の間にかけてあるチンワト橋（検別橋）を渡らなくてはいけない。そして、その橋のところで審判が行われ、善者と悪者の運命が分かれる。四つ目の犬が橋を護っており、善人に助力する。善人が橋を渡る際に、死者の裁判官をつとめるスラオシャ・ミスラとラシュヌ三人の神が彼らを悪魔の襲撃から護り、美少女に化けた死者のダエーナー（良心）がその霊魂を導いて、チンワト橋を越えて天国への旅に赴くのである。悪人が橋を渡る場合は、ウィーザルシャという悪魔が、その霊魂を橋から転落させ、火のない暗く寒い奈落《ならく》の底に引きずり込むことになる。

図120　月神マーフ

　すると、一・二幅目に描かれた橋は、チンワト橋で、光《こう》輪《りん》の左下にいる三人の神は死者の裁判官を務めるスラオシャ・ミスラとラシュヌに当たり、二匹の犬はチンワト橋を護る四つ目の犬だと考えられる。魔物の泳いでいる河は地獄の入り口で、空から転落した人は悪人である。光輪の中で三頭の牛の後ろに正座する神は、月神マーフである可能性が高い。ペルシア人には月崇拝の伝統があり、月神は自らの中に牛の種を保持するといわれている（図120）。三幅目は、霊魂の旅の終点である天国を表現する画面で、翼馬に乗る者は被葬者夫婦だと思われる。

三、中原王朝に仕えるソグド人たち

安伽と史君はいずれも北周に仕えるソグド人の官僚である。出土した墓誌によって、安伽が生前に同州薩宝を務め、大都督という勲官《くんかん》の肩書きをもらい、史君は涼州薩宝をつとめた。北周薩宝の官位について、文献には記録が残っていないが、後の隋文帝期では、雍州薩宝は従七品、二百戸以上の胡人が住む地方の州薩宝は九品と見なし、[6]身分はそれほど高くないが、大都督は、北周では八命《はちめい》であり、勲品としてはかなり高い方である。とすると、安伽も史君も、中・下級官吏であったことがわかる。

五胡十六国時代からソグド人が中原の政治の舞台に頭角を現しはじめた。後趙という国を建てた羯族《けつぞく》は、ソグド人と関係が深いといわれている。初代の王の石勒《せきろく》は、胡人を国人にして、側近を胡人訴訟を司る官吏に任命し、[7]二代目の石虎《せっこ》は、太武殿《たいぶでん》内に胡人の容貌をした忠臣、孝子、烈士、貞女を描いた。[8]三五〇年、冉閔《ぜんびん》が石氏を滅ぼした時に、羯族兵士三千人がゾロアスター教の寺院（胡天）で冉閔を待ち伏せた。[9]三千人も隠せる大規模な寺院の存在は、ソグド宗教の影響力の強さを裏付けている。後に冉閔が鄴都百里以内の漢民族の人を動員して、老幼男女を問わずに羯胡など二十万人ほど虐殺し、胡人の相貌に似ている漢民族の人も免れることができなかったという。〔10〕

北朝に入ってから、中原王朝に仕えるソグド人の官僚が増えてきた。『魏書』によれば、北魏の贈高陽王《ぞうこうようおう》・征東大将軍安同は遼東の胡人で、先祖は後漢時代に中国に来た安息王子安世高である。安世高の後裔というのは、貴族の家柄に取り入るための作り話であり、まったく信憑性はないが、安同とその諸子が金を掻き集めるのが得意ということから、ソグド商人の性格が強いと思われる。〔11〕

北斉王朝に仕えたソグド人の人数がもっとも多く、和士開《わしかい》・何海《かかい》・何洪珍《かこうちん》・曹僧奴《そうそうど》・曹妙《そうびょう》達《たつ》・安未弱《あんみじゃく》・安馬駒《あんばく》・何朱弱《かしゅじゃく》・史醜《ししゅう》多など名前が正史に残っている。これらのソグド人は、双六（握槊）・歌・踊りなどの技芸で皇帝の寵愛を得て王・開府まで昇進した。〔12〕和士開は得意な双六の技で武成帝《ぶせいてい》の胡皇后《ここうごう》の歓心を買い、ついに不倫関係にまで発展し、権勢を笠に着て政治を混乱させた。彼はしばしば死刑囚を赦免して命を買い戻す財物を請求していた。何海・何洪珍親子は、賄賂をもらって官爵を売り、商人政治を行い、北斉王朝の恩倖《おんこう》といわれていた。これらの恩倖は、皇室内部の紛争にも介入し、北斉の後主《こうしゅ》は、自分の兄の南陽王高綽《なんようおうこうしゃく》を殺す時に、何猥薩《かわいさつ》というソグド人に命じて、南陽王と相撲をして絞殺させた。〔13〕

ソグド系の商人によって輸入されたペルシア系のペットも北斉政治の崩壊を加速した。『北《ほく》史《し》』巻五十二、南陽王綽伝《なんようおうしゃくでん》に次のような記事が見られる。

武成帝の息子高綽が十数歳の時から晋陽で波斯狗《ペルシアいぬ》を飼っていた。冀州刺史在任中、裸の人間を蹲る野獣のような姿勢にさせ、狗に喰わせた。その後、定州刺史に転任し、また道で出会った子連れの婦人親子を波斯狗の餌にした。犬は婦人を喰わないので、婦人の体に子の血を塗り、犬に喰わせた。

同恩倖伝には、韓宝業《かんほうぎょう》などの宦官が波斯狗を儀同、郡君《ぐんくん》に封じ、俸禄も与えたとある。

ところで、ソグド系の商人出身の官僚にも廉潔な者がいる。東魏時代に高歓に仕えた安吐根《あんとこん》が東魏の使者として柔然を訪問し、両国の姻戚関係を結び、親善外交を成功させた。武成帝死後、彼は腐敗した政治に不満を持ち、身の危険を顧みずに趙郡王高叡《ちょうぐんおうこうえい》などといっしょに和士開を弾劾した。皇太后が和士開の罷免を断ると、彼らは鄴都の宮殿の前殿、皇太后が群臣を招待した宴会場で冠を投げ、咆哮《ほうこう》して抗議した。[14]

安伽と史君が仕えた北周では、北斉のようなソグド出身の恩倖重臣はいなかったが、ソグド系の儒学者・工芸者・外交官たちが活躍していた。大統《だいとう》十一年（五四五）に、突厥可汗土門《かがんトメン》が西魏の権臣宇文泰《うぶんたい》（死後に北周の太祖と追尊された）に絹馬交易《けんばこうえき》を開きたいと申し出て、宇文泰がこれに応え、酒泉の胡人安諾槃《あんだくばん》を使者として突厥に派遣した。[15]何妥《かだ》・何稠《かちゅう》兄弟は昭武九姓何国《クシヤニカ》の人の後裔であり、父親は蜀に移住して梁の武陵王蕭紀《ぶりょうおうしょうき》に仕えた。梁が滅びてから、兄弟が北周に入った。兄の何妥は北周の太学博士《たいがくはくし》となり、隋の文帝が即位すると公爵《こうしゃく》・国子《こくし》祭酒《さいしゅ》まで昇進した。弟の何稠は北周の御飾下士《ぎょしょくかし》となり、隋の文帝《ぶんてい》・煬帝《ようだい》期に土木・大工などを管理する役所の長官である将作大匠《しょうさくたいしょう》と工部尚書《こうぶしょうしょ》などを務めた。

一九九九年に、山西省太原市王郭村で調査された隋開皇一二年（五九二）儀同虞弘《ぐこう》墓の墓誌によると、被葬者虞弘は魚国《ぎょこく》の出身、かつて柔然王の命令を受け、使者としてペルシア、月氏の故地に行ったとある。後に北周に仕え、「検校薩宝府」に任じられた。

安伽と史君は、このような歴史の流れの中で中国王朝に仕えたソグド人の官僚であった。

四、突厥とソグド

安伽墓の一二幅の石屛風画の内、突厥人の登場した画面が五幅にも及んだことは、ソグドと突厥の深い関係を物語るものである。

ソグディアナはシルクロードの要衝に当たり、古くからソグド諸国が中継貿易によって繁栄した。六世紀の中葉、柔然を破り、ユーラシア草原地帯を支配する遊牧帝国を打ち建てた突厥は、商業と外交の才能の溢れるソグド民族の文化を取り入れた。婚姻・埋葬制度においてソグドから多大な影響を受け[16]、ソグド語ものちに突厥の公用語となり、ソグド文字は突厥文字を経て、後のウイグル・モンゴル・満州の各文字へと受け継がれた。

六世紀後半には、すでに数多くのソグド人が突厥部族に暮らしていた。北周大象二年（五八〇）、趙王宇文招《ちょうおううぶんしょう》の娘千金公主《せんきんこうしゅ》が突厥可汗の嫁に行ったが、後に北周の皇位が隋国公楊堅《ずいこくこうようけん》に簒奪され、宇文招も殺された。隋に復讐するために、公主は突厥の軍事力を利用して頻繁に隋の領土を侵犯した。隋の使者長孫晟《ちょうそんせい》は公主とその身辺の胡人との不倫関係を調べ、可汗に告発した。さらに、隋は可汗に四人の美女を贈って政治的な圧力をかけ、北周公主を殺させた。[17]千金公主と不倫関係を持つ胡人が安遂迦《あんすいか》といい、ソグド系の人であるらしい。隋末に一時突厥可汗になった思摩《シマ》は、ソグド的な顔つきなので、王家の阿史那《アシナ》種ではないと疑われ、軍事指揮権も与えられなかった。[18]

要するに、王庭を始め、突厥諸部に多くのソグド人が雑居し、性的な規制も緩み、王族阿史那氏の血統が乱れるまでに至った。

外交と軍事の面においてもソグド人は無視できない存在となっていた。煬帝期にソグドなどの胡人が突厥の始畢可汗《しひつかがん》のために、計略を立てて隋と対抗し続けた。隋がこの胡人のシンク・タンクを目の敵にして、右光禄大夫裴矩《ゆうこうろくたいふはいく》は、天子の宝物で胡人達と交易すると嘘をつき、胡人部族をおびき寄せ、そのリーダーである史蜀胡悉《ししょくこしつ》を殺した。[19]突厥軍の中にはソグド系胡人で編成された柘羯《しゃけつ》という精鋭部隊もあった。[20]頡利《きつり》可汗（六二〇―六三〇年に在位）は胡部《こぶ》を設け、突厥人と疎遠となってソグド人を信用し、利益に駆られて、繰り返し戦争を引き起こした[21]。のちに唐の太宗《たいそう》が突厥を撃破し、多くの突厥部族が唐に投降したが、柘羯は戦争の責任を追及されることを恐れて逃げたという[22]。

北朝の後期、西魏―北周と東魏―北斉の間の戦争が絶えず、両国ともに突厥からの軍事支援を求めた。北周保定《ほてい》三年（五六三）、楊堅が北斉の晋陽（今の太原市）を侵攻した際に、突厥木杆《ムカン》可汗が十万の騎兵を率いて支援に来た。翌年、楊堅が沃野鎮《よくやちん》から北斉を侵犯した時に、突厥も出兵した。長安に在住していた千人以上の突厥人に対して、北周政府は客扱いし、錦と肉をつねに供給した[23]。こうした活発に展開した対突厥外交の中で、安伽・史君のような言葉と文化の面において突厥と関わりの深いソグド出身の官吏が、重要な役割を果たしたに違いない。

五、ソグドの埋葬風習と安伽・史君墓

ソグド諸国には火葬と天葬の二つの埋葬法が流行っていた。康国《サマルカンド》の埋葬風習はペルシアに似て天葬であった。唐代の韋節《いせつ》の『西藩記《せいはんき》』によると、康国の国城（都市国家）郊外に葬儀を営む家が二百戸余りある。壁で囲む院を別に築き、その中で犬を飼っている。国で人が死ぬたびに、彼らは死体を取りに行って院内に運び、犬に食わせてから、棺と槨を使わずに骸骨を埋葬する[24]。

『旧唐書《くとうじょ》』巻一百十二・李暠伝によると、唐玄宗開元《とうげんそうかいげん》年間に、太原にある寺院の禅を習う僧侶たちは、長年にわたって天葬を実施していた。そのために、千数匹の死体喰いの猛犬がよく幼弱の市民を襲撃していた。地方官吏が治められずに遠近の住民が大変困ったという。岑仲《しんちゅう》勉《べん》氏が太原寺院の天葬は祆教の風習であると指摘したが、インドからの野葬風習と主張する学者もいる。[25]五胡十六国時代から、弁州は胡人の集まり住む地域として有名で、祆教の風習が唐代までに残ることも不思議でもないと思われる。

石国《タシケント》では火葬が盛んであったらしい。『隋書《ずいしょ》』巻八十三・西域伝によると、石国の国城の南東に家があり、その中に座が置いてある。正月六日、七月十五日に、火葬された王の父母の遺骨を容れた金甕を牀の上に載せて、そのまわりを歩きながら、花・香・雑果を散らす。王が臣下たちを率いて祭祀するという。[26]

石国の埋葬風習が中国にも伝来したらしい。一九七一年、山東省青州《せいしゅう》市傅家村《ふかそん》ダムの工事現場で発見された北斉武平《ぶへい》四年（五七三）石槨に、胡商の会見・出行・祭りなどの図柄が線刻されていた。そのうちの一幅には、手前に数匹の馬に載せられた家

図121　山東省青州市傅家村北斉石槨墓線刻図

型の霊柩を描き、遠い山野に一軒の変わった家が見える。その家の屋根に煙突のようなものが立っており、火葬する施設である可能性が否定できない（図121）。

安伽墓と史君墓はいずれも傾斜する墓道と貫天井を持つ磚室墓であり、西安地域の北周・隋・唐の貴族墓と変わらず、前者の貫天井には北周風の武人図も描かれている。石床屛風と家型石槨は、ソグドからのものでなく、洛陽北魏墓の伝統を受け継いだと考えられるが、文様は西域風であった。しかも、安伽墓の羨道・墓室・遺骨に焼き跡があり、遺骨は棺台の上ではなく、羨道の中の墓誌の傍らに置いていた。ソグドの風習に従って火葬した後に、遺骨を北周式の墓に埋葬するのが、その特徴である。史君墓には火葬の痕跡が発見されず、動物の骨も検出されたので、安伽墓との埋葬風習が異なるところがあると思われる。

注

〔1〕『洛陽伽藍記』巻三・城南を参照。

〔2〕祭司たちは大鷹の爪を持つとされているが、筆者の知識によれば、それは鶏の爪の特徴を備えている。陝西省考古研究所『西安北周安伽墓』（文物出版社、二〇〇三年）。

〔3〕『旧唐書』巻一百八十三・外戚・武承嗣伝附子延秀伝に
延秀久在蕃中、解突厥語、常於主第、延秀唱突厥歌、作胡旋舞、有姿媚、主甚喜之。及崇訓死、延秀得幸、遂尚公主。
とある。武延秀は武則天の兄の孫で、突厥に長く暮らしていたので、突厥語が堪能であるという。よく太平公主の家で突厥の歌を歌いながら、胡旋舞を踊ったので、公主の歓心を買い、ついに公主と結婚した。突厥の歌のリズムにあわせて胡旋舞を踊るのは、当時の一つの流行であることがわかる。

〔4〕報告書の作者はその遊戯を博弈と推定したが、安伽と相手の突厥首領の姿勢、および観戦者の興奮している姿を見て、双六を打っている可能性が高いと思う。双六は握槊ともいい、それについて『魏書』巻九十一・范寧児伝は次ぎのように記している。

高祖時……趙国李幼序、洛陽丘何奴並工握槊。此蓋胡戯、近入中国、云胡王有弟一人遇罪、将殺之、弟従獄中為此戯以上之、意言孤則易死也。世宗以後、大盛於時。

とある。北魏孝文帝の時、趙国の李幼序と洛陽の何奴は、握槊が得意であった。それは胡人の遊戯で、近頃中国に伝来した。胡王の一人の弟は、罪を犯し、まもなく死刑に処されようとしていた。その弟は、牢屋から握槊の遊戯を王に献上し、一人ぼっちの王様になったら、国が滅ぼされると風諭した、といわれている。宣武帝期以降、その遊戯は大流行となった。

〔5〕西安市文物保護研究所「西安市北周史君墓」（『考古』二〇〇四年七期）。

〔6〕『隋書』巻二十八・百官下・隋高祖時官制を参照。

〔7〕『晋書』巻一百五・載記第五・石勒下を参照。

〔8〕『魏書』巻九十五・羯胡石勒伝附石虎伝

太武殿成、図画忠臣、孝子、烈士、貞女、皆変為胡状、頭縮入肩。虎大悪之。

とある。漢民族的な画像が突然胡人の顔つきに変わったというのは作り話であるが、おそらく、固原雷祖廟北魏墓漆棺に描かれた鮮卑風の孝子伝図のような、ソグド系の画家によって描かれたソグド風の忠臣、孝子、烈士、貞女図であろう。

〔9〕『晋書』巻一百七・載記第七・石季龍下を参照。

〔10〕『晋書』巻一百七・載記第七・石季龍下を参照。

〔11〕『魏書』巻三十・安同伝を参照。

〔12〕『北史』巻九十二・恩幸・斉諸宦者倉頭・胡小児を参照。
『隋書』巻十四・音楽中
〔13〕『北史』巻五十二斉宗室諸王下・南陽王綽伝 を参照。
〔14〕『北史』巻九十二・恩幸・和士開伝巻を参照。
〔15〕『北史』巻九十九・突厥伝を参照。
〔16〕『魏書』巻一百二補・西域・康国を参照。
〔17〕『北史』巻三十八・裴佗伝附裴矩伝を参照。
『北史』巻九十九・突厥伝を参照。
〔18〕『新唐書』巻二百一十五上・突厥上を参照。
〔19〕『北史』巻三十八・裴佗附裴矩伝を参照。
〔20〕向達氏はかつて、柘羯が昭武九姓の康国の戦士であると指摘した。『唐代長安与西域文明』（生活・讀書・新知三聯書店、一九五七年）。
〔21〕『旧唐書』巻一百九十四上・突厥上・頡利可汗を参照。
〔22〕蔡鴻生『唐代九姓胡与突厥文化』（中華書局、一九九八年）。
〔23〕『北史』巻九十九・突厥を参照。
〔24〕『通典』巻一百九十三・辺防九・康居を参照。
〔25〕岑仲勉『隋唐史』上冊（中華書局、一九八二年）。蔡氏前掲注二四書。
〔26〕『隋書』巻八十三・西域・石国を参照。

年表

王朝	西暦	年号	事件	関係遺跡
魏	二二〇	建安二十五年	曹操死去、高陵に葬られる。曹丕（文帝）が後漢より受禅、洛陽で魏王朝を建てる	
	二二一	黄初二年	劉備が蜀漢を建てる	
	二二二	黄初三年	魏の曹丕、首陽山の東を寿陵にして終制をつくり、薄葬を宣言。孫権、呉王を称す	
	二三三	太和七年	前年に建安七子の一人、文豪陳思王曹植死去	山東省東阿県魚魏陳思王曹植墓
	二三四	青龍二年	蜀の諸葛亮が五丈原に死去	
	二三八	景初二年	卑弥呼、魏に使者を派遣、新魏倭王の詔書印綬を受ける	
	二五七	甘露二年		この頃から、嘉峪関魏晋墓壁画営造始まる
	二六〇	景元元年	竹林七賢の一人、稽康処刑	
	二六三	景元四年	魏、蜀漢を滅ぼす。竹林七賢の一人、阮籍死去	
西晋	二六五	泰始元年	晋王司馬炎が魏帝曹奐から皇統を簒奪、西晋が建国	
	二八〇	太康元年	晋が呉を滅ぼし、天下を統一	
	二八三	太康四年	竹林の七賢の一人で、西晋に仕えた山涛没	
	二九〇	永熙元年	晋の武帝司馬炎死去。南匈奴の後裔の劉淵、建威将軍、匈奴五部大都督となる	

二九四	元康四年	鮮卑の拓跋部は三部に分かれる。猗盧部は定襄の盛楽故城へ移動	西安東郊「元康四年地下北斗」墓
二九五	元康五年		
三〇〇	永康元年	趙王倫、皇后賈氏一党を誅殺し、帝を称す。八王の乱始まる	
三〇四	永興元年	劉淵が漢王の位に就き、李雄が成都王と称す	
三〇七	永嘉元年	永嘉の乱始まる。瑯琊王司馬睿・王導ら建鄴に入る	
三一一	永嘉五年	石勒、晋軍の主力、東海王越部を殲滅し、十何万将兵を殺す。漢軍劉曜部が洛陽を陥れ、懐帝を捕まえる	
三一三	建興元年	漢、懐帝を殺害し、長安で愍帝が即位する。高句麗、楽浪を滅ぼし、翌年に帯方郡を滅ぼす	
三一五	建興三年	鮮卑族拓跋部の猗盧が「代」を建国	
三一六	建興四年	漢の劉曜、長安を陥れ、愍帝を捕まえる。西晉滅亡	
三一七	建武元年	漢、愍帝を殺害し、瑯琊王睿、晉王となり、東晋始まる。道教の理論家葛洪、『抱朴子』を完成	
三一八	太興元年	晉の瑯琊王司馬睿、建康で帝位につく	
三一九	太興二年	劉曜、国号を漢から趙に改む（前趙）。石勒、襄国を都に趙王と称す（後趙）。高句麗、慕容廆に破れる	
三二二	永昌元年	東晋の王敦が反乱を起こす	
三二八	咸和三年	石勒、洛陽で劉曜を殺す	
三二九	咸和四年	後趙、前趙を滅ぼす	
三三五	咸康元年	後趙、襄国から鄴に遷都	

三三六	咸康二年	後趙の石虎、襄国で太武殿を営造し、胡人風の賢聖、忠臣、孝子、烈士、貞女壁画を描く。前燕の慕容氏内紛、佟寿、高句麗へ亡命	
三三七	咸康三年	慕容皝、燕王を称す（前燕）	
三四二	咸康八年	前燕、龍城に遷都。慕容皝、高句麗を攻略、その宮室・丸都・王陵を壊す	
三四四	建元二年	高句麗、国内城に遷都	
三四八		後趙で亀茲僧仏図澄死去	
三四九	永和五年	後趙の石虎、帝を称した後に病死。冉閔、羯胡人を虐殺	
三五〇	永和六年	冉閔、即位し、国号を魏とする	
三五一	永和七年	氐族の苻建、長安に入り、天王・大単于を称す 国号は秦（前秦）とする	
三五二	永和八年	前燕、冉閔を殺し、魏を滅ぼす	
三五三	永和九年	王羲之、「蘭亭序」を書く	敦煌莫高窟千仏洞の造営が始まる（一説三六六）
三五六	永和十二年	東晋の桓温、北伐して洛陽を奪還	
三五七	昇平元年	前燕、鄴に遷都す。前秦の苻堅、苻生を殺し、天王位につく	朝鮮民主主義共和国黄海南道安岳郡五菊里安岳三号墓
三六三		道教理論家葛洪死去	
三六五	興寧三年	前燕、東晋から洛陽を奪取	前年に、顧愷之、建康の瓦官寺の壁に維摩像を描く
三六九	太和四年	前燕の慕容垂ら、枋頭で東晋軍を破り、桓温の北伐失敗す。慕容垂、内紛により前秦に亡命	
三七〇	太和五年	前秦苻堅、鄴を攻略し、前燕を滅ぼす	
三七二	咸安二年	高句麗、前秦から仏教が伝来	

三七六	太元元年	前秦の苻堅が前涼を滅ぼし、華北を統一す。前秦、鮮卑拓跋部の代国を二分す。代王什翼犍、内争により殺される	
三八三	太元八年	淝水の戦い、苻堅軍が東晋に大敗	
三八四	太元九年	前秦の統治体制崩壊、鮮卑族の慕容垂が後燕、慕容泓が西燕、羌族の姚萇が後秦を打ち建つ	
三八五	太元十年	西燕の慕容沖、長安を攻略す。—後秦姚萇、前秦苻堅を捕え殺す。乞伏国仁、西秦建国	
三八六	太元十一年	拓跋珪、代を魏に改む。西燕慕容沖、内紛で殺される。後燕慕容垂は中山で、後秦姚萇は、長安で帝を称す。氐族の呂光、前秦より自立し、後涼を建国	この頃に、雲南省昭通県使持節都督江南・交寧二州諸軍事、東晋霍承嗣墓が造営
三九四	太元十九年	後秦、前秦を滅ぼす。西燕、後燕に滅ぼされる	
三九六	太元二十一年	慕容垂、北魏を攻め平城を落して病死	この頃、酒泉丁家閘五号墓が造営
三九七	隆安元年	鮮卑禿髪烏狐の南涼、段業の北涼（後に盧水胡沮渠蒙遜の政権に変わる）、後涼から独立	
三九八	隆安二年	北魏の拓跋珪、平城に遷都、後に帝を称す。北魏、後燕の都中山を攻略し、後燕皇帝慕容寶が遼西龍城に逃走。南燕慕容德、後燕から独立	
三九九	隆安三年	東晋で孫恩・盧循の乱。僧法顕がインドへ求法の旅に出発	
四〇〇	隆安四年	西秦、後秦に降伏。敦煌で西涼が建国	
四〇三	元興二年	後秦、後涼を滅ぼす。桓玄、東晋の安帝を廃し、楚を建てる	
四〇六		画家顧愷之死去	

	四〇七	義熙三年	匈奴族の赫連勃勃、夏国を建つ。後燕の慕容熙、皇后苻氏のために、徽平陵を営造し、墓室に尚書八坐の画像を画く。後燕、内紛で亡国	
	四〇九	義熙五年	馮跋、北燕を興す	
	四一〇	義熙六年	東晋劉裕、南燕を滅ぼし、建康城外で盧循の軍を撃退し、翌年に孫恩・盧循の乱を平定	
	四一三	義熙九年	倭王讃の使者が建康に着く	
	四一四	義熙十年	西秦、南涼を滅ぼす	
	四一六	義熙十二年	劉裕、北伐し、洛陽を奪還	
	四一七	義熙十三年	劉裕、長安を占領し、後秦を滅ぼす	
宋	四二〇	永初元年	東晋の恭帝、太尉劉裕に禅譲し、劉宋王朝建国	
	四二一	永初二年	北涼、西涼を滅ぼす	
	四二四	元嘉元年	劉宋の文帝即位。元嘉の治	
	四二七	元嘉四年	詩人陶淵明死去。北魏、夏の都統萬城を占領 高句麗、平壌に遷都	
	四三一	元嘉八年	夏、西秦を滅ぼし、吐谷渾、夏を滅ぼす	
	四三三	元嘉十年	詩人謝霊運刑死	
	四三五	元嘉十二年		大同市沙嶺村北魏壁画墓（被葬者は北魏太延元年に亡くなった侍中尚書主客平西大将軍破多羅氏の母親とされる）
	四三六	元嘉十三年	北魏、北燕を滅ぼし、北燕王馮弘らが高句麗へ亡命	
斉	四三九	元嘉十六年	北魏、北涼を滅ぼし、華北を統一す。南北朝対立の形勢になる	
	四四六	元嘉二十三年	北魏太武帝、仏教を弾圧	

四四八		天師道の道士寇謙之死去	
四五〇	元嘉二十七年	北魏太武帝南征、長江北岸に逼る。国史事件で崔浩を処刑、清河崔氏など北魏に仕える漢族士人を誅滅	
四五一	元嘉二十九年	北魏太武帝が宦官に殺され、翌年に仏教が復興	
四六〇	大明四年		雲岡石窟の営造が開始
四六五	泰始元年	北魏献文帝即位、馮太后が乙渾の乱を平定し、摂政す。宋義陽王劉昶、北魏に亡命	
四六七	泰始三年	北魏孝文帝が生まれ、献文帝が親政	
四六九	泰始五年	北魏慕容白曜、劉宋の青冀州を占領	
四七一	泰始七年	北魏の献文帝、太子宏に譲位、太上皇帝を称す	この頃、山西省大同市張女墳墓地彩色木棺墓、南郊智家堡彩色木棺墓が造営
四七六	元徽四年	北魏馮太后、献文帝を毒殺し、再び摂政	
四七七	昇明元年		山西省大同市東郊北魏太和元年（四七七）幽州刺史敦煌公宋紹祖夫婦の合葬墓、
四七九	建元元年	蕭道成、宋順帝から受禅し、蕭斉建国	北燕の故都和龍城で（遼寧省朝陽市）北魏の文明太后は、思燕佛図を造営
四八一	建元三年	孝文帝の宴会で、蕭斉の使者車僧朗が宋の亡命者に殺される	山西省大同市方山北魏永固石室、石碑を建設、文明太皇太后の終制を金冊に刻んだという
四八四	永明二年	翌年に画家陸探微死去	山西省大同市東南郊北魏瑯琊王司馬金龍夫婦墓（夫人姫辰は延興四年（四七四）死去）

	四八六	永明四年	北魏の孝文帝は始めて、漢民族式の冕服を着用、五等品以上の貴族と官僚に公服及び玉佩・組綬を授与	この前に寧夏回民自治区固原北魏漆棺墓、山西省大同湖東漆棺墓が造営
	四九〇	永明八年	北魏馮太后死去	山西省大同市方山文明太后永固陵を完成
	四九一	永明九年	北魏孝文帝、永固陵を参拝し、寿陵を造営	山西省大同市方山孝文帝万年堂を造営
	四九三	永明十一年	この頃、斉武帝が毛恵秀に漢武北伐圖を描かせる	北魏、龍門石窟の造営始まる
	四九四	建武元年	北魏孝文帝、洛陽へ遷都、服制改革を決行	この頃、内蒙古自治区和林格爾県三道営郷楡樹梁村壁画墓が営造される
	四九八			金家村推定斉明帝興安陵
	四九九	永元元年	王肅、北魏のために官品百司制度を制定	
	五〇一	永元三年	この頃に斉東昏侯が宮殿に七賢美女図を描く	
	五〇一	中興元年	北魏、洛陽の羅城を建設	
梁	五〇二	天監元年	蕭衍、斉から受禅し、蕭梁建国。『古画品録』の著者謝赫死去	呉家村推定斉和帝恭安陵
	五一八	天監十七年	北魏胡太后、仏典を求めて敦煌人宋雲、崇立寺僧慧生をインドへ派遣	
	五一九	天監十八年	北魏洛陽で羽林の変	
	五二四	普通五年	北魏に六鎮の乱	河南省洛陽趙郡王元謐石棺
	五二五	普通六年		河南省洛陽北魏清河王元懌墓
	五二六	普通七年		河南省洛陽北魏江陽王元乂墓
	五二七	大通元年		河南省洛陽横野将軍寧懋石室
	五二八	大通二年	北魏胡太后、孝明帝を毒殺し、秀栄部首領爾朱栄、河陰で太后・朝臣らを虐殺（河陰の変）	
	五三一	中大通三年	梁の文学者の昭明太子蕭統死去	
	五三二	中大通四年		河南省孟津北魏安東将軍王温墓

	五三四	中大通六年	北魏の孝武帝、洛陽から関中の宇文泰のもとに奔り、高歓、孝静帝を擁立し、鄴に遷都す。北魏が東西魏に分裂	
	五三六		『真誥』の作者、茅山派道教の大成者陶弘景死去	
	五四七	太清元年	東魏の権臣高歓死去。侯景、反乱して梁に帰順 『洛陽伽藍記』の作者楊衒之が洛陽を再訪す。翌年に画家張僧繇死去	河北省磁県推定北斉神武帝高歓義平陵 河北省景縣野林庄推定北斉鄚陵縣伯高長命墓
	五四九	太清三年	前年に梁で侯景の乱おこり、反軍が建康に攻めこみ、武帝を死に追いやる。西魏、胡姓を復活	
	五五〇	太宝元年	東魏の権臣高洋、孝静帝から受禅し、北斉建国	河北省磁県推定文襄帝高澄峻成陵・茹茹公主閭叱地連墓
	五五一	大宝二年		山東省臨朐縣海浮山東魏威烈将軍崔芬墓
	五五三	承聖元年	前年に侯景、梁の簡文帝を弑して帝を称す。王僧弁・陳覇先、侯景を討滅。梁元帝、江陵で即位	
	五五四	承聖三年	西魏、江陵を攻略し、梁の元帝を殺害。翌年に傀儡政権後梁を建国させる。梁王朝実質上滅亡	
	五五六	太平元年	西魏、六官制を実施。宇文泰死去 婁叡墓壁画の作者といわれる北斉の画聖楊子華が活躍	
陳	五五七	永定元年	宇文覚、西魏恭帝より受禅、北周成立。陳覇先、梁敬帝から受禅、陳朝成立	
	五六〇	天嘉元年	北周の武帝即位	河北省磁県湾漳村推定北斉文宣帝高洋武寧陵
	五六二	天嘉三年		山西省寿陽縣賈家村北斉順陽郡王庫狄廻洛墓

五六四	天嘉五年		陝西省西安市北郊北周贈郜州刺史李誕墓
五六九	太建元年		寧夏回民自治区固原県北周河西公李賢墓
五七〇	太建二年		山西省太原市南郊北斉東安王婁叡墓
五七一	太建三年		山西省太原市王家峰村北斉武安王徐穎墓 陝西省西安市北郊北周贈甘州刺史康業墓
五七三	太建五年		山東省青州市傅家村線刻石槨
五七五	太建七年		寧夏回民自治区固原県北周雁門郡公田弘墓
五七六	太建八年		河北省磁縣東槐樹村北斉文昭王高潤墓、河南省安陽縣許家溝北斉文宣帝弘徳夫人顔玉光墓
五七七	太建九年	北周武帝、北斉を滅ぼし、華北を統一	
五七九	太建十一年		陝西省西安市北郊北周同州薩宝・大都督安伽墓
五八〇	太建十二年		陝西省西安市北郊北周凉州薩保史君墓
五八一	太建十三年	北周の権臣楊堅、静帝を廃し、隋朝成立	陝西省三原県隋徳広郡開国公李和墓
五八三	至徳元年	隋、大興城に遷都	
五八七	禎明元年	隋、科挙制度を創設。後梁を滅ぼす	
五八九	禎明三年	隋、陳を平定し、中国を統一	

張女墳木棺墓
司馬金龍墓
方山永固陵
楡樹梁村壁画墓
和林格爾
大同
古
河北
北京
馮素弗墓
北票
遼
寧
庫狄廻洛墓
婁叡墓
徐穎墓
太原
寿陽
崔昂墓
平山
高長命墓
景県
茹茹公主墓
推定武寧陵
高潤墓
磁県
安陽
陝
西
山
西
安伽墓
史君墓
康業墓
李誕墓
範粋墓
顔玉光墓
道貴墓
済南
崔芬墓
臨朐
山
東
咸陽
西安
叱羅協墓
洛陽
北魏画像石棺墓
河
南
江
蘇
胡橋呉家村印画磚墓
建山金家村印画磚墓
南朝画像磚墓
鄧県（鄧州市）
西善橋油坊村印画磚墓
丹陽
南京
上海
湖
北
慶
浙
江
長沙
江
西
湖
南
州
福
建
台湾

魏晋南北朝時代主な壁画墓分布図

参考文献

池田温ほか『世界歴史大系・中国史』2　三国〜唐（山川出版　1996年）
稲畑耕一郎・西江清高『中国古代文明の原像』（アジア文化交流協会　1998年）
岩本篤志「"斉俗"と"恩倖"—北斉社会の分析—」（『史滴』1996年12月）
岡田健・曽布川寛編『世界美術大全集』東洋編　3．三国・南北朝（小学館、2000年）
岡田明憲『ゾロアスター教の悪魔払い』（平河出版社　1984年）
小南 一郎『中国の神話と物語り』（岩波書店　1984年）
曾布川寛「南朝帝陵の石獣と磚画」（『東方学報』京都　第63冊　1991年）
高崎市教育委員会『中国山西北朝文物展図録』（1990年）
長廣敏雄『六朝時代美術の研究』（美術出版社　1969年）
林巳奈夫『漢代の神神』（臨川書店　1989年）
町田章『東アジアの装飾墓』（同朋舎　1987年）

安陽県文教局「河南安陽清理一座北斉墓」（『文物』1972年1期）
磁県文化館「河北磁県東魏茹茹公主墓発掘簡報」（『文物』1984年4期）
磁県文化館「河北磁県東陳村東魏墓」（『考古』1977年6期）
磁県文化館「河北磁県東陳村尭峻墓」（『文物』1984年4期）
戴春陽 主編『敦煌佛爺廟湾 西晉畫像磚墓』（文物出版社　1998年）
甘粛省文物隊ほか『嘉峪関壁画墓発掘報告』（文物出版社　1985年）
甘粛省文物考古研究所『酒泉十六国墓壁画』（文物出版社　1989年8月）
河南省文化局文物工作隊『鄧県彩色画像磚墓』（文物出版社　1958年）
洪晴玉「関于冬寿墓的発見和研究」（『考古』1959年1期）
黄明蘭『洛陽北魏世俗石刻線画集』（人民美術出版社　1987年）
済南市博物館「済南市馬荘北斉墓」（『文物』1985年10期）
遼寧省博物館ほか「朝陽袁台子東晋壁画墓」（『文物』1984年6期）
黎虎『魏晋南北朝史論』（学苑出版社　1999年）
羅豊『固原北魏漆棺画』（寧夏人民出版社　1988年）
洛陽博物館「洛陽西漢卜千秋壁画墓発掘簡報」（『文物』1977年6期）
南京博物院・南京市文物管理委員会「南京西善橋南朝墓及其磚刻壁画」（『文物』1960年8・9期）
内蒙古自治区博物館文物工作隊『和林格爾漢墓壁画』（文物出版社　1978

年）
寧夏固原博物館『固原北魏墓漆棺画』（寧夏人民出版社　1988年7月）
馬忠里「磁県北朝墓群—東魏—北斉兆域考」第二届北朝史学術討論会の研究発表（1988年）
山東省文物考古研究所「済南市東八里窪北朝壁画墓」（『文物』1989年4期）
山西省大同市博物館、山西省文物工作委員会「山西大同石家寨北魏司馬金龍墓」（『文物』1972年3期）
山西省考古研究所・太原市文物管理委員会「太原市北斉婁叡墓発掘簡報」（『文物』1983年10期）
山西省考古研究所ほか「太原北斉徐顕秀墓発掘簡報」（『文物』2003年10期）
陝西省考古研究所ほか『西安交通大学西漢壁画墓』（西安交通大学出版社　1991年）
陝西省考古研究所・咸陽考古研究所「北周武帝孝陵発掘簡報」（『考古と文物』1997年2月）
陝西省考古研究所『西安北周安伽墓』（文物出版社　2003年）
宿白「朝鮮安岳所発見的冬寿墓」（『文物参考資料』1952年1期）
宿白「太原北斉婁叡墓参観記」（『文物』1983年10期）
宿白『魏晋南北朝考古』（北京大学歴史系考古教研室　1974年）
孫秉明ほか『北斉崔芬壁畫墓』（文物出版社　2002年）
孫華「四川綿陽平楊府君闕闕身造像—兼談四川地区南北朝佛道龕像的幾個問題」（『漢唐之間的宗教芸術與考古』文物出版社　2000年）
孫機「進賢冠与武冠大弁」『中国古輿服論叢』（文物出版社　2001年）
王克林「北斉庫狄廻洛墓」（『考古学報』1979年3期）
西安市文物保護研究所「西安市北周史君石槨墓」（『考古』2004年7期）
姚千・古兵『六朝芸術』（文物出版社　1981年）
楊泓『中国古兵器論叢』（文物出版社　1980年）
閻根斉主編『芒碭山西漢梁王墓地』（文物出版社　2001年）
雲南省文物工作隊「昭通後海子東晋壁画墓清理簡報」（『文物』1963年12期）
鄭岩『魏晋南北朝壁画墓研究』（文物出版社　2002年12月）
中国画像石全集編集委員会編『中国画像石全集』石刻線画（河南美術出版社・山東美術出版社　2000年）
中国美術全集編集委員会『中国美術全集』絵画編　12　墓室壁画（文物

出版社　1989年）
中国社会科学院考古研究所　河北省文物研究所編著『磁県湾漳北朝壁画墓』（科学出版社　2003年）
趙芳志主編『草原文化—遊牧民族的広闊舞台』商務印書館（香港）有限公司、1996年3月、図版138。
『湖北随州擂鼓墩出土文物』湖北省博物館　1984年

図版出典一覧

図 1　秦都咸陽第三号宮殿建築遺址車馬壁画（『秦の始皇帝とその時代展』日本放送協会　1994 年）
図 2　随州市曾侯乙墓内棺武士漆画（『中国古代文明の原像』下　アジア文化交流協会　1998 年）
図 3　長沙市馬王堆 3 号漢墓車馬帛画（『中国古代文明の原像』下　アジア文化交流協会　1998 年）
図 4　河南省永城県柿園漢墓主室天井壁画（『芒碭山西漢梁王墓地』文物出版社　2001 年）
図 5　河南省永城県柿園漢墓主室南壁壁画（『芒碭山西漢梁王墓地』文物出版社　2001 年）
図 6　内蒙古和林格爾県後漢護烏桓校尉墓平面図（『和林格爾漢墓壁画』文物出版社 1978 年）
図 7　内蒙古和林格爾県後漢護烏桓校尉墓寧城幕府図（『和林格爾漢墓壁画』文物出版社 1978 年）
図 8　西安東郊灞河 462 号墓壁画地下北斗図（『考古と文物』1990 年 5 期）
図 9　甘粛省嘉峪関市新城魏晋墓仿木造門楼磚彫り画（『嘉峪関壁画墓発掘報告』文物出版社　1985 年）
図 10　陝西省北部後漢画像石墓牛頭・鶏頭神像（『中国画像石全集』河南美術出版社・山東美術出版社　2000 年）
図 11　嘉峪関市新城 3 号墓出行図（『嘉峪関壁画墓発掘報告』文物出版社　1985 年）
図 12　嘉峪関市新城 3 号墓塢堡図（『嘉峪関壁画墓発掘報告』文物出版社　1985 年）
図 13　嘉峪関市新城 3 号墓村馬交配図（『嘉峪関壁画墓発掘報告』文物出版社　1985 年）
図 14　嘉峪関市新城 3 号墓軍営図（『嘉峪関壁画墓発掘報告』文物出版社　1985 年）
図 15　嘉峪関市新城 3 号墓隊列訓練図（『嘉峪関壁画墓発掘報告』文物出版社　1985 年）
図 16　嘉峪関市新城 6 号墓農耕図（『嘉峪関壁画墓発掘報告』文物出版社　1985 年）
図 17　嘉峪関市新城 5 号墓牧畜図（『嘉峪関壁画墓発掘報告』文物出

版社　1985年）
図18　嘉峪関市新城3号墓穹窿図（『嘉峪関壁画墓発掘報告』文物出版社　1985年）
図19　酒泉丁家閘5号墓の墓室構造図（『酒泉十六国墓壁画』文物出版社　1989年）
図20　酒泉丁家閘5号墓前室東壁の壁画（『酒泉十六国墓壁画』文物出版社　1989年）
図21　酒泉丁家閘5号墓前室西壁の壁画（『酒泉十六国墓壁画』文物出版社　1989年）
図22　酒泉丁家閘5号墓前室南壁の壁画（『酒泉十六国墓壁画』文物出版社　1989年）
図23　酒泉丁家閘5号墓前室北壁の壁画（『酒泉十六国墓壁画』文物出版社　1989年）
図24　後漢時代の画像石墓に西王母像（『中国の神話と物語り』岩波書店　1984年）
図25　洛陽卜千秋墓女媧・伏羲像（『文物』1977年6期）
図26　嘉峪関市新城1号墓漆棺蓋女媧・伏羲像（『嘉峪関壁画墓発掘報告』文物出版社　1985年）
図27　北魏晩期陰線刻女媧・伏羲石棺蓋の残片（『中国画像石全集』石刻線画　河南美術出版社・山東美術出版社　2000年）
図28　北周建徳元年（572）匹婁観石棺蓋女媧・伏羲像（『漢代の神神』臨川書店　1989年）
図29　安岳3号墓の墓室平面図（『朝鮮遺跡遺物図鑑』5巻　高句麗編・壁画古墳　平壌　1990年）
図30　安岳3号墓東回廊出行図（局部）（『朝鮮遺跡遺物図鑑』5巻　高句麗編・壁画古墳　平壌　1990年）
図31　安岳3号墓前室南壁送迎行列図（『朝鮮遺跡遺物図鑑』5巻　高句麗編・壁画古墳　平壌　1990年）
図32　進賢冠の構造図（『中国古輿服論叢』文物出版社　2001年）
図33　トゥルファン・アスターナ13号墓壁画粉本（局部）（『絲路考古珎品』上海譯文出版社　1998年）
図34　南京富貴山東晋墓陶俑（『魏晋南北朝考古』北京大学歴史系考古教研室　1974年）
図35　遼寧袁台子慕容鮮卑墓壁画（『文物』　1984年6期）
図36　安岳3号墓西側室西壁墓主肖像（『朝鮮遺跡遺物図鑑』5巻　高

句麗編・壁画古墳　平壌　1990年）
図37　鄧県画像磚墓の牛車画像磚（『鄧県彩色画像磚墓』文物出版社　1958年）
図38　山西省大同市南郊張女墳墓地彩絵木棺蓋の狩猟図（『中国山西北朝文物展図録』写真40により作成）
図39　内蒙古和林格爾県楡樹梁村壁画墓の狩猟図（『草原文化—遊牧民族的広闊舞台』商務印書館（香港）有限公司　1996年により作成）
図40　司馬金龍夫婦墓漆屏風孝子舜図（『文物』1972年3期）
図41　司馬金龍夫婦墓漆屏風孫叔敖図（『文物』1972年3期）
図42　孝文帝虚宮万年堂石門柱線刻武士図（『文物』2004年6期）
図43　寧夏固原北魏墓漆棺蓋東王父西王母図（『固原北魏漆棺画』寧夏人民出版社　1988年）
図44　寧夏固原北魏墓漆棺前檔被葬者起居図（『固原北魏漆棺画』寧夏人民出版社　1988年）
図45　寧夏固原北魏墓漆棺左側板孝子舜図（『固原北魏漆棺画』寧夏人民出版社　1988年）
図46　ネルソン美術館蔵北朝石棺床孝子舜説話図（『洛陽北魏世俗石刻線画集』人民美術出版社　1987年）
図47　ミネアポリス美術館蔵伝元謐石棺前檔画像（『洛陽北魏世俗石刻線画集』人民美術出版社　1987年）
図48　ミネアポリス美術館蔵伝元謐石棺後檔画像（『洛陽北魏世俗石刻線画集』人民美術出版社　1987年）
図49　ミネアポリス美術館蔵伝元謐石棺左側板画像（『洛陽北魏世俗石刻線画集』人民美術出版社　1987年）
図50　ミネアポリス美術館蔵伝元謐石棺右側板画像（『洛陽北魏世俗石刻線画集』人民美術出版社　1987年）
図51　ミネアポリス美術館蔵伝元謐石棺孝子郭巨説話図（『洛陽北魏世俗石刻線画集』人民美術出版社　1987年）
図52　ボストン美術館蔵寧懋石室眉間赤説話図（『中国美術全集』絵画編　19　石刻線画　上海人民美術出版社　1988年10月により作成）
図53　ボストン美術館蔵寧懋石室武士図と孝子傍題（『洛陽北魏世俗石刻線画集』人民美術出版社　1987年）
図54　ボストン美術館蔵寧懋石室董黯説話図（『中国美術全集』絵画編　19　石刻線画　上海人民美術出版社　1988年10月により作成）
図55　河北省磁縣湾漳村推定北斉武寧陵構造図（『磁県湾漳北朝壁画墓』

科学出版社　2003年）
図56　北斉武寧陵から出土鹵簿類俑（『磁県湾漳北朝壁画墓』科学出版社　2003年）
図57　推定北斉武寧陵から出土明器馬車（『磁県湾漳北朝壁画墓』科学出版社　2003年）
図58　東魏武定元年（543）造像碑のスダナ太子本生図馬車（『六朝時代美術の研究』美術出版社　昭和44年）
図59　東魏趙胡仁墓の墓誌蓋拓本（『考古』1977・6期）
図60　北周武帝の孝陵「陵誌」の拓本（『考古と文物』1997年2月）
図61　推定北斉武寧陵墓道壁画（『磁県湾漳北朝壁画墓』科学出版社　2003年）
図62　推定北斉武寧陵羨道門額壁画（『磁県湾漳北朝壁画墓』科学出版社　2003年）
図63　推定北斉武寧陵墓室壁画（『磁県湾漳北朝壁画墓』科学出版社　2003年）
図64　推定東魏孝静帝元善見西陵墳丘写真（筆者より撮影）
図65　推定北斉神武皇帝高歓義平陵墳丘写真（筆者により撮影）
図66　推定北斉文襄皇帝高澄峻成陵写真（筆者により撮影）
図67　東魏茹茹公主墓列戟図（『文物』1984年4期）
図69　東魏茹茹公主墓の墓室奥壁壁画（『文物』1984年4期）
図70　東魏茹茹公主墓東壁壁画（『文物』1984年4期）
図71　東魏茹茹公主墓西壁壁画（『文物』1984年4期）
図72　北斉婁叡墓の墓道東壁壁画（『文物』1983年10期）
図73　北斉婁叡墓の墓室鼠・牛・猪・虎図（『魏晋南北朝壁画墓研究』文物出版社　2002年）
図74　北斉婁叡墓の墓室雷神図（『魏晋南北朝壁画墓研究』文物出版社　2002年）
図75　西安交通大学構内前漢墓二十八宿四神図（『西安交通大学西漢壁画墓』西安交通大学出版社　1991年）
図76　北斉徐穎墓の墓道壁画（『文物』2003年10期）
図77　北斉徐穎墓石門の装飾画（『文物』2003年10期）
図78　北斉徐穎墓の墓室壁画（『文物』2003年10期）
図79　北斉徐穎墓出土索頭俑（『文物』2003年10期）
図80　北斉徐穎墓壁画鞍馬の鞍袱に画かれた連珠菩薩文（『文物』2003年10期）

図 81　徐穎墓（左）・李賢墓（右）出土した指輪（『文物』2003 年 10 期 1985 年 11 期）
図 82　崔芬墓の墓室平面図（『北齊崔芬壁畫墓』文物出版社　2002 年）
図 83　崔芬墓羨道線刻門吏図（『北齊崔芬壁畫墓』文物出版社　2002 年）
図 84　崔芬墓羨道武士壁画（『北齊崔芬壁畫墓』文物出版社　2002 年）
図 85　建山金家村墓羨道東西壁の武士立像（『六朝芸術』文物出版社 1981 年）
図 86　崔芬墓墓室東壁の壁画（『北齊崔芬壁畫墓』文物出版社　2002 年）
図 87　崔芬墓墓室西壁の壁画（『北齊崔芬壁畫墓』文物出版社　2002 年）
図 88　崔芬墓墓室北壁の壁画（『北齊崔芬壁畫墓』文物出版社　2002 年）
図 89　崔芬墓墓室南壁の壁画（『北齊崔芬壁畫墓』文物出版社　2002 年）
図 90　洛陽瀍河出土北魏石棺線刻神人青龍図（『東アジアの装飾墓』同朋舎　1987 年）
図 91　北魏「升仙石棺」後檔神人玄武図（『魏晋南北朝壁画墓研究』文物出版社　2002 年）
図 92　顧愷之「洛神賦図」（局部）（『中国古輿服論叢』文物出版社 2001 年）
図 93　平楊府君闕南朝蕭梁礼仏図（『漢唐之間的宗教芸術與考古』文物出版社　2000 年）
図 94　洛陽出土北魏碑座線刻人物像（『洛陽北魏世俗石刻線画集』人民美術出版社　1987 年）
図 95　西善橋墓の竹林七賢と栄啓期磚画（『六朝芸術』文物出版社 1981 年）
図 96　済南八里窪北朝壁画墓の酔客屏風画（『文物』1989 年 4 期）
図 97　洛陽出土石床屏風人物画（『中国画像石全集』石刻線画　河南美術出版社・山東美術出版社　2000 年）
図 98　伝洛陽出土石屏風の鞍馬図（『洛陽北魏世俗石刻線画集』人民美術出版社　1987 年）
図 99　崔芬墓屏風壁画舞踊図（『魏晋南北朝壁画墓研究』文物出版社 2002 年）
図 100　霍承嗣墓の墓室・羨道平面略図（『文物』1963 年 12 期）
図 101　霍承嗣墓の墓室北壁壁画（『文物』1963 年 12 期）
図 102　霍承嗣墓の墓室東壁壁画（『文物』1963 年 12 期）
図 103　霍承嗣墓の墓室西壁壁画（『文物』1963 年 12 期）
図 104　霍承嗣墓の墓室南壁壁画（『文物』1963 年 12 期）

参考文献

図105　河南省鄧県学荘画像磚墓武士画像磚（『鄧県彩色画像磚墓』文物出版社　1958年）
図106　河南省鄧県学荘画像磚墓郭巨画像磚（『魏晋南北朝壁画墓研究』文物出版社　2002年）
図107　河南省鄧県学荘画像磚墓王子喬・浮丘公画像磚（『魏晋南北朝壁画墓研究』文物出版社　2002年）
図108　河南省鄧県学荘画像磚墓南山四皓画像磚（『魏晋南北朝考古』北京大学歴史系考古教研室　1974年）
図109　丹陽県建山金家村墓羽人戯龍磚画（『魏晋南北朝壁画墓研究』文物出版社　2002年）
図110　河南省鄧県学荘画像磚墓千秋・万歳画像磚（『魏晋南北朝壁画墓研究』文物出版社　2002年）
図111　安伽墓の墓室構造図（『西安北周安伽墓』文物出版社　2003年）
図112　安伽墓羨道石門アーチ浮き彫り（『西安北周安伽墓』文物出版社　2003年）
図113　安伽墓石床屏風画（パネル1－3）（『西安北周安伽墓』文物出版社　2003年）
図114　安伽墓石床屏風画（パネル4－9）（『西安北周安伽墓』文物出版社　2003年）
図115　安伽墓石床屏風画（パネル10－12）（『西安北周安伽墓』文物出版社　2003年）
図116　史君墓石槨南壁画像（『考古』2004年7期）
図117　史君墓石槨北壁画像（『考古』2004年7期）
図118　史君墓石槨西壁画像（『考古』2004年7期）
図119　史君墓石槨東壁画像（『考古』2004年7期）
図120　月神マーフ（『ゾロアスター教の悪魔払い』平河出版社　1984年）
図121　山東省青州市傅家村北斉石槨墓線刻図（『魏晋南北朝壁画墓研究』文物出版社　2002年）

あとがき

二十世紀の初めから一九三〇年代にかけて、汴洛（開封—洛陽）鉄道と洛潼（洛陽—潼関）鉄道の建設中に数多くの遺跡・遺物が発見されたが、満清政府および後の民国政府が文化財の管理に手を出すことはほとんどなかったため、ひどい盗掘にあってしまった。しかし、この一連の盗掘活動が、北魏孝昌二年（五二六）江陽王元乂墓の天文図や孝昌三年（五二七）横野将軍寧懋石室、伝正光五年（五二四）趙郡貞王元謐石棺などの貴重な壁画と石刻画像が世に知られるきっかけとなったのである。

その後、一九五〇年代に河北省の呉橋県・磁県で東魏—北斉の壁画墓、西安で北周壁画墓が発見されていたが、残念ながら、纏まった資料は公表されずに、世間の関心を呼ぶことはなかった。四半世紀を経て、一九七九～一九八一年山西省太原市南郊の北斉武平元年（五七〇）東安王婁叡墓が本格的に調査され、特に唐代の壁画の水準を上回る騎馬出行図は、世の中を驚かせた。これをきっかけにして魏晋南北朝壁画墓の研究が学問的に重要視されるようになった。

これ以降、山西省大同市（北魏故都平城）の郊外で彩絵木棺墓・太和元年（四七七）幽州刺史敦煌公宋紹祖夫婦の合葬墓・太延元年（四三五）平西大将軍破多羅氏の母親墓、太原市（北斉副都晋陽）の郊外で武平二年（五七一）徐穎墓、寧夏回族自治区固原県（北朝高平鎮）で北魏漆棺墓、河北省磁県（東魏―北斉の鄴都の郊外）で推定北斉文宣帝武寧陵（五五〇）、山東省臨朐県で天保元年（五五一）東魏威烈将軍行台府長史崔芬墓などの重要な壁画墓が相次いで調査され、陝西省西安市（西魏―北周の都長安城郊外）で北周大象元年（五七九）同州薩宝大都督安伽墓・大象二年（五八〇年）涼州薩保史君墓・天和六年（五七一）贈甘州刺史康業墓・保定四年（五六四）罽賓（カーピシー）出身のバラモンの後裔李誕墓、などの中央アジア系住民の浮き彫り石牀・石槨墓も発見された。そのうちに徐穎墓・破多羅氏の母親墓が二〇〇二年度と二〇〇五年度の中国十大考古学発見に入選し、魏晋南北朝壁画墓は歴史時代考古学と美術史研究の一つの重要な分野となった。

筆者はかつて寧夏回族自治区固原県で北周建徳六年（五七五）雁門郡公田弘墓の発掘に参加した。その墓室の壁が崩れてしまっていたため、保存状態が極めて悪く、墓室全体の壁画配置は把握できなかったが、被葬者が漢民族、または鮮卑族である北周墓は、ほとんど単幅の武人像や建築画しか描かれず、東魏―北斉墓の巻物のように展開させた壁画と比べ、内容は極めて単純だということが分かった。西魏王朝の創立者宇文泰から、中国北部の統一を遂げた北周武帝宇文邕までの四代の統治者は、いずれも勤勉で堅実な人である。しかも北斉とくらべて、北周の経済力ははるかに劣っていた。これらのことが北周では豪華な壁画墓をつくらなかった原因であろう。

五七七年、北斉が北周の武帝に滅ぼされた。その後五八一年に隋の楊堅が北周の帝位を簒奪する際に、北斉の故都の鄴城は反隋勢力の大本営となったため、壊滅的打撃を受けた。墳墓造営関係の役所東園局に所属する工人と役人の一部は、後に都の長安に強制的に移動させられたことが推測される。鄴城工人集団の移動は、素朴な北周壁画墓から鮮やかな唐代壁画墓への移行にどのような影響を与えたか、これは今後の研究課題である。

本書を完成するにあたり、一方ならぬご指導・ご激励を賜った明治大学文学部の氣賀澤保規先生、また日本語原稿の修正について、いろいろ有益なご助言・ご教示を賜った札幌大学文化学部の高瀬奈津子先生、原稿の整理、字句の統一などに細かく気を配ってくださった白帝社の伊佐順子氏に、あわせて感謝の意を深く表したい。

二〇〇六年十一月

蘇　哲

蘇 哲（ソ テツ）
1954年中国遼寧省に生まれ。
北京大学修士課程修了。中国魏晋南北朝考古学専攻。
北京大学考古学系助手、専任講師、副教授、金城大学社会福祉学部助教授を経て、現在金城大学教授。
主要論文
「北魏墓の狩猟図をめぐる一考察」（「鹿島美術研究」年報第17号別冊 2000年11月）、「五胡十六国・北朝時代の出行図と鹵簿俑」（『東アジアと日本の考古学』Ⅱ、同成社 2002年3月）、「西安草廠坡1号墓的結構、儀衛俑組合及年代」（『宿白先生八軼華誕記念文集』、北京文物出版社 2002年9月）など多数。

白帝社アジア史選書
HAKUTEISHA's
Asian History Series
008

魏晋南北朝壁画墓の世界
－絵に描かれた群雄割拠と民族移動の時代－

2007年2月1日　　初版発行

著　者　蘇　哲
発行者　佐藤康夫
発行所　白 帝 社
〒171-0014　東京都豊島区池袋2-65-1
Tel　03-3986-3271　Fax　03-3986-3272
http://www.hakuteisha.co.jp
印刷　倉敷印刷　　製本　若林製本所

　ISBN978-4-89174-843-2

発刊にあたって

二十一世紀はアジアの世紀である。日本とアジアの国々の距離はいよいよ近づき、人々の交流はますます緊密さを増していくだろう。わたしたちは今、アジアの一員であることをきちんと自覚し、対等平等の立場からアジアの将来を考え、日本の位置を見定める時期に立っている。

日本は二十世紀の前半、アジアの国々に侵略し、数え切れない生命を奪い、国土を踏みにじり、かの地の人々に激しい憤りと悲しみと絶望を与えた。それから半世紀以上を経過して、かれらの心に沁みついた不信の念は完全に払拭できたであろうか。正直なところ、まだ過去の残像に引きずられ、未来志向の安定した関係を打ち立てるに至っていない。

こうした現状の背後には、欧米と比べてアジアを低く見る観念や、アジアの現実を共感共有できない視野の狭さが伺われる。だがアジアは、世界のどこにも引けを取らない豊かな歴史、多彩な文化をもって今日に及んでいる。しかも世界が宗教を正義として血を流しあうなかで、仏教を信仰するアジア地域からは仏教による抗争を生んでいない。これはわたしたちの誇るべき財産である。

白帝社アジア史選書は、そのようなアジア諸国と正面から向き合い、歴史の面からその魅力と本質に迫り、アジアを知る新たな手がかりと可能性を提示することを目指すものである。わたしたちのいうアジアとは、東アジアに軸足を置きつつ、他のアジア全域に及ぶ。当然日本も大切な領域となる。この選書が少しでも多くの読者の目に止まり、良質なアジア史理解の形成に貢献できることを切望している。

二〇〇三年十月

白帝社アジア史選書
HAKUTEISHA's
Asian History Series

白帝社アジア史選書

HAKUTEISHA's Asian History Series

001

皇帝政治と中国

梅原　郁

1800円

二〇〇〇年以上続いた皇帝政治は、この国に停滞をもたらし、諸悪の根源ともいわれる。しかし、広大多様な中国を一つに纏める求心力として、それは厳然と機能していた。皇帝政治という視座から中国史の本質に迫り、再生産されてきた「カラクリ」をわかりやすい筆致で解き明かす。

002

知の座標
—中国目録学

井波　陵一

1600円

中国は膨大な書物を残してきた文字の国である。筆者は、その過去から現在、未来にわたり集積される知の世界をConstellation「星座」とみたて、その座標軸になるのが、目録学であるという。図書館学を目指す人、中国文化論に関心ある人に是非とも薦めたい一書である。

003

王莽
—儒家の理想に憑かれた男

東　晋次

1800円

前漢を奪うようにして新の皇帝となった王莽。しかし、彼は、果たして根っからの悪逆非道な簒奪者だったのか。本書は「聖」をキイワードに、儒家理念の権化のごとく生きた男の生涯を克明にたどることによって、その実像を浮かび上がらせる。本邦初の本格的王莽伝。

004

亀の碑と正統
—領域国家の正統主張と複数の東アジア冊封体制観

平勢　隆郎

1600円

正統主張するための形が台座の亀に託された—東アジアは漢字文化を共用するが、その中は一様ではない。これまであまり知られていなかった特別な碑石「亀趺」を検討し、それが東アジア全体に関わり、中国や韓国や日本という国家、地域に関わることを具体的に検証する。

*価格は税別

白帝社アジア史選書

HAKUTEISHA's Asian History Series

005

隋唐時代の仏教と社会

藤善　眞澄

1600円

世俗にとらわれず、あらゆる執着からの脱却を願う仏教と、現世にこだわり政治優先の中国社会との間には様々な確執が生じた。多大の犠牲を払い苦難を乗越えて中国の宗教となりおおせた隋唐の仏教を、再三にわたる弾圧の嵐に焦点を合わせながら抵抗と妥協、変容への軌跡を辿る。

006

古代江南の考古学

—倭の五王時代の江南世界

羅　宗真　著

中村　圭爾
室山留美子　編訳

1800円

華北と異なる江南の地に織成された社会と文化。それを象徴する都建康（南京）のすがたと、この地に生み出された青瓷や、絵画、書跡。江南文化研究の第一人者羅宗真氏の編訳である本書には、倭の五王の使者たちも目にしたはずの、古代江南社会の原風景があますところなく再現されている。

007

戦国秦漢時代の都市と国家

—考古学と文献史学からのアプローチ

江村　治樹

1800円

中国史において、戦国時代は、その後の王朝国家の原型になった秦漢帝国が形成される時代として注目される。この時代は同時に都市の発達が顕著に見られる時代でもある。本書は、この都市の視点から秦漢帝国の形成とあり方を、文献史料だけでなく考古資料をも用いて新たに捉え直す。

008

魏晋南北朝壁画墓の世界

—絵に描かれた群雄割拠と民族移動の時代

蘇　哲

1800円

魏晋の薄葬思想が壁画墓の衰退に対する影響、鮮卑慕容氏前燕の鹵簿制度、北魏孝文帝と馮太后一族の関係、東魏‐北斉墓に表れる身分制と民族意識、西域から異質文化の流入など、描き出されている画像資料に基づき、文献資料だけからは窺い知ることのできない諸問題を克明に辿り、その特質を解説。

＊価格は税別